Familienkonflikte zwischen Scharia
und Bürgerlichem Recht

Europäische Hochschulschriften

Publications Universitaires Européennes

European University Studies

Reihe II

Rechtswissenschaft

Série II Series II

Droit

Law

Bd./Vol. 2733

PETER LANG

Frankfurt am Main · Berlin · Bern · Bruxelles · New York · Wien

Martina Schmied

Familienkonflikte zwischen Scharia und Bürgerlichem Recht

Konfliktlösungsmodell im Vorfeld der Justiz am Beispiel Österreichs

PETER LANG
Europäischer Verlag der Wissenschaften

Die Deutsche Bibliothek - CIP-Einheitsaufnahme

Schmied, Martina:

Familienkonflikte zwischen Scharia und Bürgerlichem Recht : Konfliktlösungsmodell im Vorfeld der Justiz am Beispiel Österreichs / Martina Schmied. - Frankfurt am Main ; Berlin ; Bern ; Bruxelles ; New York ; Wien : Lang, 1999
(Europäische Hochschulschriften : Reihe 2, Rechtswissenschaft ; Bd. 2733)
Zugl.: Wien, Univ., Diss., 1998
ISBN 3-631-35203-4

Gedruckt auf alterungsbeständigem,
säurefreiem Papier.

ISSN 0531-7312
ISBN 3-631-35203-4

Printed in Germany 1 2 3 4 5 7

Danksagung

An dieser Stelle möchte ich mich bei allen meinen Interviewpartnerinnen und Interviewpartnern bedanken. Jede und jeder Einzelne von ihnen ist mir mit großem Interesse und Aufmerksamkeit entgegengekommen. Nicht nur, daß sie alle bemüht waren meine Fragen ausführlich zu beantworten, waren sehr viele von ihnen überdies behilflich mir Kontakte zu weiteren Befragungspersonen zu eröffnen. Vor allem bei meinen muslimischen Gesprächspartnern begegnete mir - trotz ihrer "emotionaler Nähe" zur Thematik - eine große Seriosität und Kritikfähigkeit bei der Beantwortung meiner Fragen.

Ebenso möchte ich mich bei meinen beiden Dissertationsbetreuern - Prof. Potz und Prof. Hoyer - für ihre Anregungen und ihre Gesprächsbereitschaft, die sie mir im Laufe meiner eineinhalbjährigen Arbeit entgegengebracht haben, bedanken.

Mein besonderer Dank gilt aber vor allem meinem Mann, der mir die ganze Zeit hindurch sowohl ein interessierter Gesprächspartner, als auch ein strenger Kritiker war.

M. Schmied
Wien, 1999

Inhaltsverzeichnis

I. Vorwort

I. 1. Die Frage

Ausgangspunkt für die vorliegende Arbeit, war ein Artikel von *Foblets*, in dem sie das erste Mal das Bestehen von Konfliktlösungsmodellen innerhalb muslimischer Immigrantenfamilien in Belgien und Frankreich aufzeigte.[1] Da viele ihrer allgemeinen Aussagen zu diesem Thema auch auf Österreich zutreffen, sollen sie hier eingangs dargestellt werden.

Ähnlich wie in Frankreich und Belgien hat auch in Österreich in den späten sechziger Jahren eine ständige Zuwanderung fremder Ethnien eingesetzt. Der verstärkte Bedarf an Arbeitskräften und politische Wirren in den Heimatländern machten die mitteleuropäischen Staaten für viele Menschen aus der islamischen Welt zum Ziel ihrer Migration.
Ihre Beobachtung hat gezeigt, daß - wie auch bei uns - die einheimische Bevölkerung vor allem muslimischen Familien gegenüber immer eher reserviert bis ablehnend gegenübergestanden ist und sich das bis zum heutigen Tag nicht geändert hat.[2] Als Gegengewicht zu dieser Ausgrenzung haben Immigrantenfamilien ihre Gewohn-heiten, ihre religiösen und kulturellen Einrichtungen und ihr familiäres Netzwerk - soweit als möglich - in ihr neues Heimatland transferiert. Die oft fehlende Organisation bei der Einwanderungspolitik europäischer Länder hat dazu geführt, daß die Solidarität innerhalb der einzelnen Gruppen noch stärker gefestigt worden ist und sich verschiedene Modelle gegenseitiger Hilfeleistung herausgebildet haben. Alle diese Faktoren haben das Gemeinschaftsgefühl der Muslime in Europa verstärkt und ihre Forderung nach Anerkennung ihrer Gesellschafts - und Rechtsstruktur immer lauter werden lassen. Wie die Autorin zutreffend ausführt, stoßen sie damit bei den angesprochenen Ländern durchwegs auf Ablehnung. Im Gegenzug werden sie aufgefordert, sich vielmehr dem Rechtssystem des Gastlandes zu unterwerfen, da sie ja freiwillig in diesem Land leben wollen.
In der Folge wendet sich *Foblets* speziell dem islamischen Familienrecht zu. Gerade in diesem Bereich gäbe es - ihrer Ansicht nach - immer noch zahlreiche

---

[1] *Foblets*, Community Justice among immigrant family members in France and Belgium, Law & Anthropology VII (1994) 371.

[2] Auch bei uns werden Kinder, die bereits in der zweiten oder dritten Generation österreichische Staatsbürger sind, immer noch als "Gastarbeiter- oder Ausländerkinder" bezeichnet.

Mißverständnisse und Wissenslücken bei den europäischen Juristen, die dazu neigten, dieses auf drei Bereiche, nämlich auf die Weiterführung des Patriarchats, auf die Polygynie und auf die Verstoßungsscheidung zu reduzieren. Ihrer Meinung nach sollte man aber auch den Wert fremder Rechtssysteme erkennen und durch eine Verquickung mit dem eigenen Recht zu einem Netzwerk kommen, das die Erfahrungen und Erkenntnisse aller Regelungen beinhalte.
So gäbe es zB in vielen muslimischen Gemeinschaften in Europa inoffizielle Methoden der Streitlösung bei familiären Konflikten, die neben dem staatlichen Recht angewendet werden. Meist handle es sich dabei um private Gespräche, die am ehesten als "Schlichtungen" charakterisiert werden können, da ja möglichen Entscheidungen keine bindende Wirkung zukommt. Die - wie sie sie bezeichnet - "qadis" seien in der Regel ältere Mitglieder der Gruppe, die ohne staatliche Autorität, als eine Art "Mediator" mit juristischen Fähigkeiten zwischen den Streitteilen vermitteln. Dabei können sie sich keines äußeren Zwanges bedienen. Daß die Streitteile sich ihren Entscheidungen dennoch unterwerfen, beruhe allein auf ihrem Ansehen, das sie innerhalb der Gruppe genießen. Meist sei man dabei bemüht die Integrität der Familie zu wahren, indem man den Kreis der Teilnehmer auf die unmittelbar Betroffenen beschränkt und auch nur wenige Zeugen hört. So könne das Wissen um die Streitigkeiten innerhalb der Familie bleiben.
Bis jetzt seien - laut *Foblets* - diese Konfliktlösungsmodelle vom staatlichen Recht der jeweiligen Gastländer völlig ignoriert worden, dabei wäre es höchst aufschlußreich und vielleicht sogar lehrreich, sich damit auf einer wissenschaftlichen Ebene näher zu befassen. Das Feld der nichtrechtlichen Streitlösung bei und durch erst vor kurzem zugewanderte Immigranten ist - wie sie schreibt - noch "jungfräulich", da es bis jetzt noch nie von Feldforschungen oder systematischen Untersuchungen erfaßt worden sei. Die Hauptherausforderung für eine wissenschaftliche Untersuchung wäre es, nach Ansicht der Autorin, die Unmenge von Fakten und Informationen, die mit diesem Fragenkomplex im Zusammenhang stehen in einen geordneten Rahmen zu bringen.

Folgende Fragen gehören - ihrer Meinung nach - zu jenen, die dabei jedenfallls geklärt werden müßten:

1. Bis wie weit funktionieren die internen Streitlösungsmechanismen ohne Beeinträchtigung durch das Rechtssystem des Gastlandes?
2. Haben diese internen Streitlösungsmechanismen ein positives Konfliktlösungspotential?
3. Bieten solche Foren bessere Techniken bei der Bewältigung sozialer Probleme an, und wären sie geeignet, etwaige Schwächen des Rechtssystems des Gastlandes auszugleichen?
4. Warum ziehen Immigranten diesen Weg den staatlichen Gerichten vor?
5. Ist es das Mißtrauen gegenüber der Justiz des Gastlandes, das sie nicht den Weg zu Gericht finden läßt?
6. Unter welchen Voraussetzungen gestehen muslimische Migranten den staatlichen Gerichten überhaupt das Recht zu ihre "internen Angelegenheiten" zu regeln?

Die vorliegende Arbeit ist der Versuch, erstmals in Österreich eine ähnliche Untersuchung durchzuführen, und hier Antworten auf die oben gestellten Fragen zu finden.

I. 2. Der Aufbau der Arbeit

Zum besseren Verständnis erfolgt einleitend ein kurzer Überblick, der sich mit der Entstehung des Islam, der historischen Entwicklung seines Rechtssystems und der islamischen Familienstruktur, von der vorislamischen Gesellschaft bis hin zur modernen Familie, befaßt. Anschließend wird dargestellt, wann welche Muslime nach Österreich kamen und wie ihre derzeitige rechtliche Position in der österreichischen Verfassungslandschaft gestaltet ist.
Im dritten Kapitel werden an Hand statistischer Unterlagen für die Arbeit relevante Zahlen, vor allem in Hinblick auf Herkunft, Altersaufbau und Familienstand der muslimischen Immigranten, aufbereitet. Hier wird bereits ein Schwerpunkt auf die spezielle Situation in der Bundeshauptstadt Wien gelegt, da sie den Rahmen für die durchgeführten Befragungen bildet.
Im vierten Kapitel soll zunächst eine knappe Darstellung des klassischen islamischen Ehe-, Familien- und Erbrechts helfen, den "theoretischen" Hintergrund der verschiedenen heutigen Kodifikationen islamischer Prägung zu verstehen. Im Zusammenhang damit wird im fünften Kapitel auf die Frage der Entwicklungsfähigkeit dieses Rechts und der dabei zur Verfügung stehenden Methoden der Rechtsfort-bildung eingegangen.
Im sechsten Kapitel, das sich mit der höchstgerichtlichen Judikatur in diesem Bereich befaßt, wird in einem Einschub darauf eingegangen, wie Gerichts- oder Verwaltungsbehörden in einem Fall mit Auslandsberührung vorzugehen haben und welche Normen und Instrumentarien ihnen dabei zur Verfügung stehen. Hier wird dem Rechtsinstitut des "ordre public" als "Korrektiv" zum Schutz der österreichischen Rechtsordnung besondere Aufmerksamkeit gewidmet. Während am Beginn dieses Kapitels die Darstellung zweier verfassungsrechtlicher Judikate nochmals eine Rückblende hin zur Anerkennunsgsgeschichte der Muslime in Österreich bringt, sollen die ausgewählten Entscheidungen des Verwaltungsgerichtshofes und des Obersten Gerichtshofes zeigen, welche familienrechtlichen Probleme in diesem Bereich bereits aufgetreten sind und wie damit umgegangen worden ist.
Im siebenten Kapitel erfolgt eine kurze Darstellung des Konzeptes des islamischen Konfliktlösungsmodells bei Ehe- und Familienstreitigkeiten.
Das achte Kapitel beinhaltet die Ergebnisse meiner Feldstudie, die im Raum Wien in erster Linie der Frage nachging, ob es unter den hier lebenden Immigranten derartige Konfliktlösungsmodelle gibt und wie diese funktionieren.
Nach einer Zusammenfassung der wichtigsten Befragungsergebnisse im neunten Kapitel, folgt im zehnten und letzten Kapitel der vorliegenden Arbeit noch ein kurzes abschließendes Resümee.

I. 3. Die Arbeitsmethode und die Aussagekraft der Ergebnisse

In einem ersten Arbeitsschritt wurden - ausgehend vom Immigranten - jene Personengruppen festgelegt, die, zumindest theoretisch, in der einen oder anderen Weise mit einem familienrechtlichen Problem befaßt werden könnten.
In einer graphischen Darstellung sieht dies folgendermaßen aus:

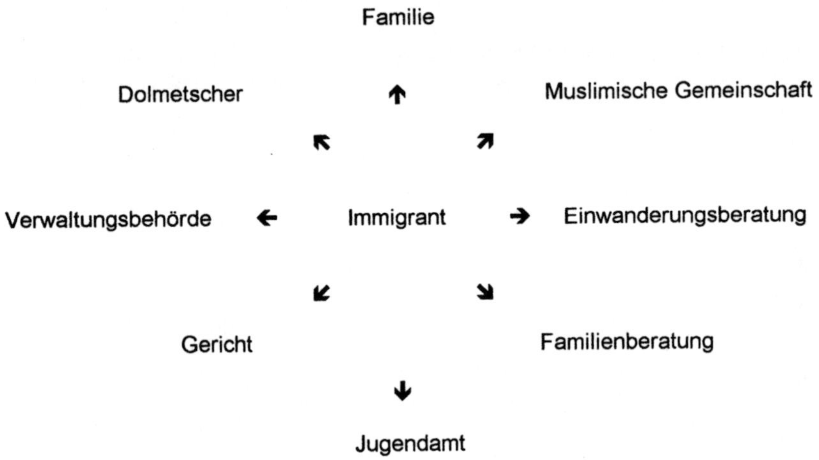

Aus dem sich ergebenden Kreis wurde zumindest eine Person, bei weiteren Differenzierungen jeweils eine Person, ausgewählt und interviewt. Die Befragungen erfolgten individuell auf die einzelnen Personen abgestimmt, wobei hier in den Antworten in erster Linie die persönlichen Erfahrungen und Sichtweisen wiedergegeben wurden. Ergänzt wurden diese Befragungen durch eigene Erfahrungen und Beobachtungen aus meiner Gerichtspraxis.
Trotz der Gefahr der Verzerrung, wurde aus folgenden Gründen diese qualitative Methode der quantitativen vorgezogen:

1. Da dies die erste Untersuchung dieser Art war, schien es wichtiger Grundstrukturen herauszuarbeiten, als eine Fülle von Details zu sammeln.
2. Eine Reihenuntersuchung hätte sich auf die Befragung größerer Personengruppen aus jeweils einem Kreis, womöglich mit einem gleichbleibenden Fragebogen, beschränken müssen.
3. Gerade durch die Fokussierung der Sichtweise konnten möglichst viele verschiedene Aspekte, die bei diesen Konfliktlösungen eine Rolle spielen, aufgezeigt werden.

Unbestritten können und wollen die dargestellten Ergebnisse der Befragungen nur einen ersten Einblick in diese Thematik bieten.

II. Einleitung

Da jedem Volk und vor allem jeder Religionsgemeinschaft ein gemeinsames "historisches Selbstverständnis" eigen ist, aus dem sich auch aktuelle soziale Verhaltensweisen erklären lassen, soll am Beginn dieses Kapitels mit einigen Worten dargestellt werden wie und wo der Islam entstanden ist.
So spielte etwa die geographische Lage eine entscheidende Rolle bei der raschen Verbreitung der Lehren Muhammads. Ebenso erleichtert das Wissen um die wirtschaftlichen und sozialen Gegebenheiten zur Entstehungszeit das Verständnis vieler Koranstellen, die heute - losgelöst vom historischen Kontext - unverständlich anmuten.
Die Betrachtungen zeigen weiters, daß zwar da und dort Rechtsvorstellungen der beduinischen Bevölkerung in jene des Islam einflossen, daß sie zum Großteil aber überwunden wurden um neuen, sozial gerechteren Regelungen Platz zu machen.
Die Verschmelzung verschiedener Bevölkerungsgruppen zu einer Nation und die Überwindung konträrer Wertvorstellungen der nomadischen Gesellschaft auf der einen Seite und der städtischen nach Wohlstand strebenden Händlergesellschaft auf der anderen Seite gehörten, neben der Verbreitung des wahren Glaubens, zu den Hauptanliegen Muhammads.

II. 1. Allgemeines zum Islam

II. 1. A. Zur Geschichte des Islam

II. 1. A. a. Die Zeit vor Muhammad[3]

Die vorislamische Epoche bis zum ersten Drittel des 7. Jahrhunderts wurde später von den Muslimen selbst als sogenannte "Zeit der Unwissenheit" (al-ǧāhilya) bezeichnet und als jenes Zeitalter angesehen, in denen sich - ihrer Ansicht nach - die arabische Rasse - religiös - im Zustand der Unaufgeklärtheit befunden hätte.

---

[3] *Hitti*, History of the Arabs[10], (1982) 3; *Gottschalk* in *Thurnher*, Die Kultur des Islam, Die Kultur der Araber (1971) 9.

Die geographische und wirtschaftliche Lage

Ausgangspunkt dieser - neben dem Judentum und dem Christentum dritten monotheistischen - Weltreligion war die arabische Halbinsel. Obwohl sie zwischen zwei Meeren liegt, ist sie schon zu jener Zeit eine der trockensten und heißesten Gegenden der Welt gewesen. Abgesehen von einigen Bergen und Hochländern besteht sie hauptsächlich aus Wüsten- und Steppengebiet. Nur im Jemen und im ᶜAsīr machen regelmäßige Regenfälle eine landwirtschaftliche Nutzung des Bodens möglich. Die wichtigste Nutzpflanze ist seit altersher die Dattelpalme. Sie war nicht nur traditionell das Hauptnahrungsmittel, sondern ist bis heute auch eine wichtige Handelsware für die beduinische Bevölkerung.
Während das Pferd erst kurz vor unserer Zeitrechnung aus Syrien kommend auf die arabische Halbinsel gelangt war und als Zeichen für Reichtum und Ansehen galt, blieb das Kamel bis heute das Hauptlast und -reittier. Für den Nomaden wäre ein Überleben in der Wüste ohne Kamel unmöglich.

Die Bevölkerung

Die Gesellschaft der ersten Jahrhunderte auf der arabischen Halbinsel bestand aus zwei Hauptgruppen, nämlich aus den nomadisierenden Beduinen und der seßhaften Bevölkerung in den Städten. Die Übergänge zwischen diesen beiden Lebensformen waren fließend. So entstand im Laufe der Zeit eine kleinere Gruppe von halbnomadischen Ackerbauern und Viehzüchtern, die die beiden übrigen Bevölkerungsgruppen mit pflanzlichen und tierischen Nahrungsmitteln versorgten.
Die Beduinen lebten - optimal angepaßt an die Gegebenheiten ihrer Umwelt - in einer engen Symbiose mit den Städtern, die zum Teil aus ihren eigenen Familien hervorgegangen waren.
Es gab zwei Arten von Städten, einerseits Oasensiedlungen mit festen Wohnhäusern, wie zum Beispiel Medina und andrerseits Handelsstädte und Kultzentren, wie zum Beispiel Mekka. Beide Stadtarten waren von arabischen Stämmen bewohnt und glichen dadurch in ihren Lebensformen weitgehend denen der Beduinen. Für die Nomaden waren es Markt- und Kultzentren, die sie regelmäßig aufsuchten.

Die soziale Ordnung

Die beduinische Gesellschaft basierte auf einem Klansystem, dh alle Mitglieder eines Klans waren (bluts)verwandt, wobei jede Familie ein eigenes Zelt bewohnte. Der Zusammenschluß mehrerer Klans bildete einen Stamm. Zelt und Haushaltsgeräte galten als Individualbesitz; Wasser, Tiere und kultivierbares Land hingegen als Gemeinschaftsbesitz.

Die Religion

Die religiösen Vorstellungen waren geprägt von starken animistischen Zügen und Dämonenglauben. Es gab zahlreiche Stammesheiligtümer. Bäume, Grotten und vor allem Steine wurden als heilig und machtbeseelt angesehen. Bereits in der vorislamischen Zeit war ein bedeutendes Zentrum eines solchen Steinekults - der seine Wurzeln in der alten Stammesreligion hatte - Mekka, wo ein schwarzer Stein verehrt wurde. Zu den wichtigsten kultischen Handlungen gehörten Wallfahrten zu diesen Heiligtümern (ḥaǧǧ), die zu bestimmten Zeiten stattzufinden hatten. Vor Ort mußte die Kultstätte in einer vorgeschriebenen Anzahl von Rundgängen umschritten und dabei jedesmal der Stein berührt werden. Während dieser Zeit hatte im Bezirk rund um die Kultstätte der Gottesfrieden zu herrschen.
Bereits bei den heidnischen Arabern gab es die Vorstellung von einem Schöpfergott, den sie "Allah" nannten. Dieses Wort ist die verkürzte Ableitung von al-'ilāh und bedeutet "der genannte Gott, die Gottheit". In der Alltagsreligion der Bevölkerung spielte er allerdings kaum eine Rolle. Viel wichtiger waren seine drei Töchter al-ᶜUzza ("die Starke, die Gewaltige"), Manāt (" das Zuerteilte, das Schicksal") und al-Lāt ("die Göttin, die Sonne") die nicht nur in Mekka, sondern in ganz Arabien verehrt wurden.
An der Wende des sechsten zum siebenten Jahrhundert gab es immer mehr Männer, die, unzufrieden mit der - wie *Schimmel* es beschreibt - "herrschenden inhaltslosen Religion", eine höhere Form des Glaubens suchten. Durch den Kontakt mit dem Christen- aber vor allem mit dem Judentum vertieften sie ihre Religiosität und rückten vor allem den Glauben an einen Hochgott in den Mittelpunkt ihres Interesses. Auch Muhammad wurde ein sog ḥanīf, ein "Sucher nach dem reinen Glauben".[4]

II. 1. A. b. Muhammad und die Offenbarung des Koran

Biographisches [5]

ca um 570 wurde Muhammad in Mekka geboren. Er war Angehöriger der Sippe Hāšim, einer Seitengruppe der Qurayš. Nachdem er sehr früh seine Eltern verloren hatte, wurde er von Abū Ṭālib - seinem Onkel väterlicherseits - aufgezogen.
ca um 595 heiratete er seine um einige Jahre ältere Dienstherrin, die wohlhabende Kaufmannswitwe Ḫadīǧa. Aus dieser Ehe stammte, neben sechs anderen Kindern, auch seine Lieblingstochter Fāṭima.
ca um 610, im Alter von etwa 40 Jahren, zog er sich immer öfters in eine Höhle zur Meditation zurück. Hier kam es zu einem - einmaligen - visionären Berufungserlebnis. Er fühlte sich speziell als Prophet der Araber, die er vor dem nahen Endgericht warnen sollte, wie die Völker vor ihnen von Propheten gewarnt worden waren.
ca um 613 begann er in der Öffentlichkeit zu predigen.
619 starben Abū Ṭālib und seine Frau Ḫadīǧa. Nach dem Verlust dieser zwei engsten Vertrauten stand er schutzlos den feindlich gesinnten Mekkanern gegenüber.
622 entschloß er sich mit seinen Anhängern nach Yaṯrib (Medina) auszuwandern. (Dieses Datum ist der Beginn der islamische Zeitrechnung). Hier konnte er sich und

[4] *Schimmel*, Der Islam (1990) 13.
[5] *Paret*, Mohammed und der Koran (1976) 42; *Schimmel*, Islam 14.

seine immer größer werdende Gefolgschaft auch rechtlich etablieren. Mit der Auswanderung (hiğra) vollzog sich eine entscheidende Änderung seiner Sichtweise. Bis dahin hatte er sich als weiterer Prophet in einer langen Reihe christlicher und jüdischer Propheten gesehen. Erst die Ablehnung vor allem durch die Juden ließ ihn zu dem Schluß kommen, daß sowohl Juden als auch Christen den wahren Glauben verfälscht hätten. Er hingegen verkünde den reinen monotheistischen Glauben Abrahams, dem die Gründung des mekkanischen Zentralheiligtums zugeschrieben wird. Als Folge dieser Erkenntnis änderte er die Gebetsrichtung von Jerusalem nach Mekka hin.
630 zog er in seiner Geburtstadt Mekka im Triumph ein.
632 starb er in Medina, ohne einen Nachfolger bestimmt zu haben.

Zur Person Muhammads

Er sah sich von Anfang an als einen religiösen und politischen Führer, der das Reich Allahs auf Erden gründen wollte. Bereits sein erster öffentlicher Auftritt in Mekka zeigte dies sehr deutlich.
So rief er seine Mitbürger auf, Allah als den einzigen Gott anzuerkennen und Buße zu tun, um den Schrecken des Jüngsten Gerichtes zu entgehen, wandte sich aber gleichzeitig auch gegen die sozialen Mißstände, gegen die Vielgötterei als "Verdienstquelle" und gegen das alte Stammessystem. Gerade sein staatsmännisches Geschick half ihm, hier nicht die Realität aus den Augen zu verlieren! Wie *Gottschalk* dazu treffend ausführt, war es " ... kulturgeschichtlich gesehen, das Einzigartige der neuen Lehre, dh des Islams, wie sie arabische Einrichtungen und Vorstellungen mit denen der großen monotheistischen Religionen verband und dadurch das Fundament zur arabischen Weltreligion und zum arabischen und islamischen Weltreich legte. Arabisch war die Sprache, arabisch waren die heilige Stadt, die Ka^{c}ba und die Pilgerfahrt dorthin, arabisch mancherlei Gebräuche und Rechtseinrichtungen, und an arabische Vorstellungen klangen religiöse Vorstellungen an, der Name Allahs, die Ğinn usw . Doch der Inhalt der Botschaft war neu, und für arabische Ohren war es die Botschaft der Fremden: der eine Gott, das Jüngste Gericht und die Verantwortung des einzelnen vor Allah nach der Auferstehung, die heilige Schrift (qur'ān), durch die alles geregelt wurde, dh ein religiöses Gesetzbuch, ein Erbauungsbuch und Verhaltensbuch, dergleichen den Arabern bis dahin völlig unbekannt war; der Dienst für Allah (^{c}ibāda), der den Gläubigen zum Sklaven seinem Herrn gegenüber machte und damit die ethische Grundlage seiner bisherigen Existenz völlig veränderte, die Gleichheit der Sklaven-Gläubigen, unter denen der Frömmste der Beste war, nicht der Vornehmste; das Ritual (ṣalāt), die Gemeinde (umma), nicht der Stamm, das Verbot der Blutrache, der Tötung der Mädchenbabies und vieles andere."[6]

Politisch schuf Muhammad eine Theokratie, bei der es keine Trennung zwischen staatlicher und religiöser Instanz gab.

Der Islam kennt keine profanen Handlungen. Im Sinne einer praktisch-religiösen Lebensgestaltung muß jedes Werk und jede Tat in Verantwortung vor Gott ausgeführt werden.

---

[6] *Gottschalk*, Kultur 21.

II. 1. B. Das islamische Recht

II. 1. B. a. Wesen des islamischen Rechts

Islamisches Recht ist religiöses Recht, dh es umfaßt die Gesamtheit von Allahs Geboten - das sind sowohl die Vorschriften den Ritus betreffend, als auch die Rechtsregeln - die der gläubige Muslim zu befolgen hat.[7]
Innerhalb dieses Systems besteht noch zusätzlich ein spezielles - moralisierendes - Element, das dem islamischen Recht ein besonderes Gepräge gibt, da es jegliches menschliches Verhalten einer der folgenden fünf Wertungskategorien zuordnet, bzw zuordnen muß:

1. Die von Allah gebotenen Handlungen.
2. Die von Allah empfohlenen Handlungen.
3. Die rechtlich indifferenten Handlungen.
4. Die von Allah als verwerflich erachteten Handlungen.
5. Die von Allah verbotenen Handlungen.[8]

So ist das gesamte Leben der Muslime in das Gefüge der Šarīᶜa eingebaut. Die Ganzheit der Vorschriften teilt sich in zwei Bereiche. Der erste Bereich umfaßt die kultischen und rituellen Vorschriften, die das äußere Verhalten der Menschen zu Gott regeln (ᶜibādāt) Die wichtigsten religiösen Pflichten dabei bilden die sogenannten "5 Säulen des Islam" (arkān).[9]

Diese sind:

Das Glaubensbekenntnis (šahāda)

Wer öffentlich die Formel " Ich bezeuge, daß es keine Gottheit außer Allah gibt und daß Muhammad der Gesandte Gottes ist " ausspricht, hat damit den Islam angenommen.

Das Ritualgebet (ṣalāt)

Auch wenn der Koran nicht ausdrücklich eine bestimmte Anzahl vorschreibt, dürfte bereits von Beginn an das fünfmalige Beten am Tag gebräuchlich gewesen sein. Die Gebetszeiten verteilen sich auf die Stunde vor Sonnenaufgang, auf Mittag, Nachmittag, nach Sonnenuntergang und Einbruch der Nacht. Die Gebetsrichtung ist dabei nach Mekka ausgerichtet. Die feststehenden Gebetsformeln sind - nach den vorgeschriebenen rituellen Waschungen - in Verbindung mit bestimmten Bewegungsabläufen zu vollziehen.

---

[7] Der Begriff "Šarīᶜa" bedeutet wörtlich "Weg, Pfad", im übertragenem Sinn "das Begonne, das Initiierte" und soll dem Muslim jenen Weg aufzeigen, der ihm ermöglicht das ewige Heil zu erlangen.

[8] *Anderson*, Law Reform in the Muslim World (1976) 3.

[9] *Hitti*, History 130.

Die Pflichtabgabe (zakāt)

Aus der ursprünglich freiwilligen Spende wurde sehr bald eine genau geregelte Steuer, deren Erträgnisse in erster Linie für Arme und Bedürftige zu verwenden war. Sie sollte die finanzielle Ausgewogenheit unter den Gläubigen fördern und soziale Unterschiede abbauen.

Das einmonatige Fasten (ṣawm ramaḍān)

Das Fasten dürfte heute die nach wie vor am strengsten eingehaltene Glaubenspflicht sein.[10] Während des ganzen neunten Monats des islamischen Mondjahres muß vom Morgengrauen an bis zum Sonnenuntergang völlig enthaltsam gelebt werden, dh es darf nicht gegessen, nicht getrunken, nicht geraucht, kein Wohlgeruch genossen und kein Geschlechtsverkehr gepflegt werden. Jene Personen, die von ihrer körperlichen Verfassung dazu nicht in der Lage sind[11], haben diese Zeit nachzuholen, bzw entsprechend Sühne - etwa durch die Speisung von Armen - zu tun.

Die Pilgerfahrt nach Mekka (ḥaǧǧ)

Wie bereits gezeigt, wurde diese kultische Vorschrift aus der vorislamischen Zeit übernommen. Einmal im Leben - und zwar im letzten Mondmonat eines Jahres - sollte jeder Muslim sich in den heiligen Bezirk nach Mekka begeben. Dort muß man - in zwei ungenähte Tücher gehüllt die Kaᶜaba umkreisen, den Hügel Arafat besteigen und dort verweilen, siebenmal zwischen zwei bestimmten Hügeln hin- und herlaufen und "die Steinigung des Satans"(indem dreimal sieben Steinchen auf eine bestimmte Stelle geworfen werden) vornehmen. Am zehnten Tag dieses Monats schlachtet jeder Pilger ein Schaf. Danach kann man aus dem Weihezustand wieder in seinen "normalen Zustand" zurückkehren.[12]
Die Pilgerfahrt bedeutet für jeden Muslim den Höhepunkt in seinem religiösen Leben. Gerade diese Begegnung von islamischen Glaubensgenossen aus den verschiedensten Ländern trägt besonders zur Stärkung ihres Gemeinschaftsgefühles bei.

Der zweite Bereich umfaßt die ethischen und die rechtlichen Vorschriften, die das Verhalten der Menschen untereinander regeln (ᶜuqubāt):

Muhammads erklärtes Ziel war es nämlich, die Menschen zu lehren, wie sie sich verhalten müssen, was sie tun dürfen oder nicht tun dürfen, um dem drohenden Gericht zu entgehen und sich das Paradies zu sichern.[13] Daher mußten auch die Beziehungen der Muslime untereinander geregelt werden. Dies geschah teils in Anlehnung an bestehende stammesrechtliche Bestimmungen, teils durch neue - auf den ethischen Prämissen des Islam fußenden - Vorschriften. Muhammad kann daher auch als "Rechtsprophet" bezeichnet werden. Bei seinen Aussprüchen ging er stets über die richterliche Entscheidung des Einzelfalles hinaus. Er stellte sie immer in

---

10 *Schimmel*, Islam 33.
11 Etwa auf Grund einer Krankheit oder Schwangerschaft.
12 *Schimmel*, Islam 35.
13 *Bergsträsser/Schacht*, Grundzüge des islamischen Rechts (1935) 9.

Beziehung zu früheren und - möglicherweise - noch kommenden Eingebungen, wobei er über den Anlaßfall hinaus sie als prinzipielle Aussagen zu bestimmten rechtlichen Problemen verstanden wissen wollte. So sollten diese Regeln auch bei künftigen gleichartigen Fällen angewendet werden.[14]

II. 1. B. b. Die historische Entwicklung

Auch wenn Muhammad, vor allem während seiner medinensischen Zeit, zu vielen rechtlichen Belangen Stellung bezogen hatte, lag es nicht in seiner Intention, das herrschende Gewohnheitsrecht zu beseitigen und mit dem Koran ein völlig neues geschlossenes Rechtssystem zu etablieren.
Seine unmittelbaren Nachfolger haben bei richterlichen Entscheidungen daher auch nicht die Vorstellung gehabt, nach "islamischem" Recht zu richten. Zwar orientierten sie sich an den ausdrücklichen Satzungen des Koran und versuchten dort, wo solche fehlten, die Entscheidungen im Sinne der Lehren Muhammads zu fällen, ganz überwiegend aber - wie *Bergsträsser* zutreffenderweise schreibt - "... richtete man sich, ebenso wie Muhammad selbst, nach dem geltenden Recht, in den neu eroberten Provinzen mit unbedenklicher Rezeption fremden Rechtsstoffs auch nach dem dort geltenden, soweit nicht gegen die Zulässigkeit ... religiös-moralische Bedenken zu erheben waren." Er führt dann weiter dazu aus "Das Recht lag nach wie vor abseits, es war größtenteils religiös indifferent. Eine Fortdauer diese Zustandes hätte zu einem stellenweise von der religiösen Pflichtenlehre beeinflußten, aber im Ganzen aus der Praxis erwachsenen, für die Praxis brauchbaren und in der Praxis tatsächlich geltenden Rechtes führen können. Gestört worden ist die Entwicklung auf dieses Ziel hin durch die Gestaltung der politischen Verhältnisse."
Denn nur die beiden ersten rechtgeleiteten Kalifen Abū Bakr und ᶜUmar wurden noch von der gesamten Gemeinde als legitime Nachfolger Muhammads akzeptiert. Bereits die Ernennung des dritten Kalifen - ᶜUṯmān aus dem altmekkanischen Adelsgeschlecht der Umayyaden - galt als Kompromißlösung. Nach seiner Ermordung kam es nicht nur zum offenen Bruch zwischen jener Gruppe, die in ᶜAlī, dem Schwiegersohn Muhammads, den einzigen legitimen Nachfolger sahen, sondern auch zu einer starken Opposition des Herrschergeschlechtes der Umayyaden auf der einen Seite und den Frommen von Medina, die sich als Hüter der religiösen Tradition sahen, auf der anderen Seite. Zwar waren die Umayyaden nicht islamfeindlich eingestellt, aber sie waren nicht bereit, den Anspruch des Islam, das Leben völlig zu bestimmen, anzuerkennen. So konnten sie sich zwar politisch einige Zeit an der Macht halten, es gelang ihnen aber nicht, die Stellung ihrer Vorgänger als religiöse Autorität beizubehalten.
Als Folge dieser kritischen Position der Frommen von Medina wurde nun die Pflichtenlehre ausgebaut und das ganze Leben wie auch das Recht unter die "religiöse Lupe" genommen und der Rest des Rechtslebens daran gemessen. Teils wurde es gebilligt, teils verworfen, jedenfalls aber in diese Pflichtenlehre einbezogen.[15]

Da von den 7.200 Koranversen nur ungefähr 300 reine Rechtsvorschriften enthielten, lag es auf der Hand, daß sich im Koran nicht für jedes aktuell auftretende rechtliche Problem eine Lösung finden ließ. Man stand daher vor der Frage auf

---

14 *Gottschalk*, Kultur 95 und *Bergsträsser/Schacht*, Grundzüge 9.
15 *Bergsträsser/Schacht*, Grundzüge 13.

Grundlage welcher Quellen diese Lücken "im Geiste der Religion" geschlossen werden sollten!

II. 1. B. c. Die vier Wurzeln des Rechts (uṣūl)

Wie bereits gezeigt wurde erfolgte in der frühesten islamischen Periode die selbständige Rechtsfindung durch den politischen Führer und seine von ihm ernannten Richter (qāḍī) meist auf der Grundlage ihrer eigenen Rechtskenntnisse und ihres eigenen Ermessens.
Vor allem im Irak bildete sich eine Rechtsschule heraus, welche die Urteilskraft der menschlichen Vernunft (ra'y) in den Mittelpunkt der Rechtfortbildung stellte. Man ging davon aus, daß mit dem Tod des Propheten die šarīᶜa vollständig festgelegt worden sei und es nun ausschließlich eines rationalen Systems - beruhend auf einzelnen Prinzipien und logischen Folgerungen - bedürfe, um diese Rechtsregeln richtig erkennen und erklären zu können.[16]
Mit dem Erstarken der Umayyaden erkannte man unter den Strenggläubigen, wie groß bei dieser Methode die Gefahr einer Entfernung von den Grundsätzen des Koran war. Man suchte nun nach ergänzenden Rechtsquellen, um den Anforderungen des täglichen Lebens gerecht werden zu können. Es war naheliegend - ganz im Sinne der altarabischen Tradition - den Worten und Handlungen des Propheten hier eine entscheidende Rolle zuzuweisen. Die Gewohnheit Muhammads (sunna) wurde selbst zu einer Auslegung des Koran, seinen Aussprüchen (ḥadīṯ) wurde Rechtsqualität beigemessen. Als Beweis der Echtheit mußte die Kette der mündlichen Überlieferer (isnād) lückenlos bis zu Muhammad oder einem seiner engsten Gefährten zurückreichen.
Es zeigte sich sehr bald, daß auch Koran und Tradition zusammen nicht alle strittigen juristischen Probleme lösen konnten. Man sah die Notwendigkeit einer Weiterentwicklung und fand diese einerseits in der Methode der Analogie (qiyās), dh die analoge Anwendung anerkannter Entscheidungen auf neue wirkliche und - meist theoretisch-kasuistisch - konstruierte Fälle und andrerseits im Erzielen eines Konsenses (iǧmāᶜ), dessen Autorität auf einem Ḥadīṯ Muhammads beruht, der besagt, daß seine Gemeinde nie in einem Irrtum übereinstimmen werde.[17]
Somit hatten sich vier Rechtsquellen herausgebildet, die in einem logischen System zueinander standen, nämlich Koran, Tradition, Analogieschluß und Konsens. Jede Art von eigener Meinung wurde als "ketzerisch" (bidᶜa) verboten.

II. 1. B. d. Die vier Rechtsschulen

750 n Ch wurde die Dynastie der sehr weltlich orientierten Umayyaden von den Abbasiden abgelöst. Diese traten nun mit dem Anspruch, das Gottesreich auf Erden etablieren zu wollen, an. Durch die Berufung führender Religionsgelehrter in hohe Richterstellen haben sie eine dauernde - politisch auch zu Abhängigkeiten führende - Verknüpfung des Richteramtes mit dem religiösen Recht erreicht. Diese frühabbasidische Zeit war eine, für die Entwicklung der Rechtswissenschaft (fiqh),

---

[16] *Nasir*, The Islamic Law of Personal Status (1986) 6.

[17] *Bergsträsser/Schacht*, Grundzüge 14 und *Schimmel*, Islam 51.
Dieses Prinzip, daß die Gemeinschaft der Gläubigen nicht fehlen kann, da Gott ständig "bei ihr ist", findet man auch in der jüdischen und christlichen Religion.

sehr produktive Zeit und mündete schließlich in der Entstehung verschiedener Rechtsschulen.[18]

Im Streit um die Anwendung der "richtigen Methode der Rechtsfindung" hatten sich am Ende des 8. Jahrhunderts vier anerkannte - nach ihren Gründern benannte - orthodoxe Rechtsschulen herausgebildet:

Die Ḥanafiten

Sie ist benannt nach dem Iraker Abū Ḥanīfa (ca 700 - 767 n Chr). Diese älteste Rechtsschule gab der Spekulation noch etwas mehr Raum als die nachfolgenden. Er sah in der Kasuistik die Möglichkeit, einen praktikablen Weg zwischen "dem Legalen, dem Idealen und dem Realen" finden zu können. Seine Lehre verbreitete sich während der Abbasidenzeit, war später die offizielle Rechtsschule im Osmanischem Reich und ist bis heute vorherrrschende Doktrin in Ägypten, Syrien, Jordanien, Palästina, im Libanon und Sudan.[19]

Die Mālikiten

Sie geht auf den in Medina lehrenden Mālik ibn Anas (ca 712 - 795 n Chr) zurück. Mehr als Ḥanīfa betonte er die Bedeutung der Tradition bei der Rechtsfindung. Sein größtes Verdienst war es, das erste Mal in der islamischen Rechtsgeschichte eine schriftliche Darstellung des Rechts verfaßt zu haben. Seine Schule ist vor allem im westlichen Islam vorherrschend, sie ist aber auch in Ägypten, im Sudan, in Nord- und Westafrika und im östlichen Zentralarabien vertreten.[20]

Die Šāfiᶜiten

Diese Richtung geht zurück auf Muhammad ibn Idris aš-Šāfiᶜī (ca 767 - 820 n Chr) einen Schüler von Mālik. Er gilt heute als der Begründer der islamischen Rechtswissenschaft. Seine große Leistung war es, das juristische Denken zum Bewußtsein seiner selbst erhoben und so den ersten Schritt hin zu einer Systematisierung getan zu haben. Er hielt sich dabei strenger an den Koran und die Tradition als seine Vorgänger. Seine Lehre erreichte vor allem in Ägypten, Syrien und Indonesien große Bedeutung.

Die Ḥanbaliten

Aḥmad ibn Ḥanbal (ca 780 - 850 n Chr) wurde lange Zeit von den Juristen nicht anerkannt und als reiner Traditionalist angesehen. Er bejahte nur den Koran und die sunna als Rechtsquellen und wandte sich vehement gegen die Anwendung des ra'y. Aufgrund der politischen Machtverhältnisse fand seine Lehre kaum Verbreitung, konnte sich aber in Innerarabien über die Zeit halten. Im 18. Jahrhundert wurde sie durch die Reformbewegung der Wahabiten unter dem Schutz der saudischen Königsfamilie neu belebt.[21]

---

18 *Bergsträsser/Schacht*, Grundzüge 15.
19 *Nasir*, Islamic Law 14.
20 *Coulson*,, A History of Islamic Law (1964) 43 und auch *Nasir*, Islamic Law 15.
21 *Bergsträsser/Schacht*, Grundzüge 16 und *Schimmel*, Islam 52.

Während es am Beginn dieser Entwicklung noch zahlreiche andere Rechtsschulen gab, verschwanden diese bald. Die vier dargestellten Rechtsschulen blieben gleichberechtigt nebeneinander bestehen. Unter Berufung auf einen Ḥadīṯ hat man auch nie versucht sie zu vereinen.[22] Durch dieses Nebeneinander verschiedener Lehrmeinungen kam der Übereinstimmung (iǧmā^c) immer größere Bedeutung zu. Während der Diskussionen anfänglich ein stark schöpferischeses Element innewohnte, erstarrte bereits im 10. und 11. Jh. n Chr das System zusehends. Grund dafür war, daß man den Gelehrten das Recht der freien Forschung in Koran und Tradition überall dort absprach, wo einmal durch iǧmā^c eine Bestimmung festgelegt worden war. Man bezeichnete diesen Zustand als das Schließen des Tores der freien Rechtsfindung (das sog bāb al-iǧtihād).
Nachfolgende Juristengenerationen mußten ihre rechtsschöpferische Tätigkeit auf das Erstellen von Rechtsgutachten (fatwā) beschränken, bei denen es darum ging, unter Zugrundelegung der überlieferten Rechtsbestimmungen neu auftretende Lebenssachverhalte zu erfassen.

Der Vollständigkeit halber soll hier kurz auf die Besonderheiten der šī^citischen Rechtsauffassung eingegangen werden:

Aus dem Streit, wer der rechtmäßige Nachfolger Muhammads sei, trennte sich die Partei ^cAlīs von den übrigen Muslimen. In der Folge führte ihr Glaube, daß der Imām als rechter Führer der Gläubigen und wahrer Interpret des Koran nur der Familie des Propheten entstammen könnte, zu einer getrennten Entwicklung dieser Richtung.
Die gemäßigte Hauptrichtung der Zwölferšī^citen unterscheidet sich in Dogma und Gesetz nicht grundlegend von jener der Sunniten, so daß sie oftmals als die "fünfte Rechtsschule" bezeichnet wird.
Innerhalb der šī^citischen Richtung wurden immer wieder die schwachen Seiten der Theorie des iǧmā^c betont. Man betrachtete die menschliche Vernunft als unfähig, auf dem Gebiet des Dogmas mittels Übereinstimmung zu einer absoluten Gewißheit zu gelangen. Nur der Imām - als Nachkomme des Propheten - besitze ihrer Überzeugung nach jenen verborgenen Spürsinn, der seinem Urteil die Unfehlbarkeit verleihe. Die šī^citischen Gelehrten betrachteten sich ihrerseits immer - unter Anerkennung dieses Autoritätsprinzips - als Interpreten und Organe des Imām.[23]
Gerade die Tatsache aber, daß sie nicht den Konsens mit anderen Rechtsschulen suchen mußten, läßt sie nach wie vor davon überzeugt sein, daß das "Tor der freien Rechtsfindung" nicht vollständig geschlossen sei[24], wenn dies auch in der derzeitigen Rechtspraxis nicht jene entscheidende Reformkraft in sich birgt, die man sich wünschen würde.

II. 1. B. e. Göttliches Recht und Kodifikation

Allgemeines

Da das islamische Recht auf dem Koran beruht und daher als göttliches Recht gilt, wird es in der gesamten muslimischen Welt als unveränderbar betrachtet. Auch wenn die rechtlichen Regelungen den Anspruch erheben, für alle - auch zukünftige -

---

22 Zitiert bei *Schimmel*, Islam 53: " Die Meinungsverschiedenheit in meiner Gemeinde ist ein Zeichen göttlicher Barmherzigkeit."
23 *Lammens*, L'Islam (1944).
24 *Anderson*, Law Reform 7.

Zeiten Gültigkeit zu haben, spiegeln sie doch in erster Linie die rechtlichen und sozialen Probleme zur Zeit Muhammads wider.
Auf Grund der oben dargestellten Methoden der Rechtsfindung bildete sich im Laufe der Jahrhunderte ein kasuistisches, von Rechtsgelehrten erarbeitetes, in weiten Bereichen rein theoretisches, Juristenrecht heraus. Dem standen immer größere und komplexere Staatengebilde gegenüber, die eines kodifizierten, den sozialen Frieden wahrenden Gesetzes, bedurften. Auch wenn keiner der modernen muslimischen Staaten die Ewigkeit der koranischen Gesetzgebung in Frage stellen würde, weisen ihre jeweiligen Gesetzgebungen doch mehr oder weniger große Unterschiede auf.

Die Reformen des Osmanischen Reiches

Bis zum Auftreten der Türken gab es eine Vielzahl von Entscheidungssammlungen und Rechtsdarstellungen von Rechtsgelehrten verschiedener Rechtsschulen, die zwar zu kanonischer Geltung gelangt waren, aber keine Kodifikation eines einheitlich geltendes Rechts darstellten.
Beginnend im 16. Jh n Chr verhalfen die Osmanen - die sich in besonders hohem Maße als "fromme" Herrscher sahen - dem heiligen Recht, und zwar der im Osten allmählich zurückgedrängten ḥanafitischen Lehre, zu allergrößter Geltung. Es erfolgte zunächst eine staatliche Regelung der Rechtspflege, dann wurde für die einheitliche Ausbildung der Kadis gesorgt und schließlich wurde ein hierarchisch geordneter Richterstand geschaffen. Der Mufti - eine eigens dafür geschaffene Oberinstanz - hatte für die Beobachtung des heiligen Gesetzes im Staatsleben zu sorgen und die Tätigkeit der Kadis zu überwachen. Trotz dieser Gesetzestreue sahen die osmanischen Herrscher kein Problem darin, förmliche Gesetze zu erlassen. Sie sahen es nicht als eine Außer- kraftsetzung des islamischen Rechts, sondern nur als eine Lückenfüllung an. Im Ergebnis war die Rechtsordnung der Türkei zu jener Zeit der europäischen, besonders wegen ihre Einheitlichkeit, weit überlegen.
Am Beginn des 19. Jh kam es auf Grund der politischen Veränderungen und sicher auch unter dem Einfluß Europas zu einem Bruch mit der traditionellen Jurisprudenz. Es begann die sog Tanzimat-Gesetzgebung[25], die nach europäischem Vorbild das erstemal sowohl für Muslime als auch für Nichtmuslime galt.
Auch wenn in vielen Teilbereichen völlig neues, fremdes Rechtsgut einfloß, wurde die šarīᶜa nicht ganz aufgegeben. Als es darum ging, eine Kompilation des Obligationenrechts zu erarbeiten, entschieden sich die Rechtsgelehrten, das auf der Grundlage des islamischen Rechts zu tun. Es war dies das erstemal in der Geschichte des Islam, daß eine staatliche Autorität den Versuch unternahm, die rechtlichen Teile der Pflichtenlehre als Staatsgesetz zu kodifizieren.[26]

Wichtig festzuhalten ist der Umstand, daß man trotz aller Reformbestrebungen es nicht wagte, auch das islamische Personen- und Familienrecht zu ändern. Wie *Anderson* dazu schreibt, ist bis 1915 in diesem "sakrosankten Bereich" keine Entwicklung festzustellen. Er führt dazu weiter aus: " ... denn obwohl jeder Teil der šarīᶜa als auf der göttlichen Offenbarung beruhend angesehen wird, besteht kein Zweifel darüber, daß im Bereich des Familienrechts (besonders in den Belangen der Eheschließung, Scheidung und des Erbrechts) der Koran selbst sehr ausführliche

---

[25] Das arabische Wort tanzim bedeutet " Ordnung, Verordnung".
[26] Türkisches bürgerliches Gesetzbuch (Megelle-i ahkam-i adlije).
Vgl zu diesem Kapitel *Bergsträsser/Schacht* 20 und *Anderson* 14.

Regelungen enthält und das heilige Recht hier immer peinlich genau befolgt wurde, da die Muslims gerade diesen Teil ihres Rechts als besonders eng mit dem Geist ihrer Religion verwoben sahen."[27]

Vor dem Problem, in diesem Bereich starke traditionalistische Strömungen überwinden zu müssen, standen nicht nur die Reformer des türkischen Reiches. Auch die modernen Kodifikationen zeigen wie groß im Bereich des Familien- und Erbrechts immer noch der Einfluß der šarīᶜa ist. [28]

II. 1. C. Die islamische Familienstruktur

II. 1. C. a. Die vorislamische Gesellschaft

Wie bereits erwähnt, war für die rechtliche Position des Einzelnen ausschließlich seine Zugehörigkeit zu einem bestimmten Stamm maßgeblich. Diese basierte auf:

~ ***Blutsverwandschaft***
Das "rechtliche sanktionierte Hineingeborenwerden" in eine bestimmte Stammesgruppe sicherte das Überleben des Individuums. Der soziale Rang innerhalb des Verbandes hing ausschließlich von der Nachweisbarkeit und "Qualität" der Abstammung ab.

~ ***Heirat***
Dadurch wurde die Frau Teil des Stammes des Mannes, ebenso wie die Kinder, die sie zur Welt brachte.

~ ***Die Adoption***
Dadurch wurden Stammesfremde in den Verband und somit auch in die Abstammungslinie aufgenommen, dh sie erreichten die gleiche Stellung wie die leiblichen Kinder mit allen rechtlichen Vorteilen, vor allem im Hinblick auf das Erbrecht. Häufig handelte es sich bei den Schutzgenossen (ḥalīf) um begüterte Personen, die sich als Einzelpersonen oder mit ihren Familien einem Stamm anschlossen.

~ ***Die Unterschutzstellung***
Da es für das Überleben in diesem Stammessystem unbedingt erforderlich war, einer bestimmten Gruppe anzugehören, gab es die Möglichkeit für sozial Schwache oder Ausgestoßene sich unter den Schutz eines mächtigen Stammes zu begeben. Bei diesen Personen (mawālī) handelte es sich meist entweder um freigelassene Sklaven, um Flüchtlinge, oftmals auch um Juden oder Christen, die aus ihren eigenen Stämmen ausgeschlossen worden waren. Manchmal waren es sogar ganze Gruppen, wie etwa die jüdische Minderheit in Medina, die in einen anderen Stamm "eintraten".
Allen gemeinsam war, daß sie ohne den Schutz einer starken Gemeinschaft nicht in der Lage gewesen wären, zu überleben.

---

27 *Anderson* 17 (übertragen ins Deutsche).
28 Im IV. Kapitel dieser Arbeit wird darauf noch genauer einzugehen sein.

- ***Die Sklaven*** (männl ᶜabd und weibl ama)
  Auch die Unfreien wurden als dem Stamm zugehörig betrachtet. Selbst ihnen wurden bestimmte Mindestrechte zugestanden.

Auch wenn manche Autoren von Spuren matriarchalischer und/oder polyandrischer Gesellschaftsformen - vor allem in Südarabien - berichten[29], kann gesagt werden, daß zur Zeit des ersten Auftretens Muhammads grundsätzlich die patriarchale, patrilineare, patrilokale, endogame und polygyne Stammesgemeinschaft die vorherrschende Gesellschaftsform war.
Das gewählte männliche Stammesoberhaupt (šayẖ) war die zentrale Führungsfigur, der gemeinsam mit den Stammesältesten als primus inter pares die Geschicke seiner Gruppe lenkte. Er verteilte die Güter des täglichen Lebens, traf wirtschaftliche Entscheidungen und hatte auch das Richteramt inne.
Zwar gab es regionale Unterschiede, die vor allem davon abhingen wie die einzelnen Stämme lebten, dh ob sie Voll- oder Halbnomaden, seßhafte Ackerbauern oder Städter waren, dennoch waren die Grundstrukturen überall gleich. Da die Zugehörigkeit zu einem Stamm die latente, bzw offene Feindschaft gegenüber allen übrigen Stämmen beinhaltete, war sie nicht nur für das Zugehörigkeitsgefühl des Einzelnen, sondern auch für sein Überleben existenziell, denn Blutfehden, Überfälle und kriegerische Auseinandersetzung zwischen den Stämmen prägten das Leben der damaligen Zeit.
Mittels Unterschutzstellungen und Klientenwesen konnte die Größe des Stammes reguliert und sein wirtschaftliches und kriegerisches Potential viel effektiver ausgebaut werden, als dies durch die Geburt von eigenen - bevorzugt männlichen - Nachkommen möglich gewesen wäre.
Diese Vorgangsweise führte aber auch zu einem vermehrten Konfliktpotential innerhalb des Stammes. Erstens war die Loyalität der von außen kommenden Personen idR nicht mehr so stark ausgeprägt wie dies unter Blutsverwandten der Fall war, und zweitens führte die Erstreckung des Erbrechts auch auf diese Mitglieder des Stammes dazu, daß originäre Familienmitglieder leer ausgingen.[30]
Die Überbetonung der Abstammung führte überdies zu einer Zersplitterung der einzelnen Gruppen.

Die nur marginal ausgeprägten familiären Bindungen bargen vor allem für die schwächeren Mitglieder der Gemeinschaft, besonders für die Frauen, große Gefahren in sich!

Zur Stellung der Frau

Die Frauen genossen keine wie immer geartetete rechtliche und soziale Eigenständigkeit. Weibliche Nachkommen wurden in der arabischen Nomadengesellschaft in erster Linie als Belastung für den Stamm angesehen. Viele von ihnen wurden sofort nach der Geburt getötet, indem man sie lebendig begrub. Jene wenigen, die man am Leben ließ, wurden schon im Kindesalter zu Tätigkeiten im Haushalt herangezogen und galten in ihren Familien idR als "bloß geduldet". Der Vater, bzw der nächste männliche Verwandte trachtete daher regelmäßig danach, das Mädchen möglichst jung zu verheiraten. So konnte er sich einerseits seiner

---

29 *Karmi*, The Family as a developing group in Islam, Asian Affairs (1975) 61 und *Chamberlayne*, The Family in Islam, NUMEN (1968) 119.

30 *Ḥammūdah*, The Family Stucture in Islam (1970).

Unterhaltsverpflichtung entledigen und andrerseits mußte er nicht allzu lange über die Jungfräulichkeit der Frau "wachen".
Bei der Verehelichung hatte der Bräutigam an den Vater der Braut einen "Brautpreis" zu entrichten. Diese Form darf aber nicht als "Kaufehe", die dem Brautvater die Möglichkeit einer "Vermögenslukrierung" bot, mißverstanden werden. *Wesel* führt in diesem Zusammenhang dazu aus: "Der Brautpreis ist nicht Zahlung für die Frau. Er ist ein Ausgleich für den Verlust an Arbeitskraft und Kindern, den die Familie der Frau regelmäßig erleidet. Außerdem ist er ein Mittel zum Ausgleich ökonomischer Unterschiede." Und an anderer Stelle: "Im Gegensatz zur Mitgift, oder Aussteuer, die ein Individualgeschäft ist, ein Geschäft zwischen einzelnen Personen, dem Vater der Frau und ihrem Mann, wird mit dem Brautpreis lineage-Eigentum, kollektives Eigentum, übertragen."[31]
In der Ehe unterstand die Frau der uneingeschränkten Herrschaft ihres Ehemannes. Die Auflösung der Ehe hing allein von seinem Gutdünken ab. Selbst nach seinem Tod konnten die Verwandten des Mannes den Anspruch auf die Arbeitskraft der Witwe geltend machen.
Es herrschte das unbeschränkte Recht zur Polygynie. Genau so uneingeschränkt war es das Recht des Mannes, eine ihm unliebsame Ehefrau einseitig verstoßen zu können. Dies führte regelmäßig zu einer Ausgrenzung der Frau aus der Familie des Ehemannes ohne finanzielle Absicherung. Im besten Falle wurde sie von der eigenen Familie wieder aufgenommen und mußte ihr weiteres Leben sozial dikriminiert und wirtschaftlich abhängig am Rande der Stammesgesellschaft verbringen.

II. 1. C. b. Die Familie im klassischen Islam

Muhammad erkannte sehr früh, daß es, um die Grundziele des Islam verwirklichen zu können, einer neuen Gesellschaftsordnung bedurfte. Die "primitive Stammeskultur", in der sich jeder Einzelne nur als Teil einer bestimmten Gruppe sah und sich ausschließlich dieser gegenüber loyal verhielt, stand dem Aufbau eines größeren Gemeinwesens im Weg.
Er folgerte richtig, daß erst wenn das Individuum sich als Teil eines bestimmten Gebietes und/oder einer Gemeinschaft begreift und so ein Solidaritätsgefühl entwickelt, räumliche Ausdehnungen möglich sind, ohne daß sich etwas am Zugehörigkeitsgefühl des Einzelnen ändert. Egal wie groß dann die Gruppe ist, jeder fühlt sich als Teil des Ganzen.[32]
Um dieses angestrebte Ziel zu erreichen, rückte er die Familie in den Mittelpunkt zahlreicher rechtlich-religiöser Regelungen, wobei er erstmals die Rechte und Pflichten aller Familienmitglieder festlegte und dabei vor allem die Position der Frauen und Kinder wesentlich verbesserte.
Im Gegensatz zu den alten Stammesorganisationen konnten nun die Familienbande ausschließlich durch Blutsverwandschaft und/oder Heirat begründet werden.

Abgesehen von der Art der Verwandschaftsbeziehungen muß man Familien auch nach der Art ihrer lokalen Wohnsituation unterscheiden in:

---

31 *Wesel*, Der Mythos vom Matriarchat (1980) 82, 93,134.
32 *Karmi*, The Family 62.

Die Großfamilie

Sie besteht im Kern aus dem Mann und seiner, bzw seinen Ehefrau(en) und ihren direkten Vorfahren und Nachkommen. Darüberhinaus können noch weitere Personen hinzukommen, wie etwa die männlichen Verwandten des Mannes, die Blutsverwandten und/oder die Seitenverwandten. Erstere bezeichnet man als "primäre Gruppe oder Kerngruppe" und zweitere als "sekundäre Gruppe". Die Summe aller Mitglieder bildet einen Haushalt und meist auch einen Wirtschaftsverband, wobei jeder Teil eine bestimmte Aufgabe für die Gruppe zu erfüllen hat.

Die Kernfamilie

Sie ist ident mit der oben genannten Primärguppe. Sie umfaßt ausschließlich das Ehepaar und - soweit vorhanden - die unmittelbaren Aszendenten und Deszendenten. Hier übernimmt - nach klassischer Rollenteilung - der Mann die wirtschaftliche Versorgung, während die Frau den Haushalt und die Alten und Kinder betreut.

Die in den Zeiten des klassischen Islam vorherrschende Familienform war unbestritten die Großfamilie.
Auch wenn manche Autoren anderer Meinung sind[33], geht aus dem Koran nicht hervor, welche Familienform bevorzugt wurde. Es lag nicht in der Absicht des Islam, eine bestimmte Form als die einzig wahre und erlaubte festzulegen, sondern das richtige Verhalten innerhalb der Familie durch die Bestimmung der Rechte und Pflichten zu definieren. Die damals vorherrschende Form der Großfamilie wurde einfach akzeptiert.[34]

Zu den wichtigsten Rechten und Pflichten der Familie und ihren einzelnen Mitgliedern gehören - unabhängig von ihrer Form - folgende Punkte:[35]

- die Sicherung der legitimen Abstammung,
- die Sicherung des Unterhaltes,
- die Sicherung der Kontinuität des Familienbesitzes durch das Erbrecht,
- die Familienzugehörigkeit,
- die Familiensolidarität,
- die soziale Eingliederung und Erziehung der Nachkommen,
- die Betreuung der Alten,
- die Maximierung des Wohlstandes durch Zusammenwirken der einzelnen Mitglieder,
- die Lösung von Konflikten und
- die wechselseitige Hilfestellung.

In dieser neuen Konzeption wurde die islamische Familie zum Kristallisationspunkt und zur kleinsten Einheit einer darüberstehenden allumfassenden Gemeinschaft von "Brüdern und Schwestern". Vor allem mit seiner Grundaussage von der religiösen Gleichheit aller Menschen vor Gott, stieß Muhammad bei den Vertretern

---

33 *Karmi*, The Family 66.
34 *Ḥammūdah*, Family Structure 81.
35 Zusammenfassung von *Karmi*, The Family 67.

der vornehmsten arabischen Familie lange Zeit auf massive Ablehnung. Es ist daher auch nicht weiter verwunderlich, daß - abgesehen von seinen Familienmitgliedern - die meisten seiner Anhänger zunächst aus der unteren sozialen Schicht kamen. Unbeirrt davon betonte er aber immer wieder, daß die Bedeutung einer Person nicht in erster Linie von seiner edlen Abstammung abhänge, sondern von seinem "pietätvollen Leben und seinen guten Taten in der Gemeinschaft".[36]
Logische Konsequenz dieser Grundhaltung war die Betonung der "natürlichen" Abstammung auf der einen Seite, und das Verbot der Adoption auf der anderen Seite. Begründet wurde es seitens des Propheten damit, daß das Recht auf eine legitime Abstammung und einer daraus resultierenden sozialen Eingliederung auch die Pflicht beinhalte, sich zu seiner wahren Abstammung zu bekennen. Daher lehnte er alle Formen, die dieses Grundkonzept - womöglich aus eigennützigen Gründen - zu durchbrechen versuchten, ab.
Auch wenn das Adoptionsverbot auf Grund eines konkreten Anlaßfalles erfolgte, von dem Muhammad selbst betroffen war[37], scheint hier wohl dieses wichtige soziale Reformanliegen der Hauptgrund gewesen zu sein. Es ist viel darüber spekuliert worden, was das "wahre Motiv" für dieses Verbot gewesen sein könnte. Eine mögliche Erklärung wäre, daß er in dem Wissen um die großen Widerstände, die das Adoptionsverbot hervorrufen würde, gerade einen solchen "Anlaßfall" provozieren mußte, um auf diesem aufbauend seine Reformen durchführen zu können, ohne diese mit abstrakten soziologischen Überlegungen begründen zu müssen. Es steht fest, daß kraft seiner Person die Kritik daran sehr bald verstummte, da er wohl über jeden Zweifel einer Eigennützigkeit erhaben war. Bei der Offenbarung der diesbezüglichen Sure zeigte er großes politisches Geschick, indem er es nicht verabsäumte, gleichzeitig mit dem Ausspruch des Verbotes auch den diesem innewohnenden "Vorteil" aufzuzeigen, nämlich die ab nun bestehende Möglichkeit, die geschiedenen Frauen von ehemaligen Adoptivsöhnen heiraten zu können !

Betrachtet man die bisherigen Ausführungen, kann man erkennen, daß die Familienform und ihre Veränderung untrennbar mit dem Entstehen und der Ausbreitung des Islam verbunden war und ist. *Karmi* unterteilt diese Entwicklung in die folgenden drei Phasen:

1. Phase

In der vor- und frühislamischen Phase herrschte ein tribales System vor, bei dem die Abstammung durch Blutsverwandtschaft oder Adoption entstand. Es war gekennzeichnet von unbeschränkter Polygynie und einem absoluten Herrschaftsrecht der Männer.

2. Phase

Nach dem ersten Jahrhundert des Entstehens des Islam lebten die Menschen in Großfamilien zusammen, die nicht nur auf verwandtschaftlichen Beziehungen beruhten, sondern durch massive wirtschaftliche und administrative Interessen zusammengehalten wurden. Meist lebten nur mehr die Familienoberhäupter polygam.

---

[36] *Ḥammūdah*, Family Structure 77 und 79.
[37] Siehe dazu Kapitel IV. 3. D.

3. Phase

Mit dem Niedergang des osmanischen Reiches als dem letzten islamischen Großreich und mit dem Entstehen moderner Staaten verloren Großfamilien vielerorts ihre wirtschaftlicher Bedeutung. Es entstanden zusehends Kernfamilien, bei denen die Monogamie vorherrschend ist.[38]

II. 1. C. c. Die islamische Familie heute

Der Trend zu kleinen Familieneinheiten verstärkte sich in den Ländern des Mittleren Ostens massiv seit dem Ende des ersten Weltkrieges. *Prothro* und *Diab*, die in den späten sechziger Jahren eine Feldforschung zu diesem Thema in der Levante durchgeführt haben[39], nennen dafür zwei Hauptgründe. Erstens nahm - in diesem Bereich speziell durch die britische und französische Mandatsverwaltungen - der westliche Einfluß stark zu und zweitens, damit im Zusammenhang, wurde vor allem seitens der Frauen die Forderung nach Gleichberechtigung, besonders im Bildungsbereich, immer lauter. Unterstützt wurde diese Entwicklung durch Urbanisierung, Industrialisierung und allgemeine Modernisierung.
Die so entstandenen neuen Einkommensquellen ermöglichten es den jungen Paaren, den Familienverband zu verlassen und einen eigenen Wohnsitz zu begründen. Vor allem in der Mittel- und Oberschicht der islamischen Länder des Mittleren Ostens ist dieser Trend vermehrt zu beobachten, während am Land und in sehr konservativen städtischen Kreisen versucht wird, die patriarchale Familie aufrecht zu erhalten. Diese umfaßt idR nach wie vor die Eltern, die unverheirateten Kinder und die verheirateten Söhne mit deren Familien.[40]
Trotz dieser Auflösungstendenzen lebt man in dem Bewußtsein bestehender familiärer Bindungen weiter. Man hält den Kontakt durch regelmäßige Besuche, Telefonate und dem Feiern von Familienfesten aufrecht. Vor allem in Krisenzeiten besteht die unbedingte Pflicht zur Hilfeleistung. Wie sich im nächsten Kapitel bei den Befragungsergebnissen zeigen wird, ist heute der vielleicht wichtigste Faktor des familiären Zusammenhalts der Gehorsam gegenüber den Eltern, der vor allem auch als religiöse Pflicht angesehen wird. Interessant zu beobachten ist, daß derartige Bindungen heute häufig auf eine wirtschaftliche Ebene "transformiert" werden, indem sich Familienunternehmen bilden. Hier werden verwandtschaftliche Beziehungen als Grundlage für die Forderung nach einer Firmenloyalität betrachtet, die die eines "normalen" Angestellten oder Teilhabers weit übersteigt.

Auch wenn in den einzelnen Ländern die Entwicklungen unterschiedlich rasch vorangehen, gibt es bestimmte Veränderungen, die bereits überall festgestellt werden können.

Dazu gehören:

⇨ Ehen werden zwar immer noch vermittelt, aber die zukünftigen Brautleute haben ein Mitspracherecht bei der Auswahl. Es ist üblich, daß sie sich bereits

---

38 *Karmi*, The Family 68.

39 *Prothro/Diab*, Changing Family Patterns in the Arab East (1974) 2.

40 *Daghestani*, The Evolution of the Moslem Family in the Middle Eastern Countries, International Social Science Bulletin (1953) 681.

vor der Eheschließung in Anwesenheit Dritter besuchen und in Gesprächen kennenlernen können.

⇨ Im Zusammenhang mit dem vorangegangenen Punkt ist die Institution des Verlöbnisses üblich geworden, die das klassische islamische Familienrecht nicht kannte.

⇨ Das Heiratsalter wurde in den meisten Ländern drastisch angehoben, wobei über die Registrierungspflicht der Eheschließung eine Kontrollmöglichkeit durch den Staat besteht.

⇨ Endogame Eheschließungen sind nicht mehr verpflichtend, auch wenn sie vielerorts immer noch bevorzugt werden.

⇨ Jungverheiratete leben meist nur am Anfang ihrer Ehe bei einem der beiden Elternpaare und ziehen, sobald sie dazu finanziell in der Lage sind, in eine eigene Wohnung (oft in der Nähe der Eltern).

⇨ Die Zahl der berufstätigen Frauen nimmt immer stärker zu, was zu einem Umbruch in der patriarchalisch geordneten Familienstruktur führt, da nun nicht mehr ausschließlich der Mann für den Unterhalt aufkommt.

⇨ Die Monogamie ist die absolut vorherrschende Eheform.

⇨ Der Trend geht zu kleineren Familien, dh man will im Idealfall nicht mehr als maximal zwei bis drei Kinder.[41]

Alle angestrebten Veränderungen gehen nur sehr langsam voran, da sie unweigerlich an eine Grenze stoßen, nämlich die, daß die Ehe - laut Koran - der einzig erlaubte Ort einer sexuellen Begegnung zwischen Mann und Frau ist und demnach schon aus einer religiös-rechtlichen Pflicht heraus jeder Muslim in einer solchen zu leben hat. Wie streng diese Auffassung ist, zeigt der Umstand, daß alle nichtehelichen sexuellen Beziehungen als "Unzucht" gelten und strafrechtlich sanktioniert werden.
Familiäre Rechte und Pflichten sind somit nicht als reine Privatsache zu betrachten, sondern immer auch in bezug auf die (religiöse) Gemeinschaft zu sehen. Dies wird vor allem im Konfliktfall deutlich. Kommt es innerhalb einer Ehe und Familie zu einem zwischenmenschlichen Problem und sind die Betroffenen nicht in der Lage dieses allein zu lösen, so greift die Gruppe mit ihren Autoritäten ein und versucht auf die Konfliktparteien ausgleichend einzuwirken. Ihre erklärten Ziele sind dabei, die Familienbande wieder zu festigen, Ungerechtigkeiten auszugleichen und so das Auseinanderbrechen der Ehe und Familie unbedingt zu verhindern. Dieses System greift auch dann ein, wenn verwandtschaftlichen Beziehungen, die diese rechtliche Verantwortung und Beziehung bedingen würden, fehlen, da dann die religiös definierte "Geschwisterlichkeit" als Motivation herangezogen wird.[42]

Auch wenn das Rechtssystem die Tatsache anerkennt, daß Familien auseinanderbrechen können und demzufolge die Möglichkeit der Scheidung gewährt, sollte - nach der erklärten Überzeugung Muhammads - eine solche um jeden Preis verhindert werden. Zur Erreichung dieses Ziels wurde bereits im Koran festgelegt, wie im Konfliktfall vorzugehen sei. Bevor an Hand von praktischen Beispielen aufgezeigt werden kann, inwieweit dieses Konzept heute noch Anwendung findet, muß es zunächst in seiner theoretischen Ausformung dargestellt werden!

---

41 *Prothro/Diab*, Family Patterns 202 und *Daghestani*, Evolution 686.

42 *Ḥammūdah*, Family Structure 66.

II. 2. Muslime in Österreich

II. 2. A. Geschichtlicher Überblick

II. 2. A. a. Bosnien - Herzegowina

Im Jahre 1878 wurde Bosnien-Herzegowina vom Habsburgerreich okkupiert und vom Berliner Kongreß unter die österreichisch-ungarische Verwaltung gestellt. Damit befand sich das erstemal eine etwa eine halbe Million umfassende, geschlossene muslimische Bevölkerungsgruppe unter habsburgischer Verwaltung.[43] Wie *Hauptmann* dazu schreibt, sahen sie sich, nachdem sie die Verteidiger der äußersten Grenzen des osmanischen Reiches gewesen waren, als "Hort der Rechtgläubigkeit, als Bewahrer der alten Ordnung und Verfechter einer weitgehenden Sonderstellung." Überdies sahen sie in einem nachträglich am 21. April 1878 abgeschlossenem Abkommen zwischen der Türkei und Österreich-Ungarn in dem betont wurde, daß die Okkupation an den Souveränitätsrechten des Sultans nichts ändern würde und die Okkupationsverwaltung die Gewohnheiten, Religion, Sicherheit der Person und des Eigentums der Muslime schützen werde, eine dauerhafte Garantie ihrer Position.

Während sie allerdings als Angehörige der Staatsreligion des Osmanischen Reiches eine soziale Vorrangstellung genossen hatten, waren sie nun bloß eine von mehreren religiösen Minderheiten. Die türkische Herrschaft war faktisch verschwunden. Einem drohenden Identitätsverlust begegneten sie mit dem starren Festhalten an ihrer sozialen Struktur und ihrer bisher gewohnten islamischen Lebensform.

Bis 1908 hegte die muslimische Führungsschicht im Land noch die Hoffnung auf eine "Rückkehr in die Geborgenheit des islamisch-osmanischen Reiches", welche aber durch die völkerrechtliche Annexion seitens der Wiener Regierung in diesem Jahr endgültig zunichte gemacht wurde.

Obwohl den Muslimen der freie Verkehr mit dem Kalifen und dem Scheich-ül-Islam des osmanischen Reiches gestattet war, versuchte man diese Kontakte möglichst einzuschränken. So wurde 1882 der Mufti von Sarajewo zum religiösen Oberhaupt der bosnisch-herzegowinischen Muslime ernannt und sie somit einer im Lande selbst befindlichen Organisationsform untergeordnet.[44] In Wien wurde überdies eine eigene Militärmoschee eingerichtet und bei der kaiserlich-osmanischen Botschaft in Wien stand ein Gebetsraum zur Verfügung. Bis 1918 gab es sogar einen Mufti in Wien.[45]

Seit 1878 kamen vermehrt bosnische Händler und Hausierer nach Wien. 1910 waren es bereits etwa 200 Zivilpersonen. Außerdem waren noch 2.059 Soldaten aus Bosnien-Herzegowina hier stationiert.[46]

---

43 *Hauptmann* in *Wandruska/Urbanitsch*, Die Habsburgermonarchie 1848-1918, Die Mohammedaner in Bosnien-Hercegovina IV (1985) 670.

44 *Hauptmann*, Mohammedaner 671.

45 *Bihl*, Zur Stellung des Islam in Österreich, Österreichische Osthefte (1991) 585 (591).

46 Statistisches Jahrbuch der Stadt Wien für das Jahr 1902 (1904) 45.

II. 2. A. b. Muslime in Österreich in der ersten Hälfte des 20.Jahrhunderts

Nach dem Ende des ersten Weltkrieges zerfiel das Habsburgerreich. Bosnien-Herzegowina schloß sich mit Kroatien, Serbien, Slowenien und Montenegro zu Jugoslawien zusammen. Während der Zeit der ersten Republik dürften nur einige hundert, kaum organisierte Muslime in Österreich gelebt haben.
Bis 1939 bestand in Wien der sogenannte "Islamische Kulturbund", während des zweiten Weltkriegs eine im Vereinsregister eingetragene "Islamische Gemeinschaft zu Wien", der - nach Ansicht des herrschenden Naziregimes - alle in den "Alpen- und Donaureichsgauen" ansässigen Muslime ihre Anschrift bekanntgeben sollten. Eine Aufforderung, der nur wenige Folge leisteten.
1951 entstand der "Verein der Muslims Österreichs", der sich ausschließlich religiösen, kulturellen, sozialen und karitativen Aufgaben widmete. In der Zeit vom Ende des zweiten Weltkriegs bis 1960 kamen zahlreiche Muslime als Flüchtlinge nach Österreich. 1964 hielten sich geschätzte 8.000 Personen islamischen Glaubens in Österreich auf.[47]

II. 2. A. c. Immigrationen in der zweiten Hälfte des 20. Jahrhunderts

Arbeitsmigration

Hand in Hand mit der entscheidenden Verbesserung der öffentlichen Transportmittel und der Liberalisierung der Niederlassungsbestimmungen veränderten sich die vorindustriellen Wanderungsmuster grundlegend. Man kann feststellen, daß die durchschnittlichen Distanzen zwischen Herkunfts- und Zielort deutlich zunahmen und es zu einem Anstieg der Rückwanderungsraten kam. Somit war langsam ein neuer Typus der Migration entstanden. Die Form der sogenannten "Siedlungsmigration", dh die Auswanderung ohne Aussicht auf Rückkehr zu Lebzeiten war durch die sogenannte "Arbeitsmigration", die meist zeitlich begrenzt gesehen wurde und die Rückkehr in das Herkunftsland keineswegs ausschloß, abgelöst worden.[48]
Ende der fünfziger Jahre hatte man mit der institutionalisierten auf den österreichischen Arbeitsmarkt hin orientierten Anwerbepolitik begonnen, da man aufgrund des eklatanten Arbeitskräftemangels die Nichtausschöpfung von Produktionskapazitäten und eine daraus resultierende Konjunktur- abschwächung befürchtete. Neben dem ehemaligen Jugoslawien war eines der "Hauptanwerbungsländer" die Türkei, die ein großes Reservoir an jungen Arbeitskräften aus den ländlichen Gebieten Anatoliens besaß. Es wurde dafür sogar eine eigene Anwerbestelle in Istanbul eröffnet.[49]
Wie schon die Bezeichnung "Gastarbeiter" zeigt, hatte man dabei das Konzept kurzfristiger Arbeitsaufenthalte - das sogenannte "Rotationsprinzip" - vor Augen. Die Möglichkeit der längerfristigen Beschäftigung führte aber sehr bald dazu, daß die in der Regel männlichen Arbeitskräfte ihre Familien nachkommen ließen, um sich endgültig hier niederzulassen.
Da seitens Österreichs viel zu lange am Bild des "Gastarbeiters", der das Land irgendwann wieder verlassen würde, festgehalten wurde, gab es kaum Bemühungen diese Bevölkerungsgruppen strukturell zu integrieren.

---

[47] *Bihl*, Stellung des Islam 592.
[48] *Faßmann/Münz*, Einwanderungsland Österreich? (1992) 3 (6).
[49] *John/Lichtblau*, Schmelztiegel Wien - Einst und Jetzt, (1990) 94.

1974 erreichte die Zahl der ausländischen Arbeitskräfte mit über 220.000 Personen (davon ca 30.000 Türken) einen Höhepunkt. Gleichzeitig begann man in den darauffolgenden zehn Jahren auf Grund der ökonomischen Stagnation diese Anzahl um schließlich fast 40% zu verringern. Erstmals 1985 nahm die Beschäftigungszahl neuerlich zu.[50]

Politische Flüchtlinge

Der Neutralitätsstatus seit 1955 und die internationale Zusammenarbeit brachten es mit sich, daß Österreich als Asylland immer wieder größere Kontingente von Flüchtlingen aufnehmen mußte. Im Zuge dieser Flüchtlingswellen gelangten Muslime der unterschiedlichsten Nationalitäten in unser Land. Hand in Hand mit restriktiver werdenden Aufnahmebedingungen in den klassischen Einwanderungsländern in Übersee stieg im Laufe des letzten Jahrzehnts die Zahl jener Flüchtlinge, die Österreich nicht mehr verlassen konnten und deshalb versuchten, sich hier eine Existenz aufzubauen.
Dies ist mit ein Grund für die stärkere Auffächerung der verschiedenen Gruppierungen innerhalb der muslimischen Bevölkerung, die zu einer differenzierteren Sichtweise - auch in rechtlichen Belangen - zwingt.

II. 2. B. Rechtsstellung

II. 2. B. a. Die Zeit vor 1912

Die geographische Lage der Donaumonarchie in unmittelbarer Nachbarschaft zur Türkei brachte es mit sich, daß sich zahlreiche Untertanen des osmanischen Reiches vorübergehend oder ständig im Habsburgerreich niederließen. Seit dem 18. Jahrhundert - mit dem Passowitzer Frieden vom 16. August 1718 - war diesen Personen in den habsburgischen Ländern die volle Handlungsfreiheit und das Recht, Niederlassungen und Faktoreien begründen zu dürfen eingeräumt worden. Diese zunächst faktische, seit dem 19. Jahrhundert auch rechtlich verankerte volle Glaubens- und Gewissensfreiheit änderte aber nichts an der Tatsache, daß die Muslime nach wie vor als Anhänger einer gesetzlich nicht anerkannten Religionsgesellschaft galten.
Wie oben bereits dargestellt, kam mit der Okkupation und späteren Annexion von Bosnien-Hercegowina
etwa eine halbe Million Muslime unter österreichische und somit nichtislamische Herrschaft. Nicht nur aus den eigenen Reihen, sondern auch von Regierungsseite gingen die Bestrebungen dahin, diese Religionsgemeinschaft gesetzlich anzuerkennen.
Zunächst prüfte man, ob dies auf der Grundlage des sog "Anerkennungsgesetzes" vom 20. Mai 1874, RGBl Nr 68, möglich sei. Die damit befaßte Spezialkommission kam zu dem Schluß, daß auf Grund der rechtlich-religiösen Verquickung aller Regelungsbereiche die islamische Rechtsordnung zum Teil im krassen Widerspruch zur eigenen österreichischen stünde und daher nicht uneingeschränkt anerkannt werden könne.
Vor allem in zwei Punkten sah man ein Problem
⇨ Erstens im Fehlen einer, der katholischen Kirche entsprechenden,

50 *Faßmann/Münz*, Einwanderungsland 13.

Organisationsstruktur, und

⇨ Zweitens in der Notwendigkeit, das bisher geltende Eherecht für die Anhänger des Islam weiterhin in Geltung zu belassen.

Wie in den erläuternden Bemerkungen dazu ausgeführt wurde ließen "Diese Erwägungen den Plan reifen, die Anerkennung der Bekenner des Islams unmittelbar durch ein Gesetz zu verwirklichen." [51]

II. 2. B. b. Das Anerkennungsgesetz von 1912

Am 15. Juli 1912 wurde das Gesetz betreffend die Anerkennung der Anhänger des Islam nach hanefitischem Ritus als Religionsgesellschaft erlassen. Die Konsequenzen dieser gesetzlichen Anerkennung waren im Einzelnen:

~ das Recht auf gemeinsame öffentlichen Religionsübung[52]
~ das Recht die inneren Angelegenheiten selbständig zu ordnen und zu verwalten
~ das Recht auf Besitz und Nutzung der für Kultus-, Unterrichts- und Wohltätigkeitszwecken bestimmten Anstalten, Fonds und Stiftungen
~ die rechtliche Gleichstellung mit den anderen anerkannten Religionsgesellschaften und somit die Anwendbarkeit des Gesetzes über die interkonfessionellen Verhältnisse.[53]

Wie aus den Erläuternden Bemerkungen zur Regierungsvorlage hervorgeht, erfolgte die Beschränkung der Anerkennung des Islam als Religionsgesellschaft bewußt auf die Anhänger "nach hanefitischem Ritus". Dabei handelte es sich um die religiöse Anschauung der meisten Muslime des osmanischen Reiches und insbesondere die in Bosnien und der Hercegovina ausschließlich vertretene Richtung. Es lag somit in der erklärten Absicht des historischen Gesetzgebers, die Anerkennung auf die Anhänger dieser Rechtsschule zu beschränken, da seiner Meinung nach

" 1. ein praktisches Bedürfnis nach einer weiteren Ausdehnung dieser Anerkennung auf die Anhänger anderer Schulrichtungen innerhalb des Islams nicht besteht und

2. sich eine solche Ausdehnung wohl auch schon deshalb als kaum durchführbar herausstellen würde, weil dadurch der Anschluß an die örtlich nächstgelegene Kultusorganisation der Bekenner des Islams, nämlich an jene in Bosnien und der Hercegovina, aufgegeben würde, so daß der künftige Ausbau der äußeren Rechtsverhältnisse dieser Religionsgesellschaft einer festen Basis beraubt wäre." [54]

Gerade aus diesen Erläuterungen kann man die Intention des damaligen Gesetzgebers deutlich erkennen. Neben dem Wunsch, den berechtigten Forderungen einer religiösen Minderheit zu entsprechen, wollte man vor allem eine Loslösung der Muslime vom Einfluß des türkischen Sultanates bewirken. Für die

---

[51] EB 1 BlgHH 20. Sess 5; vgl dazu *Potz* in *Schwartländer*, Freiheit der Religion, Die Anerkennung der islamischen Glaubensgemeinschaft in Österreich (1993) 135.

[52] Anhängern nichtanerkannter Religionsbekenntnissen wurde bis zum Inkrafttreten des Staatsvertrages von St Germain 1920 nur das Recht auf häusliche Religionausübung gewährt (gem Art 16 STGG), welches das k k Reichsgericht schließlich immerhin im Sinne des Rechts privater Religionsausübung interpretiert hat [*Gampl*, Staatskirchenrecht (1989) 18].

[53] RG 25. 5. 1868 RGBl 49.

[54] EB 1 BlgHH 20. Sess 6.

österreichische Verwaltung war es aber äußerst schwer mit einer Religionsgemeinschaft umzugehen, die keine - in concreto der katholischen Kirche ähnliche - Organisationsform in Kultusgemeinden aufwies.[55] Deshalb behielt sich der Gesetzgeber auch gem § 1 Abs 1 leg cit vor:

" Die äußeren Rechtsverhältnisse der Anhänger des Islams sind auf der Grundlage der Selbstverwaltung und Selbstbestimmung, jedoch unter Wahrung der Staatsaufsicht, im Verordnungsweg zu regeln, sobald die Errichtung und der Bestand wenigstens einer Kultusgemeinde gesichert ist."

Was hatte sich nun mit Inkrafttreten dieses Gesetzes für die Muslime in der Habsburgermonarchie tatsächlich geändert?

Sie hatten erstens die oben aufgelisteten Rechte erlangt. Zweitens durfte für das Amt eines Religionsdieners mit Genehmigung des Kultusministers eine Person nichtösterreichischer Staatsbürgerschaft aus Bosnien-Hercegowina bestellt werden und drittens - wohl für den wirtschaftlichen Bestand am wichtigsten -konnten schon vor Konstituierung einer Kultusgemeinde fromme Stiftungen (waqf) für religiöse Zwecke errichtet werden.
In der islamischen Rechtslehre und Tradition sah man in der Errichtung einer solchen Stiftung eine besondere Art der Almosengabe, durch die der Einzelne die Gnade Gottes erwerben konnte. Um diesen "waqf-Besitz" vor etwaigen Zugriffen sichern zu können, durfte man ihn weder verkaufen, noch weiterverschenken oder vererben. Damit stand dieser - als Teil des Allgemeingutes - außerhalb des Handelsverkehrs und war dadurch unantastbar. In der Türkei bestand gewissermaßen eine "Teilung der Zuständigkeit" zwischen dem Staat, der für die Erhaltung des Heeres, die Verwaltung und Gerichtsbarkeit zuständig war und diesen Stiftungen, die sich um die religiösen, sozialen und schulischen Einrichtungen kümmerten.[56]
Um der islamischen Religionsgemeinschaft in Österreich nicht ihre wirtschaftliche Grundlage zu entziehen, wurde die Errichtung solcher Stiftungen nicht von der Konstituierung einer Kultusgemeinde abhängig gemacht. Damit war die Schaffung und der Bestand der für den Kultus erforderlichen Einrichtungen wie Moscheen, Religionsschulen und Friedhöfen gesichert und es bestand weder für die Muslime in Bosnien-Hercegowina, noch für jene, die im übrigen Reich lebten, die dringende Notwendigkeit annerkennungsfähige Kultusgemeinden zu bilden. Somit änderte sich auch nach der Anerkennung an dem äußeren Erscheinungsbild dieser Religionsgemeinschaft nur wenig.

Eine wesentliche Einschränkung erfuhr die Anerkennung des, die Polygynie erlaubenden, islamischen Eherechtes. Hier wollte man den Muslimen keine Sonderstellung einräumen. Man normierte ausdrücklich die Weitergeltung der Bestimmungen des Ehegesetzes von 1870, das ein eigenes ziviles Eherecht für alle Mitglieder nichtanerkannter Religionsgemeinschaften war. In den Erläuternden Bemerkungen wurde dazu ausgeführt:
" Die Einräumung der vollen uneingeschränkten Kultusfreiheit an die Anhänger des Islams, wie sie durch den vorliegenden Gesetzesentwurf bezweckt wird, bietet wohl

---

[55] Gestützt auf diese Begründung wird zB in Deutschland die gesetzliche Anerkennung der Muslime als Religionsgesellschaft auch heute noch verweigert.
[56] *Hauptmann*, Mohammedaner 687.

keinen Anlaß, ihnen auch auf eherechtlichem Gebiet eine Sonderstellung einzuräumen und dies um so weniger, als sich tatsächlich bisher aus der Unterstellung der Ehen dieser Religionsgenossen unter die Normen des G 9. 4. 1870 RGBl 51, irgendwelche Anlässe zu Reibungen nicht ergeben haben. Im Gegenteil wären die Schwierigkeiten, welche sich aus der Anpassung eines staatlichen Eherechtes an die religiösen Einrichtungen des Islams ergeben würden, so bedeutende, daß die Schaffung einer solchen Rechtsordnung wohl daran scheitern würde. Deshalb sieht die in Rede stehende Bestimmung die Konservierung des vorhandenen Rechtszustandes vor und begnügt sich mit dem Hinweis darauf, daß, wie der zweite Absatz dieser Stelle des Entwurfes ausdrücklich erklärt, den religiösen Verpflichtungen in Ansehung der Ehe durch das erwähnte Gesetz kein Abbruch getan werde."

Mit dem Ende und dem Zerfall des Habsburgerreiches, vor allem mit dem Verlust der muslimischen Bevölkerung von Bosnien-Herzegowina an Jugoslawien, verlor das Gesetz seine Bedeutung. Schließlich wurde die Frage aufgeworfen, ob diese Norm nicht durch die spätere Gesetzgebung faktisch annulliert worden sei.[57] Dennoch wurde im Jahre 1924 die Geltung dieses Gesetzes mittels Verordnung auf das Burgenland erstreckt und damit implizit als in Kraft stehend anerkannt.[58]
Wie im Abschnitt über die historische Entwicklung dargestellt, gab es auch in der ersten und später in der zweiten Republik eine kleine - vor allem in Wien ansässige - Gemeinde von Muslimen. Auf Grund ihrer geringen Zahl fiel es leicht, sie vor allem in rechtlichen Belangen zu ignorieren.
Erst mit dem Zuzug von muslimischen Arbeitsimmigranten in den siebziger Jahren aus der Türkei und Jugoslawien stieg die Zahl der Anhänger des Islam in Österreich, und da speziell in Wien, stark an.

II. 2. B. c. Die rechtliche Entwicklung seit 1971

Anfang der sechziger Jahre wurde in Wien der "Moslemische Sozialdienst" als Verein mit eigenen Statuten und Sitz gegründet. Diese Vereinigung hatte es sich neben sozialen, karitativen und kulturellen Anliegen zum Ziel gesetzt, die formellen und materiellen Grundlagen zur Gründung einer islamischen Kultusgemeinde vorzubereiten. Es dauerte insgesamt acht Jahre und zahlreiche "Formulierungsversuche", bis schließlich am 20. April 1979 der Bundesminister für Unterricht und Kunst diesen Antrag zur Errichtung einer islamischen Kultusgemeinde in Wien entgegennehmen konnte. Ohne auf die speziellen Probleme, die bei der öffentlich-rechtlichen Anerkennung des Islam in Österreich auftraten, näher eingehen zu wollen[59], muß betont werden, daß alle Gründe für eine Sonderbehandlung der Muslime, die 1912 zum Islamgesetz geführt hatten, nunmehr weggefallen waren. Aufgrund der großen Widerstände in den Reihen der hier ansässigen Muslime, konnte man sich aber weder dazu entschließen, das Gesetz aus dem Jahre 1912 aufzuheben, noch es zu novellieren oder gänzlich zu erneuern. Auf Grund eines Gutachtens der Präsidialdienststelle der Türkei und der Argumentation der Antragswerber wurden alle Unterscheidungen in Anhänger

---

[57] Der Vertrag von St.Germain von 1919 garantierte jedem Einwohner das Recht öffentlicher Religionsübung als Individualrecht Vgl dazu *Nielsen*, Forms and Problems of legal recognition for Muslims in Europe (1979) 4 und *Gampl*, Staatskirchenrecht 18.
[58] V 30. 5. 1924 BGBl 176.
[59] Vgl dazu ausführlich *Potz*, Anerkennung 142.

diverser Rechtsschulen ebenso wie die Unterscheidung in Sunniten und Šīʿiten oder andere Gruppierungen als rein "innerreligionsgesellschaftliche" Angelegenheit qualifiziert. Im Unterrichtsministerium kam man daher zu dem Schluß, daß es sich bei allen Personen um Muslime, deren Glauben auf dem Koran und den Lehren Muhammads fuße, handle.
Am 2. Mai 1979 erging seitens des Bundesministers für Unterricht und Kunst die bescheidmäßige Genehmigung zur Errichtung der ersten Wiener islamischen Religionsgemeinde und der Verfassung der Islamischen Glaubensgemeinschaft in Österreich.
Das verfassungsrechtliche Schicksal dieses und eines zweiten damit im Zusammenhang stehenden Bescheides wird im VI. Kapitel unter dem Titel "Die Judikatur des Verfassungsgerichtshofes" näher beleuchtet werden. An dieser Stelle soll nur vorweg genommen werden, daß schließlich 1988 die Anerkennung auf alle Anhänger des Islam, welche in Österreich ihren Aufenthalt haben, ausgedehnt wurde.[60]

II. 2. B. d. Religionsunterricht

Im Schuljahr 1982/83 fand erstmals in Österreich - an einer Hauptschule in Wien - islamischer Religionsunterricht statt. Im Jahr darauf wurde dieser allgemein an den Schulen eingeführt.[61]

Der, vom Oberseniorat der islamischen Glaubensgemeinschaft in Österreich, erlassene Lehrplan bezieht sich jeweils auf zwei Schulstufen. Ihm liegt folgendes Konzept zugrunde:
Den Schülern der 1. und 2. Schulstufe (6- und 7jährige) wird die Bedeutung des Glaubens, die Grundsätze des Islams und die Verhaltensweise der Moslems beigebracht.
Den Schülern der 3. und 4. Schulstufe (8- und 9jährige) wird dem Alter entsprechend die Thematik der islamischen Glaubensgrundsätze, die Fundamente des Islams und die kurzgefaßte Lebensgeschichte Muhammads und seiner Familie dargelegt.
Den Schülern der 5. und 6. Schulstufe (10- und 11jährige) werden die Gebote und Verbote sowie die Quellen der islamischen Lehre erläutert, wobei rituelle Einzelheiten bei den Waschungen und dem Gebet zu erklären sind. Ergänzt soll dies durch ausgewählte Kapitel aus dem Leben des Propheten werden.
Den Schülern der 7. und 8. Schulstufe (12-und 13jährige) werden ausführliche Kenntnisse über Gottesdienst, Gebote und Verbote beigebracht, wobei die Sachvermittlung im islamischen Glauben und realkundlichen Bereich im Vordergrund stehen soll.
Den Schülern der 9. und 10. Schulstufe (15- und 16jährige) wird über die Sitten- und Morallehre sowie über die Familienordnung und das islamische Verhalten in der Gesellschaft Unterricht erteilt. Die Schüler sollen darüber hinaus in die Grundsätze der islamischen Rechts- und Gesellschaftsordnung eingeführt werden.
Die Schüler der 11. und 12. Schulstufe (17 und 18jährige) sollen eine gründliche Kenntnis in allen islamischen Glaubensfragen, im Aufbau der islamischen Wissenschaft, in der Religions- und Kulturgeschichte des Islams erhalten. Des

---

60 V 2. 8. 1988 BGBl 466.

61 Bek des BMUK 29. 7.1983 betreffend den Lehrplan für den islamischen Religionsunterricht an Pflichtschulen, mittleren und höheren Schulen BGBl 421.

weiteren sind Grundzüge einer vergleichenden Religionskunde zu lehren und ein Überblick über die großen nichtislamischen Religionen zu geben.

Laut eigenen Angaben des Vorsitzenden der islamischen Glaubensgemeinschaft, der auch Fachinspektor für alle Religionslehrer in Österreich ist, gibt es derzeit 165 Religionslehrer und -lehrerinnen. Davon lehren alleine in Wien 61 Frauen und Männer. Insgesamt besuchen ca 30.000 muslimische Schüler und Schülerinnen den Religionsunterricht. [62]

[62] Die Zahlen basieren auf einem Gespräch mit dem Vorsitzenden der islamischen Glaubensgemeinschaft (*Dr. Abdelrahimsai*), das ich mit ihm März 1997 (im Rahmen einer Informationsveranstaltung für islamische Religionslehrer und -lehrerinnen) geführt habe.

III. Statistik

III. 1. Wohnbevölkerung und Islam[63]

Die ausländische Wohnbevölkerung setzt sich zu einem Großteil aus den ausländischen Gastarbeitern und ihren Familien zusammen. Weiters erfaßt sie aber auch jene Ausländer, die bei internationalen Organisationen und multinationalen Konzernen beschäftigt sind, Wissenschaftler, Künstler (sogenannte "Oberschichtenmigranten"), ausländische Studenten und Asylwerber. Regelmäßig nicht zur Mitwirkung an der Volkszählung verpflichtet sind Ausländer mit diplomatischem Status.[64]

Entwicklung der ausländischen Wohnbevölkerung

Der Zuzug von Arbeitsimmigranten aus der Türkei und aus Bosnien-Herzegowina brachte auch ein Ansteigen des muslimischen Bevölkerungsanteiles mit sich :

1971[65]

Wohnbevölkerung insgesamt	Inländer	Ausländer	islamisches Religionsbekenntnis
7, 491.526	7,279.630 insges	211.896 insges	keine Angaben
	3,405.382 Männer 3,874.248 Frauen	128.312 Männer 83.584 Frauen	

In dieser Statistik wurde der Islam als Religionsbekenntnis noch nicht gesondert ausgewiesen. Vergleicht man allerdings die Ergebnisse der Volkszählung 1951, 1961 mit 1971 so kann man folgendes feststellen:
Während zwischen 1951 und 1961 die Zahl der türkischen Staatsbürger nur von 112 auf 217 gestiegen war, erfolgte im darauffolgenden Jahrzehnt ein Anstieg auf 16.423 erfaßte Personen. Daneben hatte auch aus anderen muslimischen Ländern ein verstärkter Zuzug eingesetzt. Vor allem ein Teil der Arbeitskräfte aus dem

63 In den folgenden Tabellen wird die Wohnbevölkerung Österreichs in einen in- und einen ausländischen Anteil aufgeschlüsselt. Diese zwei Anteile sind mit den Angaben zur Religion - die immer die Gesamtbevölkerung erfaßt - zu korrelieren.

64 *Findl/Fraij*, Ausländer in Österreich, Statistische Nachrichten 11 (1993) 956.

65 Beiträge zur österreichischen Statistik, ÖStZ 309/11 (1974) 24 und Republik Österreich 1945 -1995, ÖStZ (1995) 33.

ehemaligen Jugoslawien gehörten dieser Gruppe an. Wie groß der Bevölkerungsanteil mit islamischem Religionsbekenntnis tatsächlich war, wurde erstmals 10 Jahre später bei der Volkszählung 1981 gesondert erfaßt:

1981[66]

Wohnbevölkerung insgesamt	Inländer	Ausländer	islamisches Religionsbekenntnis
7,555.338	7,263.890 insges	291.448 insges	76.939 insges
	3,410.492 Männer 3,853.398 Frauen	161.934 Männer 129.514 Frauen	47.770 Männer 29.169 Frauen

Im Rahmen dieser Volkszählung wurde auch erstmals die Verteilung der muslimischen Bevölkerung in den einzelnen Bundesländern untersucht. Dabei ergab sich folgendes Bild:
Das Gros der Personen mit "islamischem Religionsbekenntnis" lebte 1981 in Wien, nämlich insgesamt 28.099 Personen (davon 17.046 Männer und 11.053 Frauen). Die zweitstärkste Gruppe befand sich in Vorarlberg mit 14.385, gefolgt von Niederösterreich mit 11.747 Muslimen.

1991[67]

Wohnbevölkerung insgesamt	Inländer	Ausländer	islamisches Religionsbekenntnis
7,795.786	7,278.096 insges	517.690 insges	158.776 insges
	3,460.828 Männer 3,817.268 Frauen	293.161 Männer 224.529 Frauen	

Während der Anteil der in Österreich lebenden Ausländer 1981 noch 3,9% der gesamten Wohnbevölkerung betrug, war dieser 1991 auf 6,6% angewachsen. Österreich stand damit im westeuropäischen Vergleich im Mittelfeld. Ebenso wuchs innerhalb eines Jahrzehnts der Kreis jener Personen, die sich selbst der islamischen Religionsgemeinschaft zugehörig einstuften von ca 77.000 auf das Doppelte, nämlich ca 159.000 Personen, an. Dieser Zuwachs ergab sich hauptsächlich aus dem Zuzug von Muslimen und nur ganz marginal aus Übertritten, meist im Zuge einer Eheschließung.

Bei der Aufgliederung nach der Staatsbürgerschaft zeigt sich eine starke Konzentration auf wenige Herkunftsländer, wobei fast ein Viertel der Personen aus der Türkei stammten. Die Zahl der Muslime hatte sich in dieser Dekade verdoppelt.

---

[66] Beiträge zur österreichischen Statistik, ÖStZ 630/11 (1984) 21, Republik Österreich 33.
[67] Beiträge zur österreichischen Statistik, ÖStZ 1.030/10 (1993) 8.

Die drei stärksten Ausländergruppen nach Herkunftsländern geordnet waren:

Staatsbürgerschaft	1981	1991	Veränderung in %
Türkei	59.900	118.579	98,0%
Iran	3.142	5.687	81,0%
Ägypten	1.574	4.509	186,5%

Die Bundeshauptstadt hat traditionell den größten Anteil an ausländischer Wohnbevölkerung. Er lag 1991 bei ca 196.700 Personen; das sind 38% aller Ausländer in Österreich und 12,8% der Wiener Wohnbevölkerung.[68] Diese steigende Tendenz konnte auch noch 1993 festgestellt werden. So betrug zu diesem Zeitpunkt der Ausländeranteil in Wien 15,9%. Abgesehen davon, daß sich ausländische Arbeitskräfte gerade in der Bundeshauptstadt die größten Chancen ausrechnen eine Beschäftigung zu finden, sind auch die bereits existierenden "ethnischen Netzwerke" mit ein bestimmender Faktor bei dem Zuzug neuer Ausländer. Selbst innerhalb Wiens gibt es hier große Unterschiede in der Verteilung.[69]
Ohne auf die städtepolitischen Gründe dieser Entwicklung eingehen zu wollen, kann man feststellen, daß in manchen Bezirken ein sehr hoher Ausländeranteil besteht, der einer Assimilierung nicht immer förderlich ist. Allerdings birgt das Leben in einem Umfeld mit vertrauten sozialen Strukturen und religiösen Einrichtungen sicher auch ein großes Potential an Konfliktbewältigungs- mechanismen innerhalb der Gruppe.

Die nächste Tabelle zeigt die Verteilung der - für diese Arbeit relevanten - ausländischen Wohnbevölkerung (ds vor allem Personen aus der Türkei) auf die einzelnen Wiener Wohnbezirke, wie sie im Jahre 1991 bestand.
Beim Lesen dieser Aufstellung muß folgendes berücksichtigt werden:

1.) In der Spalte "Türkei" werden jene Personen erfaßt, die die türkische Staatsbürgerschaft besitzen und in Österreich leben.

2.) In der Spalte "sonstige" sind jene Ausländer erfaßt, die weder die (ehemals) jugoslawische, noch die deutsche, noch die türkische Staatsbürgerschaft besitzen. Hier fallen nur zum Teil Personen hinein, die islamischen Glaubens sind.

3.) In der Spalte "islamisches Religionsbekenntnis" wurde die gesamte Wohnbevölkerung - also In- und Ausländer - erfaßt, was in Korrelation mit Punkt 2.) eine gewisse Präzisierung zuläßt.

---

[68] *Findl/Fraij*, Ausländer in Ö, Tabelle 1 und 957.
[69] *Fassmann/Münz*, Einwanderungsland Österreich, ÖStZ(1995) 59.

Bezirk	Wohnbev. insgesamt	Ausländer insgesamt	Türkei	sonstige	islam. Religions bekenntnis	
Wien	1,539.848	196.652	43.876	56.401	62.305	%
1. Innere Stadt	18.002	2.045	66	968	196	1,1%
2. Leopold-stadt	93.542	18.352	3.466	6.260	5.061	5,4%
3. Landstraße	84.500	12.544	2.479	3.775	3.654	4,3%
4. Wieden	31.410	4.340	448	1.891	708	2,2%
5. Margareten	51.521	10.244	2.492	2.534	3.255	6,3%
6. Mariahilf	30.298	5.033	779	2.156	1.361	4,5%
7. Neubau	30.396	5.135	926	1.728	1.414	4,6%
8. Josefstadt	23.850	3.194	383	1.277	683	2,9%
9. Alsergrund	40.416	5.977	701	2.264	1.366	3,4%
10.Favoriten	147.636	18.106	6.823	3.046	8.468	5,7%
11.Simmering	66.881	5.800	1.589	1.496	2.101	3,1%
12.Meidling	79.592	10.919	2.759	2.793	3.588	4,5%
13.Hietzing	54.909	3.316	93	1.649	335	0,6%
14.Penzing	80.822	8.374	1.689	2.188	2.409	3,0%
15.Rudolfsheim -Fünfhaus	69.309	16.356	3.958	3.624	5.278	7,6%
16.Ottakring	88.931	16.922	4.725	3.137	6.421	7,2%
17.Hernals	50.944	9.676	2.035	2.509	2.912	5,7%
18.Währing	49.761	6.850	934	2.442	1.601	3,2%
19.Döbling	67.377	5.925	511	3.123	1.244	1,8%
20.Brigittenau	71.876	12.921	4.673	2.685	5.558	7,7%
21.Floridsdorf	119.415	5.626	956	1.892	1.998	1,7%
22.Donaustadt	106.589	3.902	669	1.435	1.420	1,3%
23.Liesing	81.871	5.085	722	1.529	1.274	1,5%

Anhand dieser Aufschlüsselung kann man erkennen, daß in Wien - gemessen an der Gesamtbevölkerung - die Bezirke mit dem prozentuell höchsten Anteil an Muslimen Brigittenau, gefolgt von Rudolfsheim-Fünfhaus und Ottakring sind.
Während man bei den Angehörigen arabischer Staaten mit hoher Wahrscheinlichkeit auf die Zugehörigkeit zum Islam schließen kann, ist dies bei Personen aus dem ehemaligen Jugoslawien nicht so klar herauszufiltern. Da eine detaillierte statistische Erfassung speziell für Wien derzeit nicht vorliegt, kann hier nur die Verteilung für ganz Österreich angeführt werden, die wohl auch für eine prozentuelle Gewichtung in Wien herangezogen werden kann:
1991 waren von 158.776 Personen, die sich als Anhänger des Islam bezeichneten 143.939 Ausländer, davon waren 107.986 türkische Staatsbürger, während etwa 24.164 aus dem ehemaligen Jugaoslawien stammten.[70]
Nach Angaben des Altpräsidenten der muslimischen Glaubensgemeinschaft in Wien[71] beträgt die Zahl der Muslime in Österreich derzeit ungefähr 306.000 Personen, was fast eine neuerliche Verdopplung der Glaubensangehörigen seit der letzten Volkszählung wäre.

---

70 *Findl/Fraij*, Ausländer in Ö, Tabelle 6 und 361.
71 *Dr. Abdelrahimsai.*

III. 2. Altersaufbau und Geschlechtszugehörigkeit

Vergleicht man die Alterspyramide der ausländischen mit jener der inländischen Bevölkerung, zeigen sich einige sehr deutliche Unterschiede:[72]

⇨ *Es fehlen bei der ausländischen Wohnbevölkerung weitgehend Personen im Pensionsalter.*

Grund dafür ist, daß meist junge Menschen zuwanderten und die Migration nach Österreich erst gegen Ende der sechziger Jahre nennenswerte Ausmaße angenommen hat. Die derzeitige Verteilung der Ausländer im Haupterwerbsalter hat daher zwei "Gipfel". Das jüngere Maximum liegt zwischen 20 und 30 Jahren und ist die Folge der Zuwanderung seit 1989; das höhere und etwas schwächer ausgeprägte Maximum befindet sich bei etwa 40 Jahren.[73] Diese Menschen, die in den Jahren 1968 bis 1973 zugewandert sind, erreichen zum gegenwärtigen Zeitpunkt erst langsam das Pensionsalter, wobei die Zahl der in Österreich verbleibenden Pensionisten auf Grund der Rückwanderungstendenz kaum im steigen begriffen ist.

Zur Verdeutlichung ein Vergleich in Prozentsätzen:[74]

Jahr	Inländer		Ausländer	
	15-60 J	60 um	15-60 J	60 um
1981	60,4%	19,8%	70,6%	6,9%
1991	61,6%	21,1%	74,2%	6,5%
1995	61,5%	21,1%	75,1%	6,3%

⇨ *Bei den ausländischen Personen im Erwerbsalter besteht ein deutlich höherer Männeranteil.*

Während bei der inländischen Bevölkerung das Geschlechterverhältnis 1991 in der Alterskategorie der 15 bis 60jährigen bei ca 50:50 lag und somit annähernd ausgeglichen war (wobei durchgehend ein leichter Frauenüberschuß festzustellen ist), lag bei den Ausländern der Männeranteil mit 59% deutlich über den der Frauen mit 41%. Ein Trend der - zumindest bis 1995 dokumentiert - bestehen blieb.
Betrachtet man diese demographische Struktur, so entspricht sie nicht dem in der Öffentlichkeit gezeichneten Bild von der "kinderreichen Gastarbeiterfamilie". Die relativ große Diskrepanz zwischen dem Anteil ausländischer Männer zu jenem ausländischer Frauen zeigt, daß in den letzten Jahren wieder neue - vorwiegend männliche - Arbeitskräfte zugewandert sind. Auch bei den ersten Arbeitsmigrationen 1971 war zunächst ein starker Männerüberschuß zu verzeichnen. So waren zum Beispiel 1971 nur 13% der türkischen Staatsbürger in Österreich Frauen und auch 1981 blieb der auf 40% angestiegene Wert noch deutlich unter dem der Männer.[75]

---

72 Siehe zu den folgenden Ausführungen auch *Findl/Fraij* 964.
73 *Fassmann/Münz*, Einwanderungsland 63.
74 Demographisches Jahrbuch Österreichs 1993/94/95, ÖStZ (1996) 385.
75 *Fassmann/Münz*, Einwanderungsland 62.

Noch krasser ist dieses Mißverhältnis bei anderen - ebenfalls muslimischen - Bevölkerungsgruppen.
Die folgende Tabelle zeigt an Hand von ausgewählten Beispielen wie dieses Mißverhältnis bei allen ausländischen Gruppen gleichermaßen besteht. Die Zusammenstellung zeigt aber auch welche Staatsbürger aus - zumindest zum Großteil - islamischen Staaten in Österreich leben.[76]

Staatsbürgerschaft	Zusammen	Männlich	Weiblich
Iran	5.687	3.340	2.347
Ägypten	4.509	3.857	652
Pakistan	912	782	130
Tunesien	839	652	187
Syrisch-arabische Republik	577	373	204
Libanon	598	382	216
Irak	450	298	152
Marokko	238	170	68
Jordanien	220	157	63
Saudi Arabien	200	130	70
Libyen	193	117	76
Indonesien	183	96	87
Algerien	135	109	26
Sudan	131	91	40

⇨ *Korreliert man jeweils die Anzahl der Kinder unter 15 J mit jener der Personen im erwerbsfähigen Alter, so kommt man zu dem Ergebnis, daß bei der ausländischen Bevölkerung die Prokopfzahl niedriger liegt als vergleichsweise bei der inländischen Bevölkerung: Während bei den Inländern die Relation von Kindern unter 15 Jahren zur Bevölkerung von 15 bis 60 Jahren 28,1% beträgt (bzw bei Männern: 28,9%), liegt dieser Wert bei den Ausländern bei 24,6% (Männer: 21,8%).*

Diese Berechnung widerspricht ebenfalls der weithin gängigen Vorstellung von der "kinderreichen Gastarbeiterfamilie". Auf Grund der Politik der Familienzusammenführung und der Aufnahme von Flüchtlingsfamilien - vor allem aus Bosnien-Herzegowina - hat sich in den letzten Jahren der Anteil an Kindern zwar erhöht, liegt aber immer noch unter dem Zahlenverhältnis, das bei Inländern besteht.

III. 3. Asylwerber und Einbürgerungen

Wie bereits im Einleitungskapitel kurz dargestellt wurde, gab und gibt es für Immigranten neben der Arbeitssuche auch noch andere Motivationen, nach Österreich zu kommen. Während der Anteil an Studenten, an ausländischem Personal internationaler Organisationen, an Botschaftsangehörigen und Geschäftsleuten wegen der verschwindenden Größe vernachlässigt werden kann,

---

[76] Daten entnommen der Volkszählung 1991, 1.030/11, 36.

sind es vor allem die politischen Flüchtlinge, die einen doch beträchtlichen Anteil der muslimischen Bevölkerungsgruppe ausmachen.
Derartige Flüchtlingsströme sind immer eine Folge der politischen Situation im betreffenden Heimatland auf der einen Seite und der Aufnahmekapazität und dem Aufnahmewillen Österreichs auf der anderen Seite.
Erst seit 1956 fand in der Statistik eine Aufschlüsselung statt, die jene Länder, aus denen die größten Flüchtlingskontingente nach Österreich kamen, gesondert auswies. Bis Mitte der 80iger Jahre kamen nur wenige Personen - gemessen an der Gesamtzahl - aus islamischen Ländern. 1987 kann ein deutlicher Anstieg sowohl der Flüchtlinge aus dem Iran, dem Irak, der Türkei[77] und dem ehemaligen Jugoslawien, aber auch der "Sonstigen, Staatenlosen" festgestellt werden. Gerade in diese letzte Kategorie fallen viele Flüchtlinge aus afrikanischen und asiatischen Staaten mit islamischer Bevölkerung.

Zur Veranschaulichung soll hier an Hand einer Tabelle der Zustrom zwischen 1984 und 1994 aus den oben genannten Ländern zahlenmäßig dargestellt werden:[78]

Nationalität	1984	1985	1986	1987	1988	1989	1990	1991	1992	1993	1994
Afghanistan	14	36	31	25	79	120	91	79	80	143	181
Irak	49	11	36	122	83	142	147	951	1206	541	899
Iran	338	279	296	522	613	866	1815	1587	652	250	425
Bosn. Hercegovina									1179	1259	746
Libanon	5	6	7	19	141	681	989	117	80	26	12
Pakistan	2466	662	568	667	6670	2107	132	19	10	17	15
Syrien	6	12	13	27	38	353	383	72	19	15	30
Türkei	31	56	163	408	644	3263	1862	2252	4251	342	362
Sonstige	98	75	69	113	140	233	484	432	354	379	365
Insgesamt	7208	6724	8639	11406	15790	21882	22789	27306	16238	4744	5082

Während die Zahl der Flüchtlinge von 1989 bis 1991 kontinuierlich stieg, sank sie 1992 erstmals deutlich ab. Ein sehr einschneidender Rückgang erfolgte dann 1993 in Folge der neuen Asylgesetzgebung, auf die hier nicht näher eingegangen werden kann.
Genau umgekehrt verhielt es sich mit der Zahl jener Flüchtlinge, die Österreich auch wieder verließen. Die Auswanderung von Flüchtlingen via Österreich betrug 1989 noch 8.267 Personen und nahm in den Folgejahren kontinuierlich ab. So wanderten

77 Betroffen waren - und sind noch immer - Kurden, sowie die Anhänger der nach dem Militärputsch im September 1980 verbotenen Oppositionellen.
Vgl dazu *John/Lichtblau*, Schmelztiegel 112.

78 Statistisches Jahrbuch für die Republik Österreich, ÖStZ XLVI (1995) 51.

1993 nur mehr 1.375 Personen aus, während ein immer größerer Anteil in Österreich blieb.
Betrachtet man die Entwicklung der Einbürgerungen in diesem Zeitraum, so kann hier ebenfalls ein linearer Anstieg festgestellt werden. Von 8.470 Einbürgerungen im Jahre 1989 stieg die Zahl bis 1993 auf insgesamt 14.402 Personen an.[79]

Die folgende Tabelle zeigt die Einbürgerungszahlen der drei in Österreich am stärksten vertretenen muslimischen Bevölkerungsgruppen:[80]

Staatsbürgerschaft bisher	1984	1985	1986	1987	1988	1989	1990	1991	1992	1993	1994
Türkei	323	296	334	392	509	723	1.106	1.809	1.994	2.688	3.379
Iran	256	259	235	217	258	218	348	416	375	320	361
Ägypten	156	109	99	125	146	151	277	357	333	418	386
von insgesamt	8.875	8.488	10015	8.112	8.232	8.470	9.198	11394	11920	14402	16270

Wie man an der jeweiligen Gesamtzahl ersehen kann, handelt es sich jährlich um keine sehr große Anzahl an Einbürgerungen aus diesen Ländern.
Dennoch bilden diese Personen eine Schnittstelle zwischen ausländischer und angestammter inländischer Wohnbevölkerung. Mit der Einbürgerung werden ja religiöse Überzeugungen und soziokulturelle Handlungsweisen nicht schlagartig geändert, sondern mit den Erfahrungen und Möglichkeiten im neuen Heimatland verbunden. Gerade im Bereich des Ehe- und Familienrechts ist das deutlich spürbar. Auch wenn nach der Einbürgerung durch die Änderung des Personalstatutes österreichisches Recht anwendbar ist, handeln diese Personen oftmals vor Gericht ganz anders als hier geborene Österreicher. Im Laufe der weiteren Arbeit soll herausgearbeitet werden, was die möglichen Gründe dafür sind.

III. 4. Familienstand

Obwohl der Altersaufbau und die Geschlechterverteilung bei den ausländischen Arbeitskräften eindeutig einen Männerüberschuß aufweist, ist der Anteil der Ledigen, Verwitweten und Geschiedenen deutlich geringer als bei Inländern.
Dieser Umstand ergibt sich aus dem - auch von Österreich - vor allem in den Anfängen forciertem Zuwanderungsmodell des sog "Familiensplittings". Dies bedeutet, daß entweder nur der Mann zugewandert ist und Frau und Kinder von

---

79 *Hammer*, Lebensbedingungen ausländischer Staatsbürger in Österreich, Statistische Nachrichten 11 (1994) 915.
80 Statistisches Jahrbuch 50.

Anfang an oder nach der Familiengründung in der Heimat verblieben sind, oder daß ein Ehepaar zugewandert ist und die Kinder in der Heimat von den Großeltern großgezogen wurden. Vor allem die Zuwanderung aus der Türkei geschah und geschieht noch immer nach diesem Muster.

III. 4. A. Eheschließung

Vergleicht man hingegen die Heiratsquote der in Österreich wohnhaften Ausländer und Ausländerinnen mit jener der inländischen Bevölkerung, so liegt diese vor allem in der Altersgruppe der 20 - 25jährigen deutlich höher. Während 1991 von den inländischen Männern lediglich 9% schon verheiratet waren, betrug die Rate der verheirateten ausländischen Männer in dieser Altersgruppe bereits 29%. Noch deutlicher ist die Diskrepanz bei den Frauen dieses Alters. Den 22% der verheirateten Inländerinnen stehen fast 50% ausländische Ehefrauen gegenüber.

Gerade bei männlichen Ausländern würde man diesen höheren Heiratsumfang nicht erwarten. In der Regel entschließen sich ja junge ledige Männer zur Migration, die erst nach dem Aufbau einer Existenz den Wunsch haben, eine Familie zu gründen. Nicht so bei den Einwanderern, vor allem aus der Türkei und dem ehemaligen Jugoslawien. Besonders bei der türkischen Bevölkerung führt der Wunsch früh zu heiraten, zu diesem im Durchschnitt höherem Heiratsumfang in jungen Jahren. Neben den religiösen Motiven (Anm: Verbot des vorehelichen Geschlechtsverkehrs) ist das Heiratsverhalten dieser Personen sichtlich von anderen Traditionen und Verhaltensweisen, als jene die bei uns vorherrschen, bestimmt.[81] Ganz besonders deutlich ist diese Tendenz bei den Türkinnen festzustellen, wo schon jede dritte 15- bis unter 20jährige und drei Viertel der 20-25jährigen verheiratet sind.[82]

Seit 1990 wird in der jährlichen Statistik betreffend "Eheschließungen nach Religionsbekenntnis" auch eine eigene Rubrik "Islamisches Religionsbekenntnis" geführt. Bei den rein islamischen Ehen zeigt sich folgende zahlenmäßige Verteilung:[83]

---

81 Siehe dazu *Mitterauer*, Vom Patriarchat zur Partnerschaft[4] (1991). Wie der Autor ausführt, zeigt die Geschichte, daß dieses sog "ost- und südosteuropäische" Heiratsverhalten bei dem Braut und Bräutigam bereits sehr jung die Ehe eingehen (Durchschnittsalter: 15, bzw 16 J) weitaus stärker verbreitet ist und auch eher den außereuropäischen Verhältnissen entspricht. Hingegen steht das sog "west- und mitteleuropäische Heiratsmuster", mit einem durchschnittlichem Heiratsalter der Braut von 25 J und das des Mannes noch darüber, weltweit einzig da. Er führt das späte Heiratsalter in West- und Mitteleuropa vor allem auf das Vorherrschen der Zweigenerationsfamilie zurück, während in Süd- und Osteuropa - auch heute noch - die Tendenz zu größeren Familienverbänden unter Einschluß mehrere verheirateter Paare besteht, 60.

82 *Findl/Fraij*, Ausländer in Ö 969.

83 Demographisches Jahrbuch des Statistischen Zentralamtes 1990 (1991) 78, 1991 (1992) 77, 1992 (1993) 80 und 1993/94/95 (1996) 116

Jahr	Eheschließungen insgesamt	Braut und Bräutigam sind Muslime
1990	45.212	465
1991	44.106	428
1992	45.701	618
1993	45.014	804
1994	43.284	957
1995	42.946	1.022

Man sieht sehr deutlich, daß trotz der rückläufigen Gesamtzahl der Eheschließungen, die Zahl der rein muslimischen Verehelichungen kontinuierlich gewachsen ist. Geht man davon aus, daß die meisten Muslime in Österreich bereits verheiratet ins Land kommen, bzw im Heimatland die Eheschließung abwickeln, so kann man von einem sehr hohen Anteil an Ehepaaren, gemessen an der gesamten islamischen Bevölkerung, sprechen.

Gerade der Umstand, daß die meisten Ehen bereits in sehr jungen Jahren geschlossen werden und es sich dabei idR um vermittelte Ehen handelt, führt unweigerlich zu der Frage nach der "Haltbarkeit" dieser Ehen.

III. 4. B. Scheidungen

Ausgehend von dieser Fragestellung wurde erstmals für den Zeitraum zwischen 1985 bis 1996 eine Scheidungsstatistik nach der "Staatsbürgerschaft" erstellt.[84] Dafür ausgewählt wurden die drei in Österreich zahlenmäßig am stärksten vertretenen Nationalitäten, nämlich Türkei, Ägypten und Iran. Mischehen untereinander wurden ebenso herausgenommen, wie Ehen mit Österreichern und Personen aus anderen nichtmuslimischen Ländern.

Die Zahlen wurden der Gesamtzahl aller österreichischer Scheidungen pro Jahr gegenübergestellt, wobei hier das Gros sicher rein "österreichische Scheidungen" betrifft, aber auch alle übrigen Verfahren mit Auslandsberührung unter dieser Sammelrubrik geführt werden.

Um genauere Kenntnis darüber zu erlangen, wie viele Scheidungen davon einvernehmlich erfolgten, wurden diese nach § 55a EheG abzuwickelnden Verfahren gesondert ausgewiesen und allen "übrigen" Scheidungsarten gegenübergestellt.[85]

---

[84] Quelle: Statistisches Zentralamt Wien, Abteilung "Eheschließungen, Ehescheidungen", Wien 1997.

[85] Darunter fallen alle Formen der strittigen Scheidung gem §§ 47 ff EheG.

Jahr	Paragraph	Insgesamt	Staatsangehörigkeit der Geschiedenen			
			beide Türkei	beide Ägypten	beide Iran	sonstige Staaten
1985	Insgesamt	15.460	5	1	2	15.562
	§ 55a	12.568	3	1	2	12.562
	übrige §§	2.892	2	–	–	2.890
1986	Insgesamt	14.679	8	1	2	14.668
	§ 55a	11.901	3	–	1	11.897
	übrige §§	2.778	5	1	1	2.771
1987	Insgesamt	14.639	17	–	3	14.619
	§ 55a	12.534	4	–	2	12.528
	übrige §§	2.105	13	–	1	2.091
1988	Insgesamt	14.924	13	–	2	14.909
	§ 55a	13.047	4	–	2	13.041
	übrige §§	1.877	9	–	–	1.868
1989	Insgesamt	15.489	20	–	2	15.467
	§ 55a	13.653	11	–	1	13.641
	übrige §§	1.836	9	–	1	1.826
1990	Insgesamt	16.282	42	1	2	16.237
	§ 55a	14.530	22	–	2	14.506
	übrige §§	1.752	20	1	–	1.731
1991	Insgesamt	16.391	39	1	5	16.346
	§ 55a	14.791	22	–	3	14.766
	übrige §§	1.600	17	1	2	1.580
1992	Insgesamt	16.296	45	–	2	16.249
	§ 55a	14.591	33	–	1	14.557
	übrige §§	1.705	12	–	1	1.692
1993	Insgesamt	16.299	30	–	5	16.264
	§ 55a	14.581	15	–	4	14.562
	übrige §§	1.718	15	–	1	1.702
1994	Insgesamt	16.928	51	–	2	16.875
	§ 55a	15.051	24	–	2	15.025
	übrige §§	1.877	27	–	–	1.850
1995	Insgesamt	18.204	60	–	7	18.137
	§ 55a	15.634	23	–	4	15.607
	übrige §§	2.570	37	–	3	2.530
1996	Insgesamt	18.079	59	1	6	18.013
	§ 55a	15.734	31	–	5	15.698
	übrige §§	2.345	28	1	1	2.315

Wie sich in den weiteren Ausführungen der Arbeit noch deutlich zeigen wird, muß der türkische Teil der Bevölkerung von den übrigen muslimischen Gruppierungen getrennt betrachtet werden.
Grundsätzlich kann man aber festhalten, daß alle drei Nationalitäten - gemessen an der Gesamtzahl der Scheidungen - relativ selten vor Gericht erscheinen. Während beim ägyptischen Teil der Bevölkerung die Verteilung in den letzten zwölf Jahren annähernd gleich gering geblieben ist, kann man sowohl bei den Türken als auch bei den Iranern einen leichten Anstieg der Scheidungszahlen feststellen. Betrachtet man nun die Verteilung nach der Scheidungsform, so kann bei dem türkischen Teil der Bevölkerung keine eindeutige Präferenz der einvernehmlichen Scheidung festgestellt werden, während hingegen bei dem iranischen Teil sich das Verhältnis

durchgehend zugunsten der Scheidung nach § 55a EheG darstellt. Vor allem seit 1993 zeigt sich dieser Trend eindeutig!

Welche vorläufigen Schlüsse können nun aus diesem Datenmaterial gezogen werden?:

⇨ *Gemessen an der Gesamtzahl der Scheidungen sind es relativ wenige Verfahren mit dieser speziellen Auslandsberührung.*

⇨ *Bei der türkischen und iranischen Bevölkerung ist ein Anstieg der Scheidungen festzustellen. Vor allem bei den Türken steigt auch die Zahl der strittigen Verfahren, was die Vermutung nahelegt, daß hier in erster Linie die Frauen als "Betreiberinnen" verstärkt auftreten.*
Bei den Iranern hingegen überwiegt eindeutig die einvernehmliche Form der Trennung.

⇨ *Im Hinblick auf mögliche außergerichtliche Konfliktlösungsmodelle kann gefolgert werden, daß der Weg zu Gericht sichtlich als die absolut "letzte Möglichkeit" der Konfliktbereinigung gesehen wird und daher nur in wenigen Fällen wirklich beschritten wird.*

IV. Islamisches Ehe-, Familien- und Erbrecht

In diesem Kapitel soll in Form eines kurzen Überblicks die Besonderheiten des islamischen Ehe-, Familien- und Erbrechtes dargestellt werden.
In einem Vergleich der koranischen Grundlagen und dem daraus hervorgegangenen klassischen Ehe- und Familienrecht soll aufgezeigt werden, wie weit eine Weiterentwicklung in diesem Rechtsbereich bereits erfolgt ist, und warum gerade in diesem Bereich Neuerungen so schwierig sind. Zum besseren Verständnis wird auch kurz auf die Möglichkeiten und Techniken der Rechtsfortbildung innerhalb des islamischen Rechts eingegangen werden.
Wie bereits im Einleitungskapitel ausgeführt wurde, hat sich der Islam in einer Verschmelzung aus tribalen und einfachen städtischen Strukturen entwickelt. Da sich Muhammad neben seiner Prophetenrolle immer auch als politischen Führer sah, sind viele der Offenbarungen, vor allem aus der medinensischen Zeit, Spiegelbild der damals herrschenden sozialen Verhältnisse. Sie waren oft Reaktionen auf bestimmte soziale und rechtliche Probleme, die an ihn herangetragen wurden.
Dennoch sind im Koran gerade in diesem Bereich wichtige fundamentale Grundsätze als "Gottes Wort" festgelegt worden, deren Überwindung auch heute noch kaum möglich erscheinen.

Ganz allgemein muß festgehalten werden, daß die Regelungen vor allem für die Frauen der damaligen Zeit eine wesentliche Besserstellung brachten. Erst durch den Islam erfolgte eine Änderung von einer Stammesstruktur, in der jede Person nach ihrem "Nutzen" bewertet wurde und Frauen demnach häufig als wirtschaftliche Belastung gesehen wurden, in eine Familienstruktur, bei der der Schutz - vor allem der schwächeren Mitglieder wie Frauen und Waisen - oberstes Gebot war. Rechtlich wurde die Position der Frauen grundlegend verbessert, indem sie erstmals als Rechtssubjekte gesehen wurden. Somit konnten sie Vermögen - auch im Erbwege - erlangen und auch selbst verwalten. Vor allem ihre Position als Witwe oder geschiedene Frau wurde rechtlich besser abgesichert.
Trotz - oder gerade wegen - dieser Besserstellung behielt der Koran die Vorstellung von der prinzipiellen - alle Lebensbereiche betreffenden - Überlegenheit des Mannes über die Frau bei und blieb damit in jener traditionellen Sichtweise, die nicht nur in der Antike galt, sondern auch im Judentum und im Christentum ihren Eingang gefunden hatte. Bis heute hat sich an dieser Grundeinstellung nichts geändert. Eine "Gleichberechtigung" im westlichen Sinn ist dem islamischen Rechtssystem völlig fremd.[86]

---

[86] Auf die in der aktuellen Diskussion gebrachten Argumente zum Thema "Gleichberechtigung" wird im praktischen Teil in Kapitel VIII dieser Arbeit näher eingegangen werden.

Die zentralen Regelungen zum Ehe- und Erbrecht finden sich im Koran in der 4. Sure. Sie stammt aus jener Zeit, als sich der Prophet bereits in Medina aufhielt und trägt den Namen "Die Frauen". Daneben finden sich in der Sure 2 ("Die Kuh") und in der Sure 65 ("Die Entlassung") weitere Bestimmungen, vor allem die Verstoßungsscheidung betreffend.[87]

IV. 1. Die Eheschließung[88]

Sure 24

> *Vers 32:*
> *"Und verheiratet diejenigen von euch, die (noch) ledig sind ..."*
> *Vers 33:*
> *"Und diejenigen, die es sich (offensichtlich?) nicht leisten können zu heiraten, sollen so lange Enthaltsamkeit üben, bis Gott sie durch seine Huld reich macht..."*

Wie aus diesen Versen deutlich hervorgeht, sieht der Islam in der Ehe den für die Gestaltung sozialer und sexueller Beziehungen im Interesse einer geordneten Gesellschaft uneingeschränkt bevorzugten Ort. Die Hauptzwecke werden in der Zeugung legitimierter Kinder, in der Legalisierung sexueller Beziehungen und nicht zuletzt in einem wirtschaftlichen Zusammenwirkung - wobei hier stark die Versorgung der Frau betont wird - gesehen. Demzufolge wird die Eheschließung als eine Verpflichtung gegenüber Allah und der Gemeinschaft festgelegt.[89]

IV. 1. A. Rechtsnatur und Form der Eheschließung

Die Auswahl der Ehepartner geschieht - auch heute noch bevorzugt - durch die jeweilige Familie. Es gibt daher - nach klassischem Verständnis - keine Verlobungszeit. Allerdings wird den beiden "Heiratskandidaten" die Möglichkeit eingeräumt, sich des öfteren, in Anwesenheit Dritter, zu einem Gespräch zu treffen und so einander näher kennenzulernen. Die junge Frau darf sich dabei ihrem zukünftigen Mann unverschleiert zeigen. Sollte einer der beiden, bzw beide, Bedenken gegen die Verheiratung haben, ist es ihr Recht, aber auch ihre Pflicht, dies ihren Familien mitzuteilen. Auch wenn die Ehe über Vermittlung zustande kommt, sollte sie - nach islamischem Selbstverständnis - auf Sympathie und Zuneigung basieren!

---

[87] Alle Koranzitate sind aus *Paret*, Der Koran - Übersetzung und Kommentar (1966) Die Verszählung richtet sich nach der sog "kufischen Verszählung" der offiziellen ägyptischen Koranausgabe. Die Klammersetzung erfolgte durch den Autor überall dort, wo Stellen nicht einwandfrei übersetzt und daher in Frage gestellt bleiben mußten.

[88] Bei der folgenden Darstellung des Ehe- und Familienrechts der šarīᶜa werden - so weit vorhanden - die passenden Koranverse vorangestellt, um zu zeigen wie detailliert sich Muhammad zu den verschiedenen Rechtsinstituten geäußert hat.

[89] Vgl zu den folgenden Ausführungen *Rauscher*, šarīᶜa Islamisches Familienrecht der sunna und šīᶜa (1987) 30.

Die Eheschließung erfolgte traditionell durch einen mündlichen, heute aber idR durch einen schriftlichen Vertrag zwischen den beiden Brautleuten, wobei sie selbst oder bestellte Vertreter bei gleichzeitiger Anwesenheit Angebot und Annahme erklären müssen. Dabei muß unzweideutig der Wille zutagetreten, daß sie zum Zeitpunkt der Erklärung die Ehe eingehen möchten. Für den Fall, daß sich einer der beiden Eheschließenden vertreten läßt, ist in der Formulierung des Angebotes bzw der Annahme darauf zu achten, daß die abgegebene Erklärung eindeutig der vertretenen Person zuzurechnen ist.
Die Anwesenheit eines religiösen Würdenträgers ist bei der Eheschließung grundsätzlich nicht vorgeschrieben, aber erwünscht. Nach der ḥanafitischen Rechsschule ist die Anwesenheit zweier männlicher oder eines männlichen und zweier weiblicher Zeugen ein Wirksamkeitserfordernis. Diese Zeugen müssen die sich treffenden Erklärungen hören, wobei es genügt, daß ein schriftliches Angebot des Bräutigams in deren Anwesenheit laut verlesen wird.

Eine Besonderheit stellt das Institut des "Eheschließungsvormundes" (walī) dar:
Es handelt sich dabei um eine erwachsene Person, der nicht unbedingt auch die elterliche Gewalt zustehen muß. Während Mädchen nur von einem Mann verheiratet werden können, kann dies bei Männern auch eine weibliche Verwandte sein. Meist übernimmt diese Rolle - auch heute noch - der Onkel mütterlicher- oder väterlicherseits. Die Bedeutung dieser Funktion muß im Zusammenhang mit der traditionell häufig erfolgten Verheiratung von Minderjährigen gesehen werden. Über die Art und Weise der Mitwirkung differieren die Auffassungen der einzelnen Rechtsschulen:
Während bei den Ḥanafiten und den Šīᶜiten die Eheschließung ab Pubertät durch die Braut ohne Zustimmung eines Vormundes erfolgen kann, bedarf sie einer solchen nach den drei übrigen Rechtsschulen auch bei erreichter Volljährigkeit.

Nach dem Recht der šarīᶜa tritt die Volljährigkeit für die Eheschließung mit der Geschlechtsreife der Person ein, die beim Mann nicht vor dem vollendeten zwölften und bei der Frau nicht vor dem vollendeten neunten Lebensjahr angenommen wird. Jedenfalls wird sie - von Rechts wegen - spätestens mit dem vollendeten fünfzehnten Lebensjahr festgelegt.
Wurde eine Ehe gegen den Willen des/der Minderjährigen vor dem Erreichen der Geschlechtsreife geschlossen, besteht die Möglichkeit, diese Ehe noch vor der Vollziehung durch bloße Erklärung zurückzuweisen, bzw mit Erreichen der Volljährigkeit die Auflösung der - bereits vollzogenen Ehe - zu verlangen.[90]

Neben der fehlerfrei zustande gekommenen Ehe (nikāḥ) kennt das islamische Eherecht auch die mangelhafte Ehe (fāsid) und die nichtige Ehe (bāṭil).
Da die Abgrenzung nicht ganz einfach zu treffen ist, ist am ehesten zwischen zeitlich begrenzten, heilbaren Ehehindernissen auf der einen Seite und dauernden, unheilbaren Hindernissen auf der anderen Seite zu unterscheiden. So wird zum Beispiel in der fehlenden Beteiligung zweier Zeugen bei der Eheschließung ein solcher heilbarer Mangel gesehen, während etwa die zweite Eheschließung einer Frau, die in aufrechter Ehe lebt, absolut nichtig ist.
Es ist daher wichtig festzuhalten, daß eine Ehe, die "bāṭil" ist, keine vernichtbare, sondern rechtlich eine Nichtehe ist. Sie entfaltet keinerlei Rechtsfolgen. Hingegen ist

---

[90] Vgl ebenso *Bergmann/Ferid*, Das islamische Eherecht I (1995) 1.

eine "fāsid-Ehe" nur zunächst nicht wirksam, kann aber bei Wegfall eines sie treffenden Ehehindernisses voll wirksam werden. In diesem Fall entfaltet sie - von vornherein - alle Rechtsfolgen einer gültig zustandegekommenen Ehe, vor allem was den Anspruch der Frau auf die Morgengabe und die Ehelichkeit der Kinder betrifft.
Die šīʿa weicht von diesem Konzept ab, da es für sie nur eine voll gültige oder eine Nichtehe gibt, eine heilbare Ehe wird negiert. Eine "fāsid-Ehe" ist demnach nichtig.

IV. 1. B. Ehehindernisse

IV. 1. B. a. Anzahl der Eheschließungen

Verglichen mit dem vorislamischen System, in dem die unbeschränkte Polygamie vorherrschend war, brachte der Islam nun eine wesentliche Einschränkung und Neuordnung in das soziale und rechtliche Gefüge.

Sure 4

Vers 3:
*" Und wenn ihr fürchtet, in Sachen der (euer Obhut anvertrauten weiblichen) Waisen nicht recht zu tun, dann heiratet, was euch an Fauen gut ansteht (*oder: *beliebt), (ein jeder) zwei, drei oder vier. Und wenn ihr fürchtet, (so viele) nicht gerecht zu (be)handeln, dann (nur) eine, oder was ihr (an Sklavinnen) besitzt! So könnt ihr am ehesten vermeiden, unrecht zu tun".*

Wie aus dem Koranvers hervorgeht, wurde die Zahl der erlaubten Ehefrauen auf höchstens vier beschränkt. Für Muhammad stand vor allem die Versorgung jener Frauen und Kinder im Vordergrund, die nach den kriegerischen Auseinandersetzungen der Muslime in den ersten Jahren des Islam ihre Ehemänner und Väter verloren hatten. Der Prophet, der das Los eines Waisen aus eigener Erfahrung kannte, sah sich immer als der Anwalt der Schwachen und Unterprivilegierten.[91]
Ein etwas späterer Vers brachte - wohl auch aus der eigenen Erfahrung heraus - allerdings eine wichtige Einschränkung dieser Erlaubnis zur Mehrehe:

Sure 4

Vers 129:
" Und ihr werdet die Frauen (die ihr zu gleicher Zeit als Ehefrauen habt) nicht (wirklich) gerecht behandeln können, ihr mögt noch so sehr darauf aus sein. Aber vernachlässigt nicht (eine der Frauen) völlig, so daß ihr sie gleichsam in der Schwebe laßt! Und wenn ihr euch (auf einen Ausgleich) einigt und gottesfürchtig seid ist es gut. Gott ist barmherzig und bereit zu vergeben."

Gerade dieser Vers wurde und wird von Reformern bis in die heutige Zeit immer wieder als Beweis dafür herangezogen, daß im Koran die Monogamie als die - zumindest - bevorzugte Eheform festgelegt ist. So betonte zum Beispiel - wie Graef in seinem Artikel anführt - der große Reformtheologe *Muhammad ʿAbduh* (1849 -

[91] *Walther* in *Antes/Durán*, Der Islam, Die Frau im Islam (1991) 98.

1905), daß die Polygamie, die zu Beginn des Islam nützlich gewesen sei, in seiner Zeit[92] so wie sie praktiziert werde, sich schädlich auswirke, die Familien zerrütte und daher vorerst (!) durch die Monogamie zu ersetzen sei. Seiner Ansicht nach ist die Polygynie strikt verboten, wenn man fürchtet, ungerecht zu sein.[93] Auch *Rahim* betont in seiner Darstellung, daß das islamische Recht unzweifelhaft die Monogamie als das angestrebte Ideal betrachte.[94]
Sehr häufig begegnet einem aber im Zusammenhang damit das Gegenargument, daß die Unzucht ein so schlimmes Fehlverhalten innerhalb der Gemeinschaft sei, daß die Notwendigkeit der Ehe als der einzige Bereich, in dem Sexualität erlaubterweise ausgelebt werden darf, so bedeutend sei, daß es besser sei in einer Mehrehe zu leben, als in keiner Ehe. So ist es nach wie vor herrschende Ansicht, daß zwar eine zweite und jede weitere Eheschließung von einer sorgfältigen Selbstprüfung des Mannes, im Hinblick auf die finanzielle und persönliche Gleichbehandlung, abhängig sei, daß aber nicht nur soziale Not, Krankheit (insbesondere Unfruchtbarkeit) der Frau, sondern auch die überschießende Virilität als ein Grund für die Eingehung einer weiteren Ehe gelten müsse.

Somit bilden beim Mann vier und bei der Frau eine gültige Eheschließung/en ein absolutes Ehehindernis in Bezug auf jede weitere Ehe.
Während eine zweite Ehe der Frau in jedem Fall als bāṭil gilt, wird die fünfte Ehe eines Mannes von vielen Rechtsdogmatikern nur als fāsid betrachtet, da durch die Verstoßung einer der vier Ehefrauen eine "rechtliche Korrektur" möglich ist.

IV. 1. B. b. Religionsverschiedenheit

Sure 2

> *Vers 221:*
> *"Und heiratet nicht heidnische Frauen, solange sie nicht gläubig werden! Eine gläubige Sklavin ist besser als eine heidnische Frau, auch wenn diese euch gefallen sollte. Und gebt nicht (gläubige Frauen) an heidnische Männer in die Ehe, solange diese nicht gläubig werden! Ein gläubiger Sklave ist besser als ein heidnischer Mann, auch wenn dieser euch gefallen sollte."*

Sure 5

> *Vers 5:*
> *"... Und (zum Heiraten sind euch erlaubt) die ehrbaren gläubigen Frauen (aus der Gemeinschaft) derer, die vor euch die Schrift erhalten haben, wenn ihr ihnen ihren Lohn gebt, (wozu ihr euch) als ehrbare (Ehe)männer (zu betragen habt), nicht als solche, die Unzucht treiben und sich Liebschaften halten...."*

Zur Zeit der Offenbarung dieser Verse verstand man unter dem Begriff "Heiden" die Anhänger polytheistischer Religionen, von denen man sich klar abgrenzen wollte. Heute steht man von islamischer Seite vor dem Problem, wie man mit dem Hinduismus, Buddhismus und Shintuismus und zahlreichen neueren Strömungen,

---

92 Gemeint ist die Zeit des Osmanischen Reiches.
93 *Gräf*, Einige koranische Grundlagen islamischer Eheordnung, Bustan 3 u 4 (1969) 51.
94 *Rahim*, Muhammadan Jurisprudence (1911) 327.

die auf christlichen und/oder jüdischen Lehren fußen, umgehen soll. Vor allem wenn Muslime in anderen Kulturkreisen leben und heiraten kommt es auch vor, daß ihre Ehepartner zwar getauft sind, aber nicht mehr bekennende Christen sind, bzw daß sie nie getauft wurden und sich überhaupt keiner Religion zugehörig fühlen. In der Abgrenzung zu anderen religiösen Gemeinschaften hin ist man aber auch heute noch nach wie vor sehr strikt.

So hat sich auch nichts an dem Grundsatz geändert, daß eine Muslima nur einen Muslim heiraten kann, während ein Muslim auch eine Angehörige einer der anerkannten Buchreligionen[95] zur Frau nehmen darf.

Begründet wird diese unterschiedliche Sichtweise mit dem Argument, daß die religiöse Erziehung der gemeinsamen Kinder durch den Mann erfolgt und daher auf seine religiöse Überzeugung abzustellen sei.

Eine besonders strenge Auffassung vertritt hier die šīʿa, die jede Eheschließung auf Dauer eines Muslim mit einer Angehörigen einer anderen Religion verbietet.

IV. 1. B. c. Verwandtschaftsverhältnisse

Sure 4

> *Vers 22:*
> *" Und heiratet keine Frauen, die (vorher einmal) eure Väter geheiratet haben, abgesehen von dem, was (in dieser Hinsicht) bereits geschehen ist! Das ist etwas Abscheuliches und hassenswert - eine üble Handlungsweise!"*
>
> *Vers 23:*
> *" Verboten (zu heiraten) sind euch eure Mütter, eure Töchter, eure Schwestern, eure Tanten väterlicherseits und mütterlicherseits, die Nichten, eure Nährmütter, eure Nährschwestern, die Mütter eurer Frauen, eure Stieftöchter, die sich im Schoß eurer Familie befinden ... und die Ehefrauen eurer leiblichen Söhne..."*

Alle verbotenen Verwandtschaftsverhältnisse sind von der Seite des Mannes aus zu prüfen. Vor allem Vers 23 führt hier verschiedene Formen verbotener verwandschaftlicher Beziehungen an:

Die Blutsverwandtschaft

Verboten ist eine Eheschließung in aufsteigender und absteigender Linie in allen Graden, in der Seitenlinie zwischen Bruder und Schwester, Onkel und Nichte, Großonkel und Großnichte, Neffe und Tante und Großneffe und Großtante. Hingegen ist die Ehe zwischen Geschwisterkindern erlaubt und nach dem Gewohnheitsrecht der meisten islamischen Länder die bevorzugte Kombination. Dies kann sogar so weit gehen, daß darin ein bestimmtes "Anrecht" des Cousin gesehen wird und die Frau ohne seine Zustimmung nicht an eine andere Person verheiratet werden darf.[96]

Diese Regelung hatte einen sehr pragmatischen Hintergrund, der sich aus der ursprünglich ländlichen Lebensweise ergeben hat, da durch diese Form der Eheschließung Besitz und Land innerhalb der Großfamilie erhalten werden konnte.

---

[95] Dazu gehören Juden, Christen und Sabier.

[96] *Bergmann/Ferid*, Islam Eherecht 7.

Auch heute wird eine solche Verbindung immer noch - vor allem bei türkischen Immigranten - präferiert. Hier wird meist ein, sich noch in der Türkei befindliche, Cousin als Ehemann "ins Land geholt". Dies hat auch den Effekt, daß die hiesige Familienstruktur erweitert und die Verbindung mit dem Heimatland verstärkt wird.

Die Milchverwandschaft

Das Verhältnis von Amme und Kind wird dem von Mutter und Kind gleichgestellt und entsteht dann, wenn das Kind vor Vollendung seines zweiten Lebensjahres - wenn auch nur vorübergehend - von dieser gestillt worden ist. Die verbotenen Beziehungen beschränken sich auf die Person der Stillmutter und der Stillgeschwister und deren Deszendenten.

Schwägerschaft

Dieses Ehehindernis gründet auf Beziehungen, die durch eine (vollzogene) Ehe entstanden sind und hat in einer Rechtsordnung, die die Mehrehe zuläßt, sehr große Bedeutung.
Dem Mann ist es verboten die Mutter, die Töchter und Enkelinnen seiner Frau, die Schwester, Tante oder Nichte seiner Frau und die Ehefrauen seines Großvaters, Vaters, Sohnes oder Enkels zu heiraten.

IV. 1. B. d. Wartezeit der Frau

Zum Schutze der verstoßenen Frau und zur Sicherung der Legitimität etwaiger Nachkommen wurden bereits im Koran - nach Ausspruch der Scheidung - ganz bestimmte Fristen festgesetzt, in denen die Frau einerseits nicht aus dem Haus gewiesen werden, andrerseits aber auch noch keine neue Ehe eingehen durfte. Die konkreten Regelungen finden sich vornehmlich in

Sure 65

> *Vers 1:*
> *"...Wenn ihr Frauen entlaßt, dann tut das unter Berücksichtigung ihrer Wartezeit, und berechnet die Wartezeit (genau)! ... Ihr dürft sie nicht (vor Ablauf ihrer Wartezeit) aus ihrem Haus ausweisen, und sie brauchen (ihrerseits) nicht (vorher) auszuziehen, es sei denn, sie begehen etwas ausgesprochen Abscheuliches. ..."*
>
> *Vers 4:*
> *" Und wenn ihr bei denjenigen von euren Frauen, die keine Menstruation mehr erwarten, (irgendwelche) Zweifel hegt, soll ihre Wartezeit (im Fall der Entlassung) drei Monate betragen. Ebenso bei denen, die (ihres jugendlichen Alters wegen noch) keine Menstruation gehabt haben. Und bei denen, die schwanger sind, ist der Termin (maßgebend), an dem sie zur Welt bringen, was sie (als Frucht ihres Leibes in sich) tragen. ..."*

Wie wichtig hier die Zuordenbarkeit der nachgeborenen Kinder ist, zeigt, daß auch für Witwen eine solche Wartezeit als Ehehindernis festgelegt wurde. Sie findet sich in einer eigenen Sure, nämlich in

Sure 2

> *Vers 234:*
> *" Und wenn welche von euch abberufen werden und Gattinnen hinterlassen, sollen diese ihrerseits vier Monate und zehn (Tage) zuwarten. Wenn sie dann ihren Termin erreichen, ist es keine Sünde für euch, wenn sie von sich aus in rechtlicher Weise etwas (zum Zweck ihrer Wiederverheiratung?) unternehmen. ..."*

Diese Regelungen finden sich auch heute noch in zahlreichen Kodifikationen wieder. Während die sunnitischen Rechtsschulen hier eine große Übereinstimmung aufweisen, weicht die šīʿa in ihrem Konzept davon ab. Hier bestimmt sich die Dauer dieser Wartefrist nach der Dauer der Zeitspanne zwischen zwei Perioden; fehlt eine, so beträgt sie maximal 78 Tage.

IV. 1. B. e. Weitere Ehehindernisse

Unerlaubter Geschlechtsverkehr und Schwangerschaft

Hier sind zwei Varianten denkbar:
Ist der zukünftige Ehemann jener, der der Frau beigewohnt hat, dann darf er auch bei einer Schwangerschaft die Ehe eingehen und diese sofort vollziehen.
Ist der zukünftige Mann nicht mit jenem Mann ident, der der Frau beigewohnt hat, darf eine Eheschließung erst nach der nächsten Menstruation der Frau erfolgen. Sollte sie schwanger sein, darf zwar die Ehe geschlossen werden, aber der Mann darf bis zur Entbindung mit seiner Frau nicht verkehren.

Soziale Ungleichheit

Offensichtlich sah man bereits zur Zeit Muhammads kein Problem darin, trotz des Grundsatzes der Gleichheit aller Gläubigen, die Verheiratung von Personen gleicher sozialer Herkunft zu präferieren.
Rahim zählt als Kriterien solche wie Herkunft, Charakter, Vermögensverhältnisse, Beruf, Status (ob Freier oder Sklave) und Bildung auf, von denen möglichst viele übereinstimmen sollten.[97]
Als "Ehehindernis" hat diese Forderung auf Grund moderner Kodifikationen weitgehend an Bedeutung verloren, in der Tradition und im Gewohnheitsrecht sind dies immer noch bestimmende Kriterien, nach denen Brautpaare ausgewählt und zusammengeführt werden.

Das Hindernis der dreifachen Verstoßung

Hat ein Mann seine Frau dreimal verstoßen und somit unwiderruflich die Scheidung ausgesprochen, darf er sie erst dann wieder heiraten, wenn sie in der Zwischenzeit mit einem anderen Mann in einer gültigen und vollzogenen Ehegemeinschaft gelebt

---

[97] *Rahim*, Jurisprudence 333.

hat. Diese Vorschrift soll Frauen vor der Willkür der Männer schützen, die Wartezeit und die Ungwißheit ihre Zukunft betreffend über Gebühr auszudehnen.

Das Hindernis des Pilgerfahrt

Bis auf die ḥanafitische Rechtsschule betrachten alle anderen Rechtsschulen eine Eheschließung während der Pilgerfahrt als ungültig.

IV. 1. C. Ehewirkungen

Ganz allgemein kann man feststellen, daß sich diese "Ehewirkungen" hauptsächlich als beidseitiger Pflichtenkatalog darstellt.

IV. 1. C. a. Persönliche Ehewirkungen

Die Ehe stellt die einzig rechtlich erlaubte Möglichkeit für Mann und Frau dar, eine sexuelle Beziehung eingehen zu können. Das zeigt sich deutlich darin, daß jede Form des außerehelichen Geschlechtsverkehrs - bei Bekanntwerden - strafrechtliche Sanktionen nach sich ziehen würde. Es beinhaltet aber auch die beiderseitige Pflicht, den Bedürfnissen des Ehepartners auf diesem Gebiet - soweit dies möglich ist - nachzukommen.
Im Koran wird eindeutig von der Vorrangstellung des Mannes als "pater familias" ausgegangen. Er hat das Recht, den Aufenthalt der Frau zu bestimmen und - wenn nötig - ihre Bewegungsfreiheit einzuschränken. Ihm fällt die "Pflicht" zu, für das Wohlverhalten seiner Frau zu sorgen, sie zu belehren und wenn erforderlich mit Nachdruck zum richtigen Verhalten zu bringen.
Wie weit dieser "Nachdruck" gehen darf, wird sehr unterschiedlich gesehen. Der Koran gesteht dem Mann prinzipiell ein Züchtigungsrecht zu, das aber sehr oft zu einem mißbräuchlichen Verhalten seitens des Mannes führt.

So steht in Sure 2

> *Vers 34:*
> *" Und wenn ihr fürchtet, daß (irgendwelche) Frauen sich auflehnen, dann vermahnt sie, meidet sie im Ehebett und schlagt sie! Wenn sie euch (daraufhin wieder) gehorchen, dann unternehmt (weiter) nichts gegen sie!..."*

Von Gegnern der Züchtigung werden immer wieder Aussprüche des Propheten herangezogen, die beweisen sollen, daß dieser eine deutliche Abneigung gegen jede Form der Gewaltanwendung gegenüber Frauen und Kindern hatte. Dennoch impliziert - selbst wenn die Züchtigung verpönt ist - die Möglichkeit der Separation und die Ausübung von psychischem Druck durchaus eine dieser körperlichen Gewalt adäquate negative Verhaltensweise.

IV. 1. C. b. Vermögensrechtliche Ehewirkungen

Als Ausgleich zu diesen oben genannten Pflichten der Frau wird die alleinige Unterhaltspflicht des Mannes gesehen. Die Höhe dieser Unterhaltsleistung richtet

sich nach dem Einkommen des Mannes und nach den Bedürfnissen der Frau. Zahlt ein Mann nach Vollziehung der Ehe keinen Unterhalt, ohne daß die Frau durch mutwilliges Verlassen einen Verwirkungstatbestand gesetzt hat, so kann dieser durch eine Klage erzwungen werden. Für den Fall, daß der Mann nicht über die nötigen Mittel verfügt, kann das Gericht seine Frau ermächtigen, in seinem Namen einen Kredit aufzunehmen.
Hat der Mann mehrere Frauen, so schuldet er allen den gleichen Unterhalt. Läßt die Frau sich nichts zu Schulden kommen, so steht ihr im Falle der Verstoßung dieser Unterhalt bis zum Ende der Wartefrist zu.
In allen Fällen hat das Vermögen der Frau unberücksichtigt und unangetastet zu bleiben!

Aus dem islamrechtlichen Verständnis heraus, die Ehe als einen zivilrechtlichen Vertrag mit starken wirtschaftlichen Komponenten zu sehen, muß die Frage gestellt werden, wie weit Unterhaltsvereinbarung bei Eheschließung zulässig sind. Aus dem oben dargestellten Modell der Pflichtenbalance kann es keine Verfügung über künftigen Unterhalt insgesamt geben, da dies das Gleichgewicht zwischen den Ehepartnern empfindlich stören würde.
Sehr wohl wird aber häufig Art und Umfang des Unterhalts im allgemeinen und im besonderen - etwa im Falle einer Verstoßung - vertraglich festgelegt. Wie noch im Kapitel über die Ehescheidung zu zeigen sein wird, kann vor allem vereinbart sein, daß die Frau im Falle einer weiteren Eheschließung durch den Mann das gemeinsame Heim verlassen darf, ohne ihren Unterhaltsanspruch zu verwirken.

Die Morgengabe (mahr)

Sure 2

> *Vers 4:*
> *" Und gebt den Frauen ihre Morgengabe als Geschenk (so daß sie frei darüber verfügen können)! Wenn sie euch aber freiwillig etwas davon überlassen , könnt ihr es unbedenklich (für euch selber) verbrauchen."*

Bei diesem Vermögenswert handelt es sich - nach der Ansicht der Ḥanafiten, Ḥanbaliten und Mālikiten - um einen essentiellen Bestandteil jeder Eheschließung nach islamischem Recht. Trotz des identen Terminus weicht der Begriffsinhalt von jenem der "Morgengabe" nach österreichischem Recht im Sinne des § 1232 ABGB[98] ab, da es sich dabei nicht um ein Geschenk handelt, deren Zuwendung in der freien Disposition des Ehemannes steht, sondern um eine vertragliche Verpflichtung. Es ist darunter aber auch nicht der "Brautpreis" im klassischen Sinn zu verstehen, da nicht die Familie der Frau, sondern sie selbst als Eigentümerin, bzw Anspruchsberechtigte auftritt. Dh auch im Falle einer Scheidung geht dieses Geld nicht in das Vermögen ihrer Eltern oder Verwandten über, sondern dient ausschließlich der Sicherung ihres eigenen Lebensunterhaltes.
Die Frau hat einen Rechtsanspruch darauf, dh an die nichterfolgte Zahlung knüpfen sich bestimmte von vornherein festgelegte Folgen.[99] Dieses Vermögen steht alleine

---

[98] § 1232 ABGB: "Das Geschenk, welches der Mann seiner Gattin am ersten Morgen zu geben verspricht, heißt Morgengabe. Ist dieselbe versprochen worden, so wird im Zweifel vermutet, daß sie binnen den ersten drei Jahren der Ehe schon überreicht worden sei."

[99] zB kann sie den Vollzug der Ehe verweigern.

der Frau zu und darf vom Mann bei der Unterhaltsberechnung nicht mitgerechnet werden. Es sichert der Frau nicht nur im Falle einer Scheidung, sondern auch während der Ehe ein gewisses Maß an Unabhängigkeit, daher ist zumindest ein Teil dieser Summe bei Eheschließung fällig.
Die Höhe wird - heute in der Regel in einem schriftlichen Zusatzvertrag - bereits bei der Verehelichung festgelegt, kann aber auch erst im Falle einer Scheidung beziffert werden. Da - wie bereits aufgezeigt - der Unterhaltsanspruch der Frau nach der Scheidung mit dem Ablauf der Wartezeit endet, bildet dieses Vermögen die Basis für ihre weitere wirtschaftliche Existenz.
Üblicherweise ist bei der Eheschließung nicht der gesamte Betrag seitens des Bräutigams an die Braut zu entrichten, sondern nur ein - in der Regel geringerer - Teil. Der verbleibende Restbetrag wird erst bei der Auflösung der Ehe durch Scheidung oder Tod fällig. Der Anspruch auf Erfüllung der geschuldeten mahr verjährt innerhalb von drei Jahren ab Anfallszeitpunkt.
Mahr und der Anspruch darauf ist vererblich und geht als Teil des Vermögens der Frau auf ihre Erben über. Stirbt der Mann, ist die Schuld gegenüber der Frau aus dem Nachlaß zu befriedigen. Gelingt es ihr, den Nachlaß in Händen zu halten, kann sie ein Zurückbehaltungsrecht gegenüber den Erben ausüben, bis ihre Forderungen getilgt sind. Während dieser Zeit ist der Lauf der Verjährung gehemmt.

Das islamische Recht kennt kein eheliches Güterrecht. Das Vermögen jedes einzelnen Ehegatten bleibt durch die Eheschließung unberührt. Jeder behält seine Erwerbs- und Verfügungsbefugnisse. Die Leistungen zu denen der Ehemann verpflichtet ist, gehen in das alleinige Vermögen der Frau über, während das Geld das die Frau erwirbt vom Mann nicht beansprucht werden kann. Er darf - theoretisch - nur dann Geld von seiner Frau annehmen, wenn diese es ihm freiwillig anbietet.

IV. 2. Die Auflösung der Ehe

IV. 2. A. Die private Scheidung

IV. 2. A. a. Die Verstoßung

Bei dieser am häufigsten angewendeten Form der Trennung handelt es sich um das Recht des Mannes, mit einer einseitigen, nicht empfangsbedürftigen, Willenserklärung den Ehevertrag gegenüber seiner Frau beenden zu können. Im Koran wird jene Sure, die die wesentlichsten Regelungen dazu festlegt deshalb auch "Die Entlassung" genannt.

Sure 65

Vers 1:
"..,Wenn ihr Frauen entlaßt, dann tut dies unter Berücksichtigung ihrer Wartezeit, und berechnet die Wartezeit (genau!)..."

Gerade dieses Rechtsinstitut ist aus dem westlichen Verständnis heraus immer wieder Anlaß für Kritik und wird als Beispiel für die eklatante Benachteiligung der Frau im islamischen Rechtsbereich herangezogen. Dies nicht zuletzt deshalb, weil gerade die Verstoßung von vielen Muslimen selbst häufig mißbräuchlich verwendet wurde und wird. An dieser Stelle muß daher diese Scheidungsform zunächst in ihrem historischen Kontext und dann in ihren klassisch-rechtlichen Erscheinungsformungen beleuchtet werden.

Wie bereits aufgezeigt, gehörte es in der patriarchal strukturierten vorislamischen Stammesgesellschaft zum uneingeschränkten Recht des Mannes, seine Ehefrau jederzeit verstoßen zu können. In einem solchen Fall hatte er ihr keinerlei Entschädigung oder Ausgleich zu zahlen. Ein derartiger Ausschluß aus der Gemeinschaft bedeutete für die Frau immer eine existentielle Bedrohung. Zwar wurden die verstoßenen Frauen meist von ihren eigenen Familien wiederaufgenommen, doch fristeten sie dort häufig ein armseliges Dasein. Die einzige Chance ihre Lage zu verbessern, bestand in einer neuerlichen Verehelichung.
Es ist daher aus einem historischen Verständnis heraus nicht weiter verwunderlich, daß im Koran ein Hauptaugenmerk darauf gelegt wurde, diese Verstoßung durch zahlreiche damit verbundene Pflichten für den Mann zu erschweren, und so den Schutz und die finanzielle Absicherung der Frau zu gewährleisten. So wurde die Verstoßung seitens der Religion zwar verurteilt, aber man ging nicht so weit wie in der christlichen Religion, eine Scheidung völlig zu verbieten. Es sollte als letzte Möglichkeit jenen Ehepaaren offenbleiben, denen ein Zusammenleben aus unüberbrückbaren Schwierigkeiten nicht mehr möglich und zumutbar war. Immer wieder betonen muslimische Autoren - so auch *Rahim* in seinem Buch[100] -, daß die Scheidung jenes Gebot sei, von dem der Prophet gesagt hatte, daß es das "schlechteste von allen Dingen sei, die das Gesetz erlaube".
Dies zeigt schon, welchen Stellenwert der Erhalt der Ehe als die für alle Beteiligten bevorzugte und wünschenswerte Lebensform einnimmt!

Grundsätzlich kann die Verstoßung von jedem mündigen und geistig gesunden Muslim ausgesprochen werden.[101]

Man unterscheidet drei Formen der Verstoßung

Die religiös einwandfreie Scheidung (talāq aḥsān)

Hier wird die Scheidungsformel nur einmal innerhalb eines zwischen zwei Mensen liegenden Zeitraums ausgesprochen. Die Wirkung tritt nach Ablauf der Wartezeit, das ist nach drei Menstruationen, automatisch ein. Innerhalb dieser Zeit darf es zwischen den beiden Personen keine geschlechtliche Beziehung geben. Die Frau hat das Recht während dieser Zeit, von ihrem Mann unbehelligt, in den ihr zustehenden Wohnräumen zu leben.
Gerade diese Phase sollte der Frau einerseits die Entschlossenheit des Mannes zeigen, eine endgültige Trennung herbeiführen zu wollen, sie sollte aber auch die

[100] *Rahim*, Jurisprudence 335

[101] Dieser Grundsatz wurde sehr "großzügig" ausgelegt, sodaß auch Verstoßungen, die im Zustand der Trunkenheit, oder im Scherz oder unter Drohung abgegeben wurden, gültig waren. Ein Umstand, den sich vor allem Frauen zunutze machten. Wollten sie von ihren Ehemännern getrennt werden, behaupteten sie vor dem Richter ihr Mann habe betrunken die Scheidung ausgesprochen und forderten die richterliche Bestätigung der Trennung.

Möglichkeit bieten die Ehe durch Widerruf des Scheidungsausspruchs wiederaufnehmen zu können.

Sure 2

Vers 227:
"Wenn sie aber zur (endgültigen) Entlassung entschlossen sind (Bleibt es dabei)."

Vers 228:
" Die Frauen, die entlassen sind, sollen ihrerseits drei Perioden abwarten. Und es ist ihnen nicht erlaubt, zu verheimlichen, was Gott (als Frucht der vorausgegangen Ehe) in ihrem Schoß geschaffen hat,... . Und ihren Gatten steht es am ehesten (von allen Männern) zu, sie darin zurückzunehmen, wenn sie eine Aussöhnung herbeiführen wollen. Die Frauen haben (in der Behandlung von seiten der Männer) dasselbe zu beanspruchen, wozu sie (ihrerseits den Männern gegenüber) verpflichtet sind, (wobei) in rechtlicher Weise (zu verfahren ist). Und die Männer stehen (bei alledem) eine Stufe über ihnen."

Die Möglichkeit, nach Ausspruch der Scheidungsformel die Ehe mit seiner Frau wieder aufnehmen zu können, hat der Mann zweimal. Läßt der Mann die Wartezeit nach dem ersten oder zweiten Ausspruch des talāq ungenutzt verstreichen und wird die Scheidung daher wirksam, kann durch Wiederverheiratung nochmals das Eheband zwischen den beiden hergestellt werden.

Sure 2

Vers 229:
" Die Entlassung (mit dem Recht, die Frau zurückzunehmen) ist zweimal (erlaubt). Dann (sind die Frauen entweder) in rechtlicher Weise (zu) behalten oder auf ordentliche Weise frei(zu)geben...."

Vers 231:
" Und wenn ihr die Frauen entlaßt und sie dann ihren Termin erreichen, dann behaltet sie in rechtlicher Weise oder gebt sie in rechtlicher Weise frei! Behaltet sie nicht aus Schikane,..."

Nach Ausspruch des dritten talāq im Laufe einer Ehe ist die Lage etwas anders. Dieser ist nämlich eo ipso unwiderruflich und kann auch nicht durch sofortige Wiederheirat "geheilt" werden. Auch darin sah und sieht man von islamischer Seite einen besonderen Schutz für die Frau, die somit nicht auf unbestimmte Zeit der Willkür des Mannes durch abwechselnde Verstoßung und Rücknahme der Erklärung ausgesetzt ist.
Nach Ausspruch des dritten und somit unwiderruflichen talāq ist eine neuerliche Verheiratung der geschiedenen Ehepartner nur möglich, wenn die Frau in der Zwischenzeit mit einem anderen Ehemann verheiratet und in rechtlich korrekter Form auch wieder geschieden worden ist.

Sure 2

Vers 230:
" Und wenn der Mann (die Frau endgültig) entläßt, ist sie ihm künftig nicht (wieder als Ehefrau) erlaubt, bevor sie nicht (etwa) einen anderen Gatten heiratet. Falls dieser sie entläßt, ist es keine Sünde für die beiden, wieder zueinanderzukommen, ..."

Vers 232:
" Und wenn ihr die Frauen entlaßt und sie dann ihren Termin erreichen, dann hindert sie (- sofern ihr als Vormund über sie zu bestimmen habt -) nicht durch Zwangsmaßnahmen daran, sich mit ihren (bisherigen) Gatten (wieder) zu verheiraten, falls sie sich miteinander in rechtlicher Weise geeinigt haben!..."

Nach der Idealvorstellung der islamischen Rechtsgelehrten sollte damit dem Mann ein Instrument in die Hand gegeben werden, um seiner Frau Mißstände in der Ehe und die möglichen Folgen aufzeigen zu können. Interessant ist die Begründung heutiger Muslime, warum nur dem Mann diese Möglichkeit eröffnet wurde:
Die Frau wäre auf Grund ihrer emotionaleren Grundhaltung gefährdet, zu häufig und zu unbedacht einen solchen Trennungswunsch auszusprechen. Es sei sozusagen in ihrem eigenen Interesse, ihr dieses gefährliche und rechtlich verpönte Verhalten nicht zu erlauben.[102]

***Die religiös erlaubte Scheidung* (talāq ḥasan)**

Hier spricht der Mann während dreier aufeinanderfolgender menstruationsfreier Perioden den talāq aus, wodurch die Unwiderruflichkeit wesentlich schneller, nämlich höchstens innerhalb von drei Monaten, herbeigeführt werden kann. Hier ist zwar noch nach den beiden ersten Aussprüchen die Möglichkeit der Rücknahme offen, doch wird der eigentliche Sinn dieser Anordnung bereits stark in den Hintergrund gedrängt, da die rasche Abfolge wohl kaum die Möglichkeit ernsthafter Konfliktlösungsversuche zuläßt.

***Die religiös mißbilligte Scheidung* (talāq al bid^{c}a)**

Dies ist jene Form, die üblicherweise gemeint ist, wenn man von Verstoßungsscheidung spricht. Dabei wird seitens des Mannes dreimal hintereinander die Scheidungsformel ausgesprochen, ohne eine Wartezeit dazwischen verstreichen zu lassen und an einer Versöhnung zu arbeiten. Vor allem die Ḥanafiten betrachteten auch diese Form der Scheidung als rechtswirksam.

102 Näheres dazu in Kapitel VIII.

IV. 2. A. b. Der Eid

Sure 2

> *Vers 226:*
> *" Diejenigen (Ehemänner), die schwören, sich von ihren Frauen fernzuhalten, haben eine Wartezeit von vier Monaten. Wenn sie (innerhalb dieser vier) Monate wiedereinlenken (und den Verkehr mit ihren Frauen wiederaufnehmen wollen), ist Gott barmherzig und bereit zu vergeben (und rechnet ihnen ihren Schwur nicht an)."*

Durch diesen Koranvers wurde eine ebenfalls aus der vorislamischen Tradition stammende Trennungsart zum Schutze der Frau modifiziert. Dabei wird seitens des Ehemannes ausdrücklich geschworen, während einer vier Monate überschreitenden Zeit mit seiner Frau keine geschlechtliche Beziehung unterhalten zu wollen. Während dieser Zeit kann er zurückkehren und die Ehe wieder fortsetzen. Nach dieser Wartezeit gilt die Trennung als unwiderruflich und eine sofortige Wiederverheiratung ist verboten.

IV. 2. A. c. Die Bezeichnung der Frau als "Mutter"

Sure 33

> *Vers 4*
> *" Gott hat keinem Mann zwei Herzen in seinem Bauch gemacht. Und er hat eure Gattinen, von denen ihr euch scheidet mit der Formel, sie seien euch verwehrt wie der Rücken eurer Mutter, nicht zu euren (wirklichen) Müttern gemacht (so daß ihr zwei Mütter hättet)..."*

Mittels dieses eigenartig anmutenden Verses ist seitens Muhammads eine für die Frau besonders demütigende und ausweglose Form der Zurücksetzung durch ihren Ehemann als Sünde verdammt worden. In diesem Fall wird nämlich durch die Erklärung des Mannes, die Frau sei ihm "wie der Rücken der Mutter", ausgedrückt, daß er sie als eine Verwandte betrachte und somit ein absolutes Eheverbot bestehe. Damit bekundet er nicht nur, daß er in Zukunft keinen sexuellen Kontakt mit ihr haben wolle, sondern daß er diesen für inzestiös und daher verboten hält.
Trotz des Verbotes im Koran führt eine solche Erklärung nicht zwangsläufig zu einer Auflösung der Ehe. Durch Zahlung eines Bußgeldes kann der Mann die Äußerung zurückziehen. Macht er dies nicht, so kann die Ehefrau die gerichtliche Eheauflösung verlangen.

IV. 2. A. d. Der Loskauf

Dies ist traditionell eine der wenigen Möglichkeiten, die immer schon jenen Frauen offenstand, die den Wunsch hatten, sich von ihren Männern scheiden zu lassen. Auch das war eine wesentliche Neuerung durch die šarīᶜa, da in vorislamischer Zeit eine auf Wunsch der Frau herbeigeführte Trennung gänzlich unmöglich war. Wie treffend die Bezeichnung dieser Scheidungsform ist, zeigen die Worte in

Sure 2

Vers 229
"... Und es ist euch (im letzteren Fall) nicht erlaubt, etwas von dem, was ihr ihnen (vorher als Morgengabe) gegeben habt, (wieder an euch) zu nehmen, außer wenn die beiden fürchten, daß sie (hinsichtlich der Ehegemeinschaft) die Gebote Gottes nicht einhalten werden. Wenn aber zu befürchten ist, daß die beiden (im Fall der Aufrechterhaltung der Ehegemeinschaft) die Gebote Gottes nicht einhalten werden, ist es für sie keine Sünde, wenn die Frau sich mit einem gewissen Betrag loskauft..."

und in Sure 4

Vers 128:
" Und wenn eine Frau (ihrerseits) fürchtet, daß ihr Mann (ihr) dauernd Schwierigkeiten macht oder (ihr) abgeneigt ist, ist es für die beiden keine Sünde, sich friedlich (auf einen finanziellen Ausgleich?) zu einigen. Es ist besser, sich friedlich zu einigen (als weiter im Unfrieden zu leben). Die Menschen sind (nun einmal?) auf Habsucht eingestellt. (Daher läßt sich manche Schwierigkeit mit Geld ausgleichen?). Aber wenn ihr rechtschaffen und gottesfürchtig seid (ist es besser für euch)..."

Hier kommt sehr klar heraus, wie eine Eheauflösung im Sinne des Koran vor sich zugehen hatte:
Analog zum Abschluß der Ehe in der Form eines privatrechtlichen Vertrages bedarf es auch bei der Auflösung einer beiderseitigen Willenserklärung. IdR muß der Mann das "Angebot" die Ehe zu beenden aussprechen, welches die Frau sofort annehmen kann. Dabei muß sich die Ehefrau zur Leistung einer Abstandszahlung verpflichten. Dies ist - je nach den Umständen des Einzelfalles - die Rückzahlung der mahr, bzw der Verzicht auf die ganz oder zum Teil noch nicht geleistete Morgengabe. Diese Vorgangsweise führt zu einer unwiderruflichen Scheidung, wobei aber die Möglichkeit der Wiederverheiratung nicht ausgeschlossen ist
Auch in diesem Fall hat die Frau das Recht, die Wartezeit im Hause ihres Nochehemannes zu verbringen und Unterhalt zu beziehen.

IV. 2. A. e. Scheidungsvollmacht der Frau

In diesem Fall kann bereits zum Zeitpunkt der Eheschließung - meist in einem Zusatzvertrag - ein Passus aufgenommen werden, der den Mann (!) verpflichtet, die Frau bei Eintreten bestimmter ex ante festgelegter Verhaltensweisen zu entlassen, bzw den talāq auszusprechen.

Zu den häufigsten und zugleich wichtigsten Voraussetzungen, die sich in den Eheverträgen finden, gehören folgende:

Die Frau hat das Recht auf sofortige Scheidung, wenn:

⇨ der Mann eine weitere (idR zweite Ehe) eingeht;
⇨ der Mann die Frau schlägt;

⇨ der Mann seinen Wohnsitz ohne Zustimmung seiner Frau wechselt;
⇨ der Mann einen unlauteren Lebenswandel führt.

Der "Ausspruch" der Scheidung durch die Frau führt zur Unwiderruflichkeit, wobei auch hier die Möglichkeit der unmittelbar darauffolgenden Wiederverheiratung nicht ausgeschlossen ist.

IV. 2. B. Die gerichtliche Scheidung

Für die Frau besteht weiters bei bestimmten Voraussetzungen die Möglichkeit, die Auflösung der Ehe durch richterliche Scheidung zu verlangen. Die ḥanafitische Rechtsschule eröffnet der Frau dieses Recht nur dann, wenn der Mann an einer ansteckenden, ekelerregenden körperlichen Krankheit,
oder an einer unheilbaren Geisteskrankheit, die das Zusammenleben gefährdet,
oder an einer unheilbaren Impotenz (deren Nachweis in der Praxis aber langwierig und äußerst schwierig ist) leidet.
Die Mālikiten hingegen gehen hier wesentlich weiter, denn sie halten eine Auflösung der Ehe durch den Richter auch für gerechtfertigt, wenn der Mann die schuldige Morgengabe nicht bezahlt (allerdings nur so lange die Ehe noch nicht vollzogen wurde),
oder der Mann mindestens seit einem Jahr abwesend ist und durch die Abwesenheit eine sittliche Gefahr für die Frau entsteht, selbst dann wenn er für den Unterhalt aufkommt, bzw Vermögen zurückgelassen hat (Ist der Aufenthalt des Mannes bekannt, dann wird die Frau aufgefordert ihm dorthin zu folgen. Will er dies nicht, ohne die Scheidung auszusprechen, kann sie die Auflösung der Ehe verlangen),
oder wenn der Mann nicht für den Unterhalt aufkommt (außer er war schon bei der Eheschließung mittellos oder ein Dritter kommt für den Unterhalt auf),
oder wenn der Mann seine Frau des Ehebruchs bezichtigt und beide Ehegatten ihre Aussagen nach einem bestimmten Verfahren durch Eide bekräftigt haben und daher Aussage gegen Aussage steht,
oder wenn der Frau das weitere Zusammenleben mit ihrem Mann unerträglich erscheint.
In diesem letzten Fall darf der Richter die Scheidung nicht aussprechen, ohne daß er vorher zwei Schiedrichter mit dem Versuch, eine Aussöhnung zwischen den Ehepartnern herbeizuführen, betraut hat.[103]

Der Ausspruch der Scheidung durch den Richter (qāḍī) führt zu einer unwiderruflichen Auflösung der Ehe. Eine Wiederheirat ist nur möglich, wenn nicht schon der dritte talāq vorliegt.

IV. 2. C. Die Auflösung durch Religionswechsel

Ebenso wie die Religionsverschiedenheit ein Hindernis bei der Eheschließung darstellt, führt der Abfall vom Islam zu einer Auflösung der Verbindung eo ipso. Die dabei denkbaren Fallkonstellationen sind folgende:

[103] Die Person des "Schiedsrichters" wird ausführlich in Kapitel VII dieser Arbeit beleuchtet.

1. Fallen beide Ehegatten vom Glauben ab, dann gilt ihre Ehe als aufgelöst. Darin wird eine besonders schwere Sanktion gesehen, da das Leben in Unzucht für jeden Muslim ein schlimmes Vergehen darstellt.

2. Fällt nur der Ehemann vom Glauben ab, dann gilt die Ehe aufgelöst, da eine Muslima nicht mit einem ungläubigen Mann verheiratet sein darf.

3. Fällt nur die Ehefrau vom Islam ab, so bedeutet dies heute idR ebenfalls die Auflösung der bestehenden Ehe.

4. Konvertieren beide Eheleute zum Islam, bleibt ihre bis dahin geführte Ehe bestehen. Es bedarf zB nicht einer Trauungszeremonie nach islamischem Ritus oder einer Erneuerung des Eheversprechens.

5. Konvertiert nur der Mann zum Islam, bleibt seine Ehe bestehen, wenn seine Ehefrau Angehörige einer Buchreligion ist.

6. Konvertiert hingegen die Frau, führt dies zur Auflösung der Ehe, wenn ihr Mann nicht während der Wartezeit bis zur endgültigen Trennung ebenfalls sich zum islamischen Glauben bekennt.

IV. 3. Kindschaftsrecht

IV. 3. A. Die Obsorge

Dieser Begriff, der in unserem Recht sowohl das alleinige Sorgerecht als auch die rechtliche Vormundschaft für das Kind bis zu seiner Volljährigkeit umfaßt, findet sich im islamischen Recht zweigeteilt wieder:

IV. 3. A. a. Die Vormundschaft (wilā')

Damit bezeichnet man die rechtliche Komponente des Begriffes. Nach islamischem Recht steht das Bestimmungsrecht hinsichtlich aller Belange die Kinder betreffend ausschließlich dem Vater zu. Er hat für ihren Unterhalt, ihre Erziehung und ihre berufliche Ausbildung zu sorgen und er bestimmt grundsätzlich ihren Aufenthalt.

IV. 3. A. b. Die Personensorge (ḥaḍāna)

Dabei handelt es sich um die "faktische Komponente" des Begriffes und beinhaltet sämtliche Bestimmungen, wer wann zur Obhut für die noch nicht volljährige Person berufen ist.
Nach der Geburt steht dieses Recht bis zu einem bestimmten Alter des Kindes der Mutter zu und umfaßt die "Aufzucht" des Kindes bis zu jenem Zeitpunkt, da es auf Grund körperlicher Reife eine gewisse Vernunft erreicht. Nach ḥanefitischem Recht zum Beispiel steht es der Mutter für Jungen bis zum siebenten Lebensjahr und für Mädchen mindestens bis zum neunten Lebensjahr, bzw bis zur Pubertät zu. Kann die Mutter diese Aufgabe nicht erfüllen, ist zunächst ihre Mutter, im Falle der

Unmöglichkeit, die Mutter des Vaters und dann erst etwaige Schwestern oder andere weibliche Verwandten heranzuziehen, bevor der Vater oder ein männlicher Verwandter diese Funktion übernehmen darf.[104]
Im Falle einer Trennung des Elternpaares werden sehr strenge Maßstäbe an das Verhalten der Mutter angelegt. Das Gericht kann aus bestimmten Gründen - etwa bei "Vernachlässigung" der Kinder auf Grund einer Berufstätigkeit der Frau - der Mutter dieses Recht auf die Personensorge entziehen. Bei einer neuerlichen Eheschließung kann sie dieses an den Vater verlieren.[105]
Für den Knaben geht nach klassischem islamischen Recht die Personensorge ab dem siebenten Lebensjahr auf den Vater über, während die Mädchen im Regelfall bis zu ihrer Verehelichung in der Obhut der Mutter belassen werden.

IV. 3. B. Der Unterhalt (nafqā)

Die Unterhaltspflicht trifft ausschließlich den Vater und zwar im Falle:

⇨ seiner unmündigen Nachkommen beiderlei Geschlechts unabhängig davon, wer die Personensorge ausübt,
⇨ der unmündigen Nachkommen seines Sohnes, falls dieser nicht in der Lage ist, seiner Unterhaltsverpflichtung selbst nachzukommen,
⇨ seines/r mündigen Sohnes/Söhne bis zu dessen/deren Selbsterhaltungsfähigkeit,
⇨ seiner unverheirateten Tochter/Töchter jedes Alters,
⇨ seiner geschiedenen oder verwitweten Tochter/Töchter, falls sie krank oder gebrechlich ist/sind.

Ist der Vater absolut unvermögend und die Mutter vermögend, kann sie ausnahmsweise zur Unterhaltsleistung herangezogen werden. Sie kann ihre Leistungen aber regressieren, sobald der Unterhaltspflichtige zu ausreichenden Mitteln gelangt. Sind beide Kindeseltern armutshalber nicht in der Lage, für den Unterhalt ihrer Kinder aufzukommen, hat der Großvater, bzw der Onkel väterlicherseits dafür zu sorgen. In weiterer Folge muß die Großfamilie eingreifen, um den Unterhalt dieser Personen zu gewährleisten.[106]

IV. 3. C. Die Abstammung (nasab)

IV. 3. C. a. Von der Mutter

Nach den sunnitischen Rechtsschulen ergibt sich das verwandtschaftliche Verhältnis zur Mutter ausschließlich aus dem Umstand der Geburt, unabhängig davon, ob diese ihr Kind als solches anerkennt und unabhängig davon, ob dieses Kind aus einer erlaubten oder unerlaubten Beziehung stammt. Nur die šīʿa verneint die Existenz dieses verwandtschaftlichen Verhältnisses, wenn das Kind nicht ehelich geboren wurde und spricht somit im Widerspruch zur Sunna einem illegitimen Kind das Erbrecht nach der Mutter ab.

---

[104] *Qadri*, Islamic Jurisprudence in the Modern World (1973) 406.
[105] *Bergmann/Ferid*, Islam Eherecht 13 und *Walther*, Frau 107.
[106] *Qadri*, Islam Jurisprudence 422 und *Rahim*, Jurisprudence 434.

IV. 3. C. b. Vom Vater

Im Gegensatz zu dem natürlichen und sichtbaren Abstammungsverhältnis zwischen Mutter und Kind wird das Verhältnis zum Vater als "unsichtbar" und daher nur bei Vorliegen bestimmter Kriterien als gegeben angenommen. Vaterschaft im Rechtssinne der šarīᶜa bedeutet immer und ausschließlich legitime Vaterschaft. So kann der rechtmäßige Vater eines Kindes grundsätzlich immer nur jener Mann sein, der zum Zeitpunkt der Geburt mit der Frau in aufrechter, mängelfreier Ehe lebt, bzw gelebt hat.[107]
Wie wichtig dieser Status der ehelichen Geburt ist, zeigt die zum Teil sehr extensive Ausdehnung jener Zeitspanne nach Beendigung der Ehe, in der ein Kind immer noch als "legitim" bezeichnet wird. So gelten für die Ḥanafiten Kinder, die innerhalb von zwei Jahren und für die Mālikiten sogar Kinder, die innerhalb von vier Jahren nach der Scheidung oder dem Tod des Ehemannes geboren werden, noch als Nachkommen dieser ehelichen Verbindung, wenn die Frau nicht inzwischen neuerlich geheiratet hat. Umgekehrt wird von den Ḥanafiten eine eheliche Zeugung bereits dann angenommen, wenn das Kind sechs Monate nach der Eheschließung auf die Welt kommt.

Zwingende Grundbedingung für eine legitime Vaterschaft ist der Umstand, daß die Zeugung des Kindes in einer erlaubten geschlechtlichen Beziehung erfolgte. Als eine solche wird neben der vollgültigen Ehe auch die mangelhafte Ehe, jene Ehe, die auf Grund des gutgläubigen Vertrauens des Mannes, eine solche geschlossen zu haben, und auch die Beziehung eines Mannes zu seiner Sklavin gesehen.[108]
Demzufolge gelten alle "in Unzucht" gezeugten Kinder für alle Zeit als illegitim. Sie stehen zu ihrem natürlichen Vater in keiner rechtlichen Beziehung. Im Gegensatz zu unserem Recht kann weder durch das Instrumentarium der Anerkennung, noch durch eine nachträgliche Eheschließung dieses Kind "legitimiert" werden!
Da nicht jedes Kind in einer vollgültigen Ehe gezeugt und geboren wurde und wird, bedarf es bestimmter ergänzender Möglichkeiten, wodurch die Legitimität der Abstammung bestätigt werden kann. Neben dem Zeugenbeweis (bayyina), ist es vor allem der Beweis durch Anerkenntnis ('iqrār), dem hier große Bedeutung zukommt. Folgende Voraussetzungen müssen vorliegen, damit ein derartiges Anerkenntnis erfolgen kann:

1. Die Abstammung eines Kindes ist in Frage gestellt, dh das Kind entstammt entweder einer nicht vollgültigen Ehe, oder seine Herkunft ist völlig unbekannt (etwa bei einem Findelkind).
2. Dem Anerkenntnis darf nicht bereits ein Bestreiten der legitimen Vaterschaft durch den nunmehr Bekennenden vorausgegangen sein.
3. Die Vaterschaft muß rechtlich möglich sein, dh es darf zwischen ihm und der Kindesmutter kein unbeseitigbares Ehehindernis bestehen, da dies ein offenkundiger Beweis für das Nichtbestehen einer Ehe wäre.
4. Die Vaterschaft muß faktisch möglich sein, dh der Anerkennende muß mindestens zwölf Jahre älter als das Kind sein.

---

107 *Saksena*, Muslim Law (1963) 299.

108 *Zemen*, Zur Anerkennung der Vaterschaft im Islam und ihrer Qualifikation im österreichischen Kollisions-und Personenstandsrecht, ZfRV 1977, 198 (201) und *Qadri*, Islam Jurisprudence 402.

5. Ab dem siebenten Lebensjahr bedarf es der Zustimmung durch das Kind.

Das Vaterschaftsanerkenntnis kann ausdrücklich oder konkludent erfolgen und ist an keine bestimmte Form gebunden. Ein Widerruf ist unwirksam. [109]

Da die šarī^{c}a jegliche statusverändernde familienrechtliche Vorgänge verbietet, ist die Legitimation durch nachträgliche Ehe oder Anerkenntnis des unehelichen Kindes ebenso ausgeschlossen wie die Adoption. Die ratio dieser Verbote ist nach klassischem Rechtsverständnis zweierlei. Erstens sollen Kinder aus unerlaubten Beziehungen generell vom Erbrecht ausgeschlossen werden und zweitens soll die tatsächliche Blutsverwandtschaft nicht durch einen Rechtsakt durchbrochen werden dürfen, um ein "künstliches" Verwandtschaftsverhältnis zu begründen.

IV. 3. D. Das Adoptionsverbot

In vorislamischer Zeit war das Rechtsinstitut der Adoption durchaus ein übliches und oftmals angewendetes Mittel um eines der drei folgenden Ziele zu erreichen:

1. Die Legitimierung eines eigenen Kindes (idR eines Sohnes), das mit einer Sklavin gezeugt worden war.
2. Die Aufnahme eines Flüchtlings von einem anderen Stamm in die eigene Familie durch jene Person, die ihm Schutz und Zuflucht gewährt hatte, oder
3. Die Annahme eines jungen Kriegsgefangenen durch seinen "Herrn", der ihn zwar nicht sofort in die Freiheit entlassen wollte, ihn aber "wie einen eigenen Sohn" behandelte.

Gerade dieser dritte Fall führte, wohl in Form einer Art "Anlaßgesetzgebung", zu jener Äußerung im Koran, die die Adoption verbot:
Zwischen Muhammad und einem Freigelassenen namens Zaid bestand ein derartiges "Vater-Sohn-Verhältnis". Als der Prophet Zaids geschiedene Frau heiraten wollte, stand er vor dem Problem des absoluten Ehehindernisses, was die vormaligen Ehefrauen der eigenen Söhne betraf. Im Zuge dieses "Gewissenskonfliktes", kam es zu einer entsprechenen Offenbarung in

Sure 33

> *Vers 4:*
> *"... Und er hat eure Nennsöhne nicht zu euren wirklichen Söhnen gemacht (so daß sie zwei Väter hätten). Das sagt ihr nur so obenhin (ohne daß damit ein realer Sachverhalt gegeben wäre). ..."*

---

[109] *Rahim*, Jurisprudence 342, *Zemen*, Anerkennung 201, *Qadri*, Islam Jurisprudence 402, *Rauscher*, Islam Familienrecht 122.

Vers 5:
"Nennt sie (ruft sie, dh eure Adoptivsöhne) nach ihrem Vater! Das ist, so dünkt es Gott, am ehesten gerecht gehandelt. Wenn ihr aber nicht wißt, wer ihr Vater ist, sollen sie als eure Glaubensbrüder und Schutzbefohlenen gelten. Und es ist keine Sünde für euch, wenn ihr etwas (derartiges) versehentlich tut, sondern nur, wenn ihr es vorsätzlich tut. ..."

Wie sehr diese Sure auf die konkrete Situation zugeschnitten war und wie groß hier der Erklärungsbedarf seitens Muhammads war, zeigen zwei weitere, spätere Verse dieser Sure , in denen es heißt:

Vers 37:
"... Als dann Zaid sein Geschäft mit ihr erledigt hatte[110]*, gaben wir sie dir zur Gattin, damit die Gläubigen sich (künftig) wegen (der Ehelichung) der Gattinnen ihrer Nennsöhne, wenn diese ihr Geschäft mit ihnen erledigt haben, nicht bedrückt fühlen sollten. ..."*

und in

Vers 40:
"Mohammed ist nicht der Vater von (irgend)einem eurer Männer (auch wenn dieser sein Nennsohn ist). ..."

Auch wenn hier ein ganz bestimmter Anlaßfall den Ausschlag für dieses Verbot gab, darf nicht übersehen werden, daß dahinter sehr wohl eine weiterreichendere Intention des Propheten lag. Diese muß im Zusammenhang mit dem, durch den Islam völlig neu geschaffenen, Erbrecht gesehen werden. Durch die Ausdehnung der möglichen Erben, vor allem um die weiblichen Verwandten, mußte man irgendwo eine Grenze ziehen. Diese zog man dort, wo eindeutig keine Blutsverwandtschaft mehr vorlag. Somit schieden adoptierte Deszendenten aus. Für jene Fälle, in denen dieses Rechtsinstitut als Möglichkeit der Legitimierung von eigenen Kindern herangezogen wurde, gab es nun das oben dargestellte Vaterschaftsanerkenntnis.[111]

IV. 4. Erbrecht (farā'iḍ)

Im vorislamischen Stammesrecht war das Erbrecht ausschließlich auf die männlichen, erwachsenen Mitglieder der Gruppe beschränkt. Dabei wurde nicht zwischen tatsächlicher und bloß fingierter Verwandtschaft - wie etwa durch Adoption oder Unterschutzstellung - unterschieden.
Der Islam reformierte dieses traditionelle System völlig, indem er das Erbrecht, unabhängig vom Geschlecht, allein auf die Art der Beziehung zum Erblasser abstellte.

---

110 Also sich von ihr hatte scheiden lassen.
111 *Saksena*, Muslim Law 314, *Rauscher*, Islam Familienrecht 136.

Diese Gleichstellung normiert

Sure 4

> *Vers 7:*
> *" Von dem, was die Eltern und nächsten Verwandten hinterlassen, es mag wenig sein oder viel, steht den Männern ein (bestimmter) Anteil zu, desgleichen den Frauen. (Das gilt) als gesetzlicher Anteil. ..."*

Das Leitprinzip bei diesen Regelungen ist, daß jene Personen, die auf Grund ihrer Blutsverwandtschaft oder persönlichen Beziehung am engsten mit dem Verstorbenen verbunden waren, auch den größten Nutzen aus seinem Wohlstand ziehen und, je nach der Nähe ihrer Beziehung, verschieden große Erbportionen erhalten sollten. Die drei Möglichkeiten einer das Erbrecht auslösenden Beziehung sind:

1. Die Blutsverwandtschaft
2. Die Ehegemeinschaft
3. Die Vormundschaft

Bestimmten Personen war das Erbrecht nach klassischem Verständnis - trotz eines eventuellen Naheverhältnisses - verwehrt, nämlich den Sklaven des Verstorbenen, seinem Mörder, einem Ungläubigen und einer Person, die sich in einem nichtmuslimischen Land aufhielt.

Man unterscheidet im islamischen Recht vier Klassen von Erbberechtigten, wobei jede ihren Anteil zu bekommen hat und erst der verbleibende Rest auf die nächste aufgeteilt wird. Konsumiert eine Gruppe das gesamte Erbe, so schließt sie die Nachfolgenden vom Erbrecht aus.
Die erste und wichtigste Gruppe umfaßt jene, die im Koran aufgezählt werden, man nennt sie gemeinhin "Koranerben" bzw "Teilhaber" ('aṣḥābu 'al-farā'iḍ).[112] Es sind insgesamt zwölf Personen, die in den folgenden Versen der Sure 4 genannt werden:

> *Vers 11:*
> *"Gott verordnet euch hinsichtlich eurer Kinder: Auf eines männlichen Geschlechts kommt (bei der Erbteilung) gleichviel wie auf zwei weiblichen Geschlechts. Wenn es (ausschließlich) Frauen sind, (und zwar) mehr als zwei, stehen ihnen zwei Drittel der Hinterlassenschaft zu; wenn es (nur) eine ist, die Hälfte. Und den beiden Eltern steht jedem ein Sechstel der Hinterlassenschaft zu, wenn der Erblasser Kinder hat. Wenn er jedoch keine Kinder hat und seine beiden Eltern ihn beerben steht seiner Mutter ein Drittel zu. Und wenn er (in diesem Fall auch noch) Brüder hat, steht seiner Mutter ein Sechstel zu. Das alles nach (Berücksichtigung) einer (etwa) vom Erblasser getroffenen testamentarischen Verfügung oder einer (von ihm hinterlassenen) Schuld..."*

---

[112] *Rahim*, Jurisprudence 346, *Qadri*, Islam Jurisprudence 424.

Vers 12:
" Und von der Hinterlassenschaft eurer Gattinnen steht euch die Hälfte zu, falls sie keine Kinder haben. Falls sie jedoch Kinder haben, steht euch ein Viertel davon zu. (Auch dies) nach (Berücksichtigung) einer (etwa) von ihnen getroffenen testamentarischen Verfügung oder einer (von ihnen hinterlassenen) Schuld. Und euren Gattinnen steht ein Viertel zu von dem, was ihr (Männer) hinterlaßt, falls ihr keine Kinder habt. Falls ihr jedoch Kinder habt, ein Achtel. (Auch dies) nach (Berücksichtigung) einer (etwa) von euch getroffenen testamentarischen Verfügung oder einer (hinterlassenen Schuld)..."

Vers 176:
" Man fragt dich um Auskunft. Sag: Gott gibt euch (hiermit) über die seitliche Verwandtschaft (und deren Anteil am Erbe) Auskunft. Wenn ein Mann umkommt, ohne Kinder zu haben, und er hat eine Schwester (von Vater- und Mutterseite her), dann steht ihr die Hälfte zu von dem, was er hinterläßt. Und er beerbt (umgekehrt) sie, falls sie keine Kinder hat. Und wenn es zwei (Schwestern) sind (die einen kinderlos verstorbenen Bruder zu beerben haben), stehen ihnen zwei Drittel der Hinterlassenschaft zu. Und wenn es (verschiedene) Geschwister sind, Männer und Frauen, kommt auf eines männlichen Geschlechts gleichviel wie auf zwei weiblichen Geschlechts. .."

Die zweite Gruppe umfaßt die sogenannten "Resterben" (ᶜaṣaba), da auf sie der verbleibende Rest des Nachlasses aufgeteilt wird, wobei drei Untergruppen unterschieden werden:[113]

~ ***"Jene, die auf Grund eines eigenen Rechts erben"***,
das sind alle Personen, die mit dem Verstorbenen in der männlichen Linie direkt verwandt sind, somit alle Aszendenten und Deszendenten des Erblassers, die Deszendenten seines Vaters, Großvaters, Urgroßvaters usw.
~ ***"Jene, die auf Grund eines anderen Rechts erben"***,
das sind alle weiblichen Verwandten, die zwar Koranerben, aber durch einen erbberechtigten männlichen Verwandten eine Verkürzung ihrer Erbportion erfahren und somit nur mehr Resterbe sein können
und
~ ***"Jene, die mit einem anderen erben"***,
das sind weibliche Verwandte, die mit weiblichen Verwandten konkurrieren, denen auf Grund größerer Nähe zum Erblasser eine größere Erbportion zusteht und somit nur mehr als Resterbe bedacht werden können.

Die dritte Gruppe erfaßt die entfernten Verwandten und beinhaltet alle Angehörigen, die weder Koran- noch Resterben sind (ḏawī 'al-'arḥam). Auch hier gibt es eine Einteilung in vier Untergruppen, wobei diese gleichzeitig eine zwingende Rangordnung bedeutet:

1. Die Nachkommen der Deszendenten des Verstorbenen (in erster Linie Enkelkinder).
2. Die Aszedenten der Eltern des Verstorbenen (in erster Linie die bis dato ausgeschlossenen Großeltern über die mütterliche Linie)

---

113 *Schacht*, An Introduction to Islamic Law (1979) 169.

3. Die Neffen und Nichten des Verstorbenen
4. Die Tanten väterlicherseits und die Tanten und Onkeln mütterlicherseits.

In die vierte und letzte Gruppe fallen alle übrigen Personen, die ein Erbrecht erlangen können. Entweder

⇨ durch Vertrag (Dabei verpflichtet sich der potentielle Erblasser den Vertragspartner als Erben einzusetzen. Im Gegenzug verpflichtet sich dieser für etwaige den Verstorbenen treffende Bußgeld- oder Kompensationszahlungen zu haften.)
⇨ Durch Anerkenntnis (Falls sonst keine Erben da sind, kann ein "angenommener Verwandter" erben.)
⇨ Durch den "letzten Willen" des Verstorbenen (Hiebei verbleibt - bei Fehlen irgendeines Erben der vorangegangenen Klassen - das Vermögen in der Hand jener, die vom Erblasser noch zu Lebzeiten dazu auserwählt wurden.)

Für den Fall, daß keine Person das Erbe übernehmen kann, fällt es an die Allgemeinheit.[114]

Während die vier sunnitischen Rechtsschulen bei dieser Klasseneinteilung nur in Details abweichen, geht die šīᶜitische Rechtslehre hier einen anderen Weg. Nach ihrem System gibt es keine Unterscheidung in Koran- und Resterben, sondern nur Erben auf Grund verwandtschaftlicher Beziehung, wobei sie drei Klassen unterscheiden, nämlich:
Die Aszendenten und Deszendenten ersten Grades,
die Aszendenten und Deszendenten der Deszendenten ersten Grades und
die Onkeln mütterlicher- und väterlicherseits.[115]

Das Testament

Die Testierfreiheit ist stark eingeschränkt, da das islamische Recht keine Erbeinsetzung kennt. Dieses Instrument steht dem Erblasser nur für folgende Dispositionen zur Verfügung:
Er kann mittels Testament einen Nachlaßvollstrecker bzw Vormund für seine unmündigen Verwandten bestimmen und Legate festsetzen. Hingegen sind die Personen und die Erbquoten, die sie zu erhalten haben durch das oben dargestellte System unabänderlich bestimmt; es gibt demnach keine Universalsukzession.[116]

Die Bestimmung des Nachlasses

Bevor die einzelnen Erbteile ermittelt werden können, müssen zunächst bestimmte Forderungen aus dem Nachlaß befriedigt werden. Das islamische Recht hat hier ein "Fünfstufensystem" entwickelt, nach dem bei der Abwicklung des Nachlasses vorgegangen werden muß:

1. Stufe: Zunächst sind alle bestehenden Steuer-, Pfand- und Hypothekarschulden zu tilgen.
2. Stufe: Danach sind die Begräbniskosten zu bezahlen.

---

[114] *Rahim*, Jurisprudence 349.
[115] *Qadri*, Islam Jurisprudence 127.
[116] *Schacht*, Introduction 173.

3. Stufe: Aus dem verbleibenden Vermögen sind alle übrigen Schulden des Verstorbenen zu begleichen.
4. Stufe: Ein Drittel des verbleibenden Vermögens muß zur Bezahlung der Legate verwendet werden.
5. Stufe: Der dann noch verbleibende Rest wird auf die Erben aufgeteilt.[117]

Die Berechnungen der Erbquoten sind äußerst kompliziert. Auf eine detaillierte Darstellung muß verzichtet werden, da dies den Rahmen eines Überblickskapitels sprengen würde. Die drei wichtigsten Grundsätze dabei sind aber, daß sich erstens die Größe des Anteiles aus der verwandschaftlichen Nähe zum Verstorbenen ergibt, daß zweitens weibliche Erben grundsätzlich halb soviel bekommen wie männliche Erben des gleichen verwandschaftlichen Grades und daß drittens nähere Verwandte weiter entfernte ebenso vom Erbe ausschließen wie alle übrigen Erben.[118]

IV. 5. Zusammenfassung

Diese kurze Darstellung des islamischen Ehe-, Familien- und Erbrechts läßt vielleicht erahnen, warum gerade hier eine Rechtsfortbildung erst sehr spät begonnen hat und zum gegenwärtigen Zeitpunkt noch lange nicht abgeschlossen ist. Nicht nur, daß die meisten Normen in diesem Bereich ausdrücklich im Koran festgelegt wurden, erheben sie den Anspruch, zum Kernbereich der Glaubenswahrheit zu gehören und somit fortwährende Gültigkeit zu haben, sie bedeuteten überdies zur Zeit ihrer Offenbarung eine soziale und rechtliche Revolution, vor allem was die Stellung der Frau betraf. Im Laufe der Jahrhunderte hat es sich allerdings ins Gegenteil gekehrt. Die langsame Erstarrung der rechtlichen Weiterentwicklung trat gerade im Bereich des Familienrechts sehr früh ein und hielt besonders lange an.
Erst in jüngster Zeit gibt es auch in diesem Bereich Reformbestrebungen, wobei sich diese sehr schwierig gestalten, da sich hier religiöse Vorschriften mit traditionellen Verhaltens- und Erziehungsmustern verbinden und verstärken. Dennoch ist man in den meisten islamischen Ländern bemüht, das Familienrecht der šarīᶜa zu reformieren und es so den heutigen Gegebenheiten anzupassen. So wurde schon in vielen islamischen Ländern das Heiratsalter per Gesetz hinaufgesetzt und der Abschluß von Kinderehen unter strafrechtliche Sanktionen gestellt und deren Registrierung verboten.

Welche Mittel und Wege dabei den Reformern zur Verfügung stehen, soll im folgenden Kapitel kurz dargestellt werden.

---

117 *Qadri*, Islam Jurisprudence 425.
118 Siehe dazu zB *Tornauw*, Moslemisches Recht (1970) 200.

V. Rechtsfortbildung und Rechtsänderung im islamischen Recht

Betrachtet man die vorangegangene Darstellung so könnte fälschlicherweise der Eindruck von einem zu allen Zeiten und für alle Muslime in gleicher Weise gültigen universalen Rechts entstehen. Dies stimmt mit der Realität keineswegs überein. Das islamische Recht ist weder monolithisch, noch erhebt es den Anspruch der universalen Gültigkeit gegenüber jedermann. Seine volle Geltung entfaltet es nur gegenüber jenem Muslim, der sich im islamischen Rechtsbereich aufhält, während der Nichtmuslim in diesem Bereich und der Muslim im nichtislamischen Territorium nur beschränkt daran gebunden ist. Es handelt sich somit um eine Mischung aus dem personalen und territorialen Prinzip der Anknüpfung.

Wichtiger noch als diese äußere, territioriale Begrenzung des Geltungsanspruches, wird die innere, persönliche gesehen. Man ist sich des Umstandes sehr wohl bewußt, daß das islamische Recht von einer religiös geprägten Idealvorstellung des menschlichen Zusammenlebens ausgeht. Da aber - nach eigener Ansicht - bereits zur Zeit der ersten Kalifen ein langsamer Verfall dieses Idealzustandes eintrat, bestand und besteht zwischen Theorie und Praxis zwangsläufig oft ein Widerspruch.[119] Gerade diese Sichtweise machte es schon den Rechtsgelehrten der ersten Jahrhunderte nach dem Tod Muhammads möglich, das bestehende Recht den jeweiligen Gegebenheiten anzupassen, was unweigerlich zu einer Um- und Fortbildung der Vorschriften führen mußte. Dennoch kam es - wie im Einleitungskapitel dargestellt - zur Schließung des "Tores der freien Rechtsfindung". Somit war es allen folgenden Juristengenerationen verwehrt, neue Wege in der Rechtsfortbildung zu gehen. Wie mit diesem Anspruch eines ewiggültigen unabänderlichen Rechts auf der einen Seite und den ständig wechselnden äußeren Gegebenheiten auf der anderen Seite umgegangen wurde und wird, soll nun kurz dargestellt werden.

Dabei muß grundsätzlich vorausgeschickt werden, daß alle in der Folge dargestellten Rechtstechniken in erster Linie nur in den Ländern des nord- und mittelafrikanischen Raumes und des mittleren Ostens Bedeutung erlangten.

Das islamische Recht im indischen Raum hingegen hatte, beginnend im 19. Jahrhundert, unter dem Einfluß und Vorbild des Rechtssystems der englischen Konlonialverwaltung eine ganz andere Entwicklung genommen. Man rezipierte das Modell des "case law" und legte so die Rechtsfortbildung großteils in die Hände der Richterschaft. Die Briten ersetzten die Šarīʿats-Gerichte durch staatliche, wobei sie

---

119 *Bergsträsser/Schacht*, Grundzüge 119.

im Laufe der Zeit die Richter dafür aus den Reihen der indischen muslimischen Juristen rekrutierten. Da diese sowohl im islamischen als auch im englischen Recht ausgebildet waren, kam es zu einer starken Vermischung der beiden Rechtsbereiche.
Man muß daher heute deutlich in zwei unterschiedliche islamische Rechtssysteme differenzieren, da sich das im indischen Raum vorherrschende sog "Anglo-mohammedanische Recht" doch sehr wesentlich von jenem der übrigen islamischen Länder unterscheidet. Wenn daher in den folgenden Ausführungen vom "islamischen Recht" gesprochen wird, so ist immer jenes der klassischen arabischen Länder gemeint.

Zunächst werden nun jene "Techniken" aufgezeigt, die innerhalb des vorgesehenen Systems des islamischen Rechts bleiben, um sie dann jenen gegenüberzustellen, die zu einer tatsächlichen Erneuerung und Änderung des Normensystems führen könnten. Dabei darf nicht unerwähnt bleiben, daß diese Techniken zunächst auf den Bereich des Ehe-, Familien- und Erbrechts keine Anwendung fanden. Vielmehr benützte man sie, um vor allem das Wirtschaftrecht und das Strafrecht den sich ändernden äußeren Bedingungen anzupassen, während gerade der familiäre Bereich lange Zeit unangetastet blieb. Erst ab Mitte des vorigen Jahrhunderts versuchte man mit den vorhandenen Instrumentarien auch auf diesem Rechtsgebiet Veränderungen herbeizuführen.

V. 1. Techniken der Rechtsfortbildung

V. 1. A. " Der Zwang der Umstände" (ḍarūra)

Wie bereits erwähnt sah man in den Vorschriften, die auf dem Koran und der Überlieferung beruhten, einen Idealanspruch, der auf Grund der "Verderbnis der Gegenwart" vom einzelnen Muslim im Alltag nicht lebbar sei. Daraus entwickelte sich die Lehre von der "Notwendigkeit", bzw vom "Zwang der Umstände", die besagt, daß es - wenn es die Lebensumstände verlangen - wesentlich weniger schlimm sei, bestimmte Vorschriften der šarīᶜa nicht zu befolgen, als umgekehrt den Versuch zu unternehmen, diese den jeweiligen Gegebenheiten anzupassen und sie somit in Frage zu stellen oder sogar Teile davon abzulehnen.[120]
Verstärkt wurde diese Argumentationslinie noch durch das bereits im Koran stark betonte Gebot des Gehorsams gegenüber der faktischen Obrigkeit.[121] Dadurch war es nicht die Pflicht des Muslims die rechtlichen Regeln der šarīᶜa um jeden Preis zu befolgen, so lange er von deren Gültigkeit überzeugt war. Es bereitet ihm daher auch kein großes Problem, die von den politischen Führern und heute, die vom Staat erlassenen Normen zu beachten. Obwohl man sich - zumindest in Juristenkreisen - dieser Dichotomie zwischen Theorie und Praxis bewußt ist, hindert es islamische Rechtsgelehrte nicht daran, diese für unser westliches Verständnis

---

120 *Schacht*, Problems of Modern Islamic Legislation, Studia Islamica (1960) 99.

121 Sure 4, Vers 59:"...Gehorchet Gott und dem Gesandten und denen unter euch, die zu befehlen haben!..."

fremd anmutende Erklärung auch heute noch hin und wieder in der Argumentation heranzuziehen.
Während die jeweiligen Machthaber in jenen Rechtsmaterien, die ihnen wichtig erschienen - wie vor allem im Verwaltungsrecht, Handelsrecht und Strafrecht - regelmäßig eigene Richter, Beamte und Behörden einsetzten, um die von ihnen erlassenen Normen durchzuführen, ließen sie im familienrechtlichen Bereich sehr lange Zeit die Form des Einzelrichters (qāḍī) bestehen. Dies führte dazu, daß es im Familienrecht kaum zu Entwicklungen kam, während hingegen in den anderen Rechtsmaterien sehr bald eine Vermischung von islamischem Recht mit Gewohnheitsrecht und Polizeirecht zu einer Weiterentwicklung führen mußte.

V. 1. B. Die Umgehung (ḥiyal)

Zu einer weiteren Einschränkung des Geltungsanspruches führte die Erlaubtheit der Umgehungen mittels bestimmter "Rechtskniffe". Während ursprünglich die rechtsanwendenden Parteien - idR Kaufleute - selbst Verabredungen trafen, die rechtlich nicht erlaubt, aber ökonomisch wünschenswert waren, beschäftigten sich sehr bald auch Rechtsgelehrte damit. Da zu jener Zeit, als diese Technik das erstemal auftrat, das islamische Recht in seinen wesentlichen Grundzügen bereits festlag, fand man hier ein neues juristisches Betätigungsfeld, in dem man noch innovativ sein konnte und durfte.[122]
Auch wenn die verschiedenen Rechtsschulen sie mehr oder weniger ablehnten, so sprach ihr doch keine die Rechtsgültigkeit ab. Interessant zu bemerken ist, daß - völlig konträr zu unserem Rechtssystem - das Verbot des eigentlichen Grundgeschäftes nicht auch analog auf die Umgehung angewendet werden muß. Den heutigen Reformansprüchen kann diese Technik nicht mehr gerecht werden, vor allem da die Kompetenzen der Richter viel zu eng liegen, als daß ihnen ein Spielraum für derartige "Neukreationen" offen stünde.

V. 1. C. Die Nachahmung (taqlīd)

Nach der Schließung des "bab al-'iǧtihād" war eine selbständige Rechtsfortbildung durch nachfolgende Juristengenerationen nicht mehr möglich. Dennoch traten ständig neue Lebenssachverhalte auf, die einer rechtlichen Lösung bedurften. Die einzige erlaubte Methode innerhalb der šarīᶜa war jene, zwischen den verschiedenen Rechtsansichten der orthodoxen Rechtsschulen wählen zu dürfen. Diese Möglichkeit beruhte auf der Anerkennung des gleichberechtigten Nebeneinanders mehrerer unterschiedlicher Meinungen innerhalb der islamischen Gemeinde durch den Propheten. [123]
Die Art und Weise wie ausgewählt wurde, veränderte sich im Laufe der Zeit und man erkannte die Reformkraft dieser Methode.

---

122 *Schacht*, Problems 101.
123 *Coulson*, History (1994) 149.

V. 2. Techniken der Rechtsänderung

V. 2. A. Die Auswahl (takhayyur)

Ausgangspunkt für die Weiterentwicklung dieser Methode waren die Gesetzgebungs-bestrebungen des osmanischen Reiches am Beginn dieses Jahrhunderts. Um vor allem auch das Familienrecht reformieren zu können, machte man von dem anerkannten Recht des Herrschers Gebrauch, sowohl die Kompetenz als auch die "juristische Linie" der Gerichtshöfe festzulegen. Zweiteres bestand darin, dem Entscheidungsorgan vorzugeben, welcher orthodoxen Rechtsmeinung von mehreren existierenden er den Vorzug zu geben habe.

In drei Stufen dehnte man das System der zulässigen Auswahl immer weiter aus:

1. Stufe:

Die Rechtsansicht der vorherrschenden ḥanafitischen Schule wurde mit jenen der drei anderen orthodoxen Schulen verglichen. Ging eine dieser Meinungen weiter, so wurde sie an die Stelle der rigoroseren Bestimmung gestellt.
(zB Die mālikitische Rechtsschule erlaubt der Frau aus weit mehr Gründen eine Scheidung zu begehren, als die ḥanafitische.)

2. Stufe:

Die Weiterentwicklung der Vorschriften konnte nach einiger Zeit nur mehr dadurch erfolgen, indem die Thesen einzelner Juristen, deren Meinung längst überholt schien, oder die im Konflikt mit den anerkannten Rechsschulen lagen, herangezogen wurden.
(zB wurde die Ehe zwischen Minderjährigen nicht generell verboten, sondern deren Zulässigkeit von einer gerichtlichen Erlaubnis abhängig gemacht. Als Begründung zog man die Meinung eines sehr frühen Rechtsgelehrten heran, der eben die Auffassung vertrat, daß man Minderjährige nicht in eine verpflichtende Ehe geben könne.)

3. Stufe:

Die letzte "Ausbaustufe" hat mit dem ursprünglichen Begriff kaum mehr etwas zu tun. Rechtsnormen werden nun systematisch durch die Kombination und die Vereinigung von oft nur Halbsätzen unterschiedlichster Herkunft und Auffassung nach Bedarf "konstruiert" . Nicht umsonst verwendet man dafür den Ausdruck talfīq, was soviel wie "zusammenstoppeln" bedeutet. Das einzig wichtige Auswahlkriterium dabei ist, inwieweit es den modernen Lebenssachverhalten gerecht werden kann.[124]

---

[124] Ausführlicher zu den Beispielen: *Coulson* 182 und *Anderson*, Law Reform in the Muslim World (1976) 34.

V. 2. B. Die Änderung der faktischen Gesetzeslage

Wie bereits mehrmals aufgezeigt, war es von Anfang an das zuerkannte Recht des jeweiligen Herrschers, die Zuständigkeit und Kompetenz seiner Gerichtshöfe festzulegen und auf ganz bestimmte Sachmaterien zu beschränken. Ursprünglich war eine solche Beschränkung in dreierlei Hinsicht möglich:
Ein Richter durfte seine Amtsgewalt nur innerhalb eines festgelegten Gebietes, für eine bestimmte Zeit und nur für einzelne Rechtsmaterien entfalten. Mit der Errichtung eigener "weltlicher" Gerichtshöfe wurden den Einzelrichtern zahlreiche Kompetenzen genommen. Es blieb ihnen im wesentlichen nur mehr der Kernbereich des Familienrechts, aber selbst da mußten sie Einschränkungen dulden. Vor allem, indem man allen Richtern untersagte, bestimmte Klagen anzunehmen, nahm man bestimmten Ansprüchen die Durchsetzbarkeit. Auch wenn kritische Stimmen darin de facto die Abschaffung bestimmter Rechte sehen, beharren Reformer darauf, daß dem nicht so sei. Ihr Gegenargument ist, daß ja nach wie vor alle Rechte theoretisch vorhanden seien, daß aber einigen - zumindest momentan - die Möglichkeit der Durchsetzung fehle.
In Ägypten zB wurde über diesen Weg versucht, die Eheschließungen unter Minderjährigen einzudämmen. Indem man festlegte, daß Eheklagen nur dann erhoben werden können, wenn der Bräutigam mindestens das 18. Lebensjahr und die Braut mindestens das 16. Lebensjahr erreicht haben und ein registrierter Ehevertrag vorliegt, bedeutet es für den Brautvater ein großes Risiko, wenn er seine Tochter schon früher verheiraten will. Er kann dann nämlich etwaige Forderungen aus der Eheschließung gegen den Ehemann seiner Tochter nicht gerichtlich geltend machen.[125]

V. 2. C. Die Neuinterpretation (neo-iǧtihād)

Trotz der großen Veränderungen die erreicht wurden, stießen die meisten Reformjuristen doch irgendwann an die Grenzen dieses vorgegebenen Rechtssystems. Viele begannen die Sinnhaftigkeit der Geschlossenheit zu hinterfragen und forderten für sich das Recht der unabhängigen Interpretation aus dem vorhandenen Textmaterial. Das dabei von den islamischen Rechtsreformern gebrauchte Hauptargument geht von der Überlegung aus, daß Gott als Schöpfer seinen Willen nicht in rigiden Gesetzen zum Ausdruck bringen wollte, und daß es daher ein grobes Mißverständnis der koranischen Lehre sei, die šarīᶜa als unveränderliche Rechtsdoktrin zu deuten. Der Koran enthalte nur allgemeine Prinzipien, die als islamische Ethik zu begreifen seien und unterschiedliche Interpretationstechniken im Sinne der iǧtihād-Tradition zuließen.[126] Manche gehen sogar noch einen Schritt weiter und bezeichnen es als ihre Pflicht, mittels Neuinterpretation der klassischen Texte das islamische Recht den Gegebenheiten der modernen Welt anzupassen. Dabei vergleichen sie sich gerne mit den Juristen der ersten Jahrhunderte, die durch die rasche Ausbreitung des Islam ständig mit neuen rechtlichen Problemen konfrontiert waren und dafür auf der Grundlage des Koran und der anderen zulässigen Quellen neue Lösungen fanden.

---

125 *Anderson*, Law Reform 43.

126 *Bassam Tibi*, Der Islam und das Problem der kulturellen Bewältigung sozialen Wandels (1991) 94.

Mit diesen Forderungen stoßen "Modernisten" unweigerlich auf große Ablehnung bei den Traditionalisten, wobei zwischen diesen beiden Gruppen zunächst nicht die Frage diskutiert wird, wie man Rechtsreformen durchführen könnte, sondern ob dafür überhaupt eine Notwendigkeit besteht.
In dieser Konfrontation werden als Begründung für das zwingende Erfordernis nach Rechtsänderungen immer wieder zwei Problembereiche aus dem Familienrecht angeführt, nämlich das Recht des Mannes auf die Polygynie und die einseitige Scheidung mittels Verstoßung.
Bis dato waren die Widerstände der traditionalistischen Strömungen zu stark, um diesen vorgezeichneten Weg auch konsequent gehen zu können. Deshalb begnügten sich die Reformer damit, ihre eigenen neuen Interpretationen mit jenen anerkannter Rechtsgelehrter der Klassik zu verbinden und so zumindest eine gewisse Erneuerung herbeizuführen. *Coulson* nennt diese Methode den "quasi - iğtihād", da dadurch der völlige Bruch mit der Tradition vermieden wird.[127]

Über diesen Weg wurde zB in Syrien, Tunesien und Marokko festgelegt, daß ein Mann, der seine Frau ohne zwingenden Rechtsgrund verstößt, vom Gericht zu einer Kompensationszahlung verurteilt werden kann. Dazu wurde die Annahme der Rechtsschulen, es bestünde eine moralische Verpflichtung seitens des Mannes seiner Frau im Falle der Verstoßung ein Geschenk zu geben (mut^{c}a al-ṭalāq), "umgedeutet" in die gesetzliche Pflicht eine Ausgleichszahlung im Falle der unbegründeten Verstoßung leisten zu müssen.[128]
An dem prinzipiellen Recht des Mannes eine solche einseitige Scheidung wirksam auszusprechen, wurde allerdings nichts geändert!

Ähnlich verlief es mit dem Recht, insgesamt vier Ehefrauen heiraten zu dürfen. Auch hier wurde nicht das Recht abgeschafft, sondern nur seine Ausübung erschwert, indem man jede weitere Ehe von einer gerichtlichen Erlaubnis abhängig machte.[129] Dabei hatte der Richter zu prüfen, ob der Antragsteller finanziell in der Lage ist, auch seiner zweiten Frau jenen Lebensstandard zu ermöglichen, den die erste bereits hat. Weiters gestand man der Frau die Möglichkeit zu, im Ehevertrag einen Passus festzulegen, daß im Fall einer weiteren Eheschließung ihr das Recht auf Scheidung zustünde. Dieser eher zögerliche Reformansatz hatte somit die unerwünschte Folge, daß dadurch die Polygamie zu einem Privileg der Reichen wurde. Dennoch waren diese Entwicklungen wichtig, da spätere Reformer auf diesen neuen Interpretationen aufbauen konnten.
Gerade die Abschaffung der Polygynie war den Reformern dabei ein Hauptanliegen. Immer wieder prangerten sie diese Lebensform als verfehlt an, da sie das Familienleben unerträglich belaste und die Frauen stark diskriminiere. 1956 war es dann so weit: Tunesien ging als erstes islamisches Land daran, die Mehrehe gesetzlich zu verbieten, nicht ohne dafür gleich zwei Erklärungen anzubieten:
Erstens sei die Polygamie ähnlich wie die Sklaverei eine "überholte gesellschaftliche Erscheinungsform", die vom heutigen humanitären Standpunkt aus überwunden werden muß, und zweitens - für die orthodoxe islamische Meinung wesentlich wichtiger - sei sie bei richtiger Interpretation des betreffenden Koranverses sogar ausdrücklich verboten, wenn ein Mann auch nur den geringsten Zweifel daran hat,

---

127 *Coulson*, History 203.

128 Siehe zu den Beispielen *Coulson* 209 und *Anderson*, Law Reform 59.

129 Syrien und Irak gehörten zu den ersten islamischen Ländern, die eine diesbezügliche Norm festlegten.

daß es ihm möglich ist, mehrere Ehefrauen völlig gleich zu behandeln. Die Geschichte zeige aber - so die Gegner der Polygynie -, daß kein Mann außer dem Propheten selbst, jemals zu einer absoluten Gleichbehandlung all seiner Frauen wirklich in der Lage gewesen sei![130]
Hier wurde nun erstmals das "Tor der freien Rechtsfindung" aufgestoßen, und ein bestehender Koranvers völlig neu interpretiert.

Auch andere islamische Länder orientieren sich an diesen Überlegungen, wenn auch nur wenige so weit gehen, die Polygamie in jedem Fall zu verbieten, versucht man doch überall die Eingehung einer zweiten Ehe maßgeblich zu erschweren in der Hoffnung, daß dann kaum mehr welche geschlossen werden.

V. 2. D. Die ergänzende Rechtsetzung

Es ist eine unbestrittene Tatsache, daß das heutige Staatswesen - auch in den islamischen Ländern - nicht mehr ohne kodifiziertes Recht auskommen kann. Dennoch besteht nach wie vor die Ansicht, daß die Schriftlichkeit für die Geltung der šarīᶜa keine wesentliche Bedeutung habe und somit bloß aus Praktikabilitätsgründen bestehe. Betrachtet man aber die Kodifikationen, so kann man feststellen, daß zahlreiche Bestimmungen normiert sind, die keineswegs ihren Ursprung in der šarīᶜa haben und ihren Geltungsanspruch daher ausschließlich auf der kundgemachten Norm begründen.[131]
Diese Methode der "freien Kodifikation praeter legem" wurde erstmals von den Sultanen des osmanischen Reiches entwickelt. Da sie sich als die "Hüter des wahren Glaubens" sahen, konnten sie es mit ihrem Selbstverständnis nicht vereinbaren, Teile des islamischen Rechts außer Kraft zu setzen. Dennoch erkannten sie aber, daß über die šarīᶜa hinaus die Notwendigkeit vielfältiger Anordnungen bestand, die das Funktionieren eines Großreiches erst ermöglichten. So erließen sie zwar - vor allem verwaltungsrechtliche - Verordnungen (qānūn), achteten dabei aber darauf, keinem religiösen Recht zu widersprechen, bzw ihm zu derogieren. Nach eigener Ansicht füllten sie somit nur jenen Raum auf, der frei von religiösen Vorschriften rechtlich indifferent geblieben war, wobei die Reformen "zum Wohle aller" sein sollten.[132]
Über diesen Weg konnten zahlreiche Verwaltungsreformen durchgeführt werden, insbesondere wurden neue Gerichtshöfe eingesetzt, Instanzenzüge eröffnet und selbst die Verfahren an den traditionellen Familiengerichten gesetzlich geregelt. Im Beweisverfahren wurde das Erfordernis der Schriftlichkeit bei bestimmten Rechtsakten zwingend festgelegt. Im materiellen Recht wurden bestimmte Personen - vor allem im Erbrecht - bessergestellt.

V. 2. E. Die "ratio" des Gesetzes

Gerade am Beispiel des Familien- und Erbrechts gibt es, wenn auch nur vereinzelt, einen zur Methode der bloßen Neuinterpretation völlig konträren Ansatz. Wie

---

130 *Anderson*, Law Reform 63.
131 *Anderson*, Law Reform 65.
132 *Schacht*, Problems 103.

Schacht dazu schreibt, ist ihm nur einer, nämlich ein indischer Rechtsphilosoph bekannt, der es in jüngster Zeit gewagt hat, seine dahingehenden Überlegungen deutlich zu formulieren.
Dessen These lautet, daß gerade im Bereich des Familien- und Erbrechts der Prophet zwar einerseits aus ethischen Motiven heraus zahlreiche Verbesserung eingeführt hat, andrerseits aber auch sehr viele bereits bestehende Rechtsregeln übernommen hat. Man dürfe daher nicht den Bestimmungen per se "Ewigkeitscharakter" zubilligen, sondern nur der dahinterliegenden Intention, eben der "ratio" der einzelnen Normen. Der Sinn der einzelnen Regelungen sei es gewesen, soziale Ungerechtigkeiten und Mißstände zu beseitigen. Seiner Ansicht nach sollte und würde Muslime nichts daran hindern, diesen Weg, den ihnen der Prophet vorgegeben hat, weiter zu gehen, um heute wiederum neue sozial gerechte Regelungen zu erlassen.[133]
Dieser Gedankengang ist aber der islamischen Rechtswissenschaft so fremd, daß er bis heute kaum Anhänger gefunden hat.

V. 3. Die aktuelle Gesetzeslage

Betrachtet man das geltende Familien- und Erbrecht in den einzelnen islamischen Ländern, so stellt es sich als "Gemisch" aus traditionellen und neuen, idR über eine der oben dargestellten Techniken gewonnenen, Elementen dar. Wie gezeigt wurde, sind in diesem Bereich Änderungen besonders schwierig. Gerade die traditionellen Kräfte, die meist auch die religiöse Führungsschicht stellen, bekämpfen jegliche Reformbestrebungen. Wie die aktuelle politische Lage zeigt, können zu rasche und zu radikale Veränderungen dazu führen, daß das ganze politische System "kippt" und sich dann ins Gegenteil verkehrt.
Vor allem im westlichen Ausland wird immer wieder an der "Rückständigkeit" der Regelungen und der Langsamkeit der Reformen Kritik geübt. Man fordert vor allem das generelle Verbot der Polygynie und der Verstoßungsscheidung verbunden mit einer Gleichstellung der Geschlechter vor dem Gesetz.
Fehlgeschlagene Versuche, wie etwa der des Schah-Regimes im Iran, haben gezeigt, daß hier eine zu rasche Reform "von oben herab", die sich nicht der Zustimmung der religiösen Führer vergewissert hat, mit keiner dauerhaften Akzeptanz durch das Volk rechnen kann. Zu tief verwurzelt ist die Überzeugung von der ewigen Gültigkeit und Unantastbarkeit der gottgegebenen Regeln und der religiösen Pflicht, sie zu befolgen.
Bedenkt man, daß die aufgezeigte Entwicklung dieser Rechtsmaterie erst am Ende des vorigen Jahrhunderts eingesetzt hat, so sind durchaus schon zahlreiche Veränderungen - vor allem im Sinne einer Besserstellung der Frau - festzustellen. In weiten Bereichen des Eherechts wurden die Rechte des Mannes beschränkt und somit gleichzeitig jene der Frau ausgebaut. Wenn auch noch in keinem Land eine völlige Gleichstellung der Geschlechter vor dem Gesetz erreicht wurde, erscheint der Weg der "behutsamen Veränderung" der richtige zu sein. Jeder Reformversuch stellt die damit befaßten Personen vor die Frage, wie weit man, trotz der Pflicht an ein gottgegebenes ewiggültiges Rechtssystem zu glauben, sozialen

[133] *Schacht*, Problems 104.

Notwendigkeiten durch gesetzliche Veränderungen Rechnung tragen kann. Stellt man sich nämlich dieser schwierigen Frage nicht, läuft man Gefahr, sich für eine der zwei folgenden Extrempositionen entscheiden zu müssen. Denn die Negation des Konzeptes der prinzipiellen Veränderbarkeit des islamischen Rechtes kann nur entweder zum Festhalten an einem rigiden religiös dominierten Recht - wie es heute im Iran praktiziert wird - oder zu einer völligen Säkularisierung und somit Aufgabe der eigenen "Rechtsidentität" - wie es seit 70 Jahren in der Türkei der Fall ist - führen. *Coulson* vertritt dazu die Ansicht, daß keine dieser zwei extremen Möglichkeiten für einen "modernen muslimischen Juristen" akzeptabel sein könne.[134] Seiner Meinung nach läge die Lösung in einem Konzept, das das islamische Recht als einen Verhaltenskodex sieht, der auf bestimmten unveränderlichen Grundwerten basiert, aber innerhalb dieser Grenzen nicht die Tatsache der möglichen Veränderung negiert und daher eine Anpassung und Änderung zuläßt.[135]

Als Abschluß und Überleitung zum nächsten Kapitel soll in einer schematischen Gegenüberstellung die wesentlichsten Unterschiede zwischen dem österreichischem und dem islamischen Recht herausgearbeitet werden:

Österreichisches Recht	**Islamisches Recht**
▪ Es wird kodifiziert und gesatzt von Menschen.	▪ Es handelt sich um ein göttliches Recht.
▪ Die Abänderung erfolgt mittels bestimmter ebenfalls gesetzlich festgelegter Methoden.	▪ Eine Abänderung ist nicht möglich, es besteht nur eine (Neu)interpretation als Fortbildungsmöglichkeit.
▪ Verschiedene Rechtsmaterien bestehen unabhängig nebeneinander mit einem gemeinsamen rechtlichen "Überbau" in Form der verfassungsrechtlich festgelegten Kompetenzen.	▪ Alle Rechtsmaterien sind in einem zusammenhängenden System geregelt. Die Änderung eines Teiles bedeutet immer die Änderung des Ganzen.

---

134 Das Erstarken der islamischen Traditionalisten in der Türkei scheint die Ansicht *Coulsons* zu bestätigen. Man darf aber nicht übersehen, daß es sich dabei um eine Minderheit handelt. Für den weitaus größeren Teil der türkischen Bevölkerung bedeutet es kein Problem, die staatlichen Gesetze zu befolgen und dennoch ein religiöses Leben nach den Vorschriften des Koran zu leben.

135 *Coulson*, History 223.

▪ Schriftlichkeit und Kundmachung sind absolute Gültigkeitserfordernisse.	▪ Grundsätzlich sind nur im Koran die Normen schriftlich festgelegt, der Rest hingegen sind rechtswissenschaftliche Abhandlungen. Trotz der heutigen Kodifikationen herrscht die Meinung vor, daß für Geltung und Kenntnis die Schriftlichkeit nicht erforderlich sei.
▪ Die Rechtssprache bedient sich der Aussageform mit Tatbestand und Rechtsfolge.	▪ Die Rechtssprache bedient sich der Anweisungsform, wobei alle Handlungen einer der fünf Verhaltenskategorien (ds geboten, erlaubt, indifferent, verpönt, verboten) zugewiesen werden.
▪ Das Recht ist säkularisiert.	▪ Es gibt keine Trennung zwischen rechtlichen und religiösen Normen (zB fiqh befaßt sich mit dem kultischen Bereich ebenso wie mit jenen des "profanen" Geschäftsverkehrs).

VI. Die höchstgerichtliche Judikatur

In diesem Kapitel soll nun dargestellt werden, in welchen Bereichen des Familienrechts die Höchstgerichte seit dem verstärkten Zuzug von Muslimen, mit intrakulturellen Problemen befaßt worden sind. Dabei soll über die bloße Dokumentation hinaus aufgezeigt werden, ob und inwieweit hier im Laufe der zumindest letzten 20 Jahre die österreichische Justiz eine Sensibilität für das Rechts- und Selbstverständnis der islamischen Bevölkerung entwickelt hat, und ob und inwieweit sie die österreichische Rechtsordnung vor diesem völlig anderen Kulturkreis abgrenzt und schützt. Die Liste der besprochenen Entscheidungen erhebt dabei nicht den Anspruch der Vollständigkeit. Es werden vielmehr nur jene Erkenntnisse näher beleuchtet, die für die oben genannte Fragestellung von Bedeutung sind.

VI. 1. Die Judikatur des Verfassungsgerichtshofes

Der VfGH wurde in der Zeitspanne der letzten 20 Jahre nicht sehr oft mit dem Themenbereich " Islam " befaßt. Die zwei wichtigsten Judikate stammen aus den Jahren 1987[136] und 1988[137]. Obwohl sie nicht den Bereich des Familienrechts betreffen, sollen sie hier dennoch besprochen werden. Diese beiden Entscheidungen befaßten sich nämlich - ausgehend vom Anerkennungsgesetz 1912 - mit dem rechtlichen Status der Gemeinschaft aller in Österreich lebender Anhänger des Islam. Die ausführlichen Begründungen der Erkenntnisse dokumentieren umfassend die Geschichte der österreichischen Muslime bis hin zu einer gesetzlich anerkannten Religionsgesellschaft iSd Art 15 StGG.

Mit dem Erkenntnis aus dem Jahre 1987 hob der VfGH die Wortfolgen "nach hanefitischem Ritus" in Art I erster Absatz sowie jeweils in den §§ 5 und 6 desselben Artikels des 1912 erlassenen Islamgesetzes[138] als verfassungswidrig auf. In dessen Artikel I § 1 wurde folgendes normiert:

---

[136] VfGH 10.12.1987, G146/87, G147/87, 11 574 in RIS.
[137] VfGH 29. 2. 1988, V 11/87, 11 624 in RIS.
[138] G 15. Juli 1912 betreffend die Anerkennung der Anhänger des Islams nach hanefitischem Ritus als Religionsgesellschaft RGBl 159.

" Den Angehörigen des Islams nach hanefitischem Ritus wird in den im Reichsrat vertretenen Königreichen und Ländern die Anerkennung als Religionsgesellschaft im Sinne des Staatsgrundgesetzes vom 21. Dezember 1867, RGBl Nr 142, insbesondere des Artikels XV desselben, nach Maßgabe der folgenden Bestimmungen gewährt.

§ 1

Die äußeren Rechtsverhältnisse der Anhänger des Islams sind auf Grundlage der Selbstverwaltung und Selbstbestimmung, jedoch unter Wahrung der Staatsaufsicht, im Verordnungsweg zu regeln, sobald die Errichtung und der Bestand wenigstens einer Kultusgemeinde gesichert ist.
Hierbei ist insbesondere auf den Zusammenhang der Kultusorganisation der im Inland lebenden Anhänger des Islams mit jenen Bosniens und Hercegovina Bedacht zu nehmen..."

Wie aus den Erläuternden Bemerkungen zur Regierungsvorlage hervorgeht, erfolgte die Beschränkung der Anerkennung des Islam als Religionsgesellschaft bewußt auf die Anhänger "nach hanefititschem Ritus". Es war dies die religiöse Anschauung der meisten Muslime des osmanischen Reiches und insbesondere die in Bosnien und Hercegovina ausschließlich vertretene Richtung. Es lag somit in der erklärten Absicht des historischen Gesetzgebers, die Anerkennung auf die Anhänger dieser Rechtsschule zu beschränken, da seiner Meinung nach

" 1. ein praktisches Bedürfnis nach einer weiteren Ausdehnung dieser Anerkennung auf die Anhänger anderer Schulrichtungen innerhalb des Islams nicht besteht und
2. sich eine solche Ausdehnung wohl auch schon deshalb als kaum durchführbar herausstellen würde, weil dadurch der Anschluß an die örtlich nächstgelegene Kultusorganisation der Bekenner des Islams, nämlich an jene in Bosnien und der Hercegovina, aufgegeben würde, so daß der künftige Ausbau der äußeren Rechtsverhältnisse dieser Religionsgesellschaft einer festen Basis beraubt wäre."[139]

Auf der Grundlage dieser gesetzlichen Bestimmung, ungeachtet der normierten Beschränkung, erließ der Bundesminister für Unterricht und Kunst am 2. Mai 1979 zur Zahl 9076/7-7-9c/79 die folgende mit "Bescheid" bezeichnete Erledigung:

" Auf Grund der Bestimmungen von Artikel I § 1 des Gesetzes vom 15. Juli 1912, RGBl Nr 159, betreffend die Anerkennung der Anhänger des Islams nach hanefitischem Ritus als Religionsgesellschaft, und unter Anwendung der §§ 4 und 5 und des § 6 letzter Absatz des Gesetzes vom 20. Mai 1874, RGBl Nr 68, betreffend die gesetzliche Anerkennung von Religionsgesellschaften, wird

1. zur Errichtung der ersten Wiener Islamischen Religionsgemeinde und
2. der Verfassung der Islamischen Glaubensgemeinschaft in Österreich gemäß dem Gesetz vom 15. Juli 1912, RGBl Nr 159, betreffend die Anerkennung der Anhänger des Islams nach hanefitischem Ritus als Religionsgesellschaft die Genehmigung erteilt.

---

[139] EB 1 BlgHH 20. Sess 5.

Die Konstituierung der Wiener Religionsgemeinde kann stattfinden."

Die Erledigung erging an den als Antragsteller auftretenden Verein "Moslemischer Sozialdienst". Der Artikel 1 der daraufhin festgelegten Verfassung der "Islamischen Glaubensgemeinschaft in Österreich" lautete:

" Der Islamischen Glaubensgemeinschaft gehören alle Anhänger des Islams an, welche in der Republik Österreich ihren Aufenthalt haben. Hiebei sind Anhänger des Islams, die dem hanefitischen Ritus nicht angehören - also andere Sunniten (Schafiiten, Malikiten, Hanbaliten) und Schiiten (Zwölferschiiten, Zaiditen, Ibaditen) - den Anhängern des hanefitischen Ritus gleichgestellt."

Im Zusammenhang mit diesem am 2. Mai 1979 ergangenen Bescheid erließ der Bundesminister für Unterricht, Kunst und Sport - nach Durchführung eines Ermittlungsverfahrens - am 27. März 1985 zur Zahl 9076/4-9c/85 einen weiteren Bescheid, in dem er die Entgegennahme und Kenntnisnahme der Wahlanzeigen der gewählten Vertreter der Islamischen Religionsgemeinde ablehnte. Gegen diesen Bescheid erhoben die darin genannten Personen eine auf Art 144 B-VG gestützte Beschwerde, in der die Verletzung näher bezeichneter verfassungsgesetzlich gewährleisteter Rechte behauptet wurde.
Im Zuge dieser Beschwerde beschloß der VfGH gemäß Art 139 Abs 1 B-VG von Amts wegen ein Verfahren zur Prüfung der Gesetzmäßigkeit der als "Bescheid" bezeichneten Erledigung und in weiterer Folge auch von Amts wegen die Verfassungsmäßigkeit der Wortfolge "nach hanefitischem Ritus" in den obengenannten Paragraphen des Artikel I des Islamgesetzes 1912 einzuleiten.
Seine verfassungsrechtlichen Bedenken gingen in beiden Prüfungsbeschlüssen dahin, daß die durch das Islamgesetz 1912 bewirkte gesetzliche Beschränkung der Anerkennung auf die Anhänger des Islams "nach hanefitischem Ritus" in die durch Art 15 StGG verfassungsgesetzlich garantierte selbständige, dh vom Staat nicht beeinträchtigte Verwaltung der "inneren Angelegenheiten", also in das Selbstbestimmungsrecht der gesetzlich anerkannten Religionsgesellschaft des Islam eingreife, sowie dem Gleichheitssatz des Art 7 B -VG widerstreite.
Zunächst wurde festgestellt, daß das Islamgesetz Bestandteil der geltenden Rechtsordnung sei, da es im Einklang stehe mit § 1 Z 1 vierter Absatz der Verordnung der Bundesregierung vom 30. Mai 1924[140], womit die Geltung von Vorschriften, betreffend die gesetzliche Anerkennung von Religionsgesellschaften, die Regelung der interkonfessionellen Verhältnisse und die Regelung der Verhältnisse der katholischen Kirche, auf das Burgenland erstreckt worden war. Nach Ansicht des Höchstgerichtes impliziere nämlich die "Erstreckung der Wirksamkeit" die Weitergeltung des Islamgesetzes als Bestandteil der österreichischen Rechts-ordnung. Weiters führte der VfGH aus, daß es nicht zu einer Derogation der in Prüfung gezogenen Wortfolge des Islamgesetzes im Zuge der Neubegründung der Verfassungsordnung der Republik Österreich im Jahre 1945 gekommen sei, da die Worte "nach hanefitischem Ritus" laut Erkenntnis " ... zu Art 15 StGG nicht in einem so offenkundigen und kontradiktorischen Widerspruch stehen, daß daraus schon auf die inhaltliche Derogation der genannten Wortfolge zu schließen ist, zumal sich Art I Islamgesetz ausdrücklich auf Art 15 des bereits 1867 erlassenen StGG bezieht."

---

140 V 30.5. 1924 BGBl 176.

Somit hatte der VfGH im gegenständlichen Beschwerdeverfahren das Islamgesetz in der geltenden Form anzuwenden und kam zu folgenden Ergebnissen:

a) Bei der Erledigung des Bundesministers für Unterricht und Kunst vom 2. Mai 1979 handle es sich - nach Ansicht des prüfenden Höchstgerichtes - nicht um einen Bescheid, sondern um eine Verordnung, da sich diese ausdrücklich auf den Artikel I § 1 des Islamgesetzes stützt, wo im ersten Absatz eine Regelung der äußeren Rechtsverhältnisse der Anhänger des Islams "im Verordnungsweg" in Aussicht gestellt wurde.
b) Die genehmigte "Islamischen Glaubensgemeinschaft in Österreich" umfaßt - laut gleichzeitig genehmigter Verfassung (Artikel 1) - alle Anhänger des Islam, somit nicht bloß jene, die dem hanefitischen Ritus angehören und steht demnach in Widerspruch zu Art I des Islamgesetzes 1912. Die obengenannte Wortfolge ist - wegen des untrennbaren Zusammenhanges der betreffenden Bestimmungen - nicht nur im ersten Absatz des Art I, sondern auch in den §§ 5 und 6 desselben Artikels des Islamgesetzes präjudiziell für das gegenständliche Verordnungsprüfungsverfahren.

Vor die Wahl gestellt, das Islamgesetz insgesamt oder nur die genannte Wortfolge im Gesetz in Prüfung zu ziehen, entschied sich der VfGH für letzteres. Er hatte dabei abzuwägen, daß die völlige Beseitigung der vom Gesetzgeber beschlossenen - teilweisen - Anerkennung der Religionsgesellschaft des Islam in ihren Auswirkungen einen weitaus stärkeren Eingriff in den Rechtsbestand bedeuten würde als die Beschränkung der Aufhebung auf die Wortfolge "nach hanefitischem Ritus". Die dadurch im Ergebnis bewirkte Ausweitung der Anerkennung auf alle Anhänger des Islams wurde vom VfGH bewußt mit der Begründung in Kauf genommen, in der heutigen Republik Österreich sei die besondere historische Situation des Jahres 1912 nicht mehr gegeben.
Der VfGH führte in der Folge dazu aus, daß die gesetzliche Beschränkung der Anerkennung auf die Anhänger des Islam nach hanefitischem Ritus in das durch Art 15 StGG verfassungsgesetzlich garantierte Selbstbestimmungsrecht der Religionsgesellschaft des Islam eingreife. Dieses Recht garantiert eine vom Staat nicht beeinträchtigte Verwaltung der "inneren Angelegenheiten", zu denen vor allen auch die Frage der Mitgliedschaft zählt. Ein Gesetzgeber, der von der Anerkennung einer religiösen Gemeinschaft als Religionsgesellschaft einen Teil ausschließt, ohne Rücksicht darauf, daß es sich nach dem Selbstverständnis der gesamten Religionsgemeinschaft um verschiedene Richtungen eines gemeinsamen Bekenntnisses handelt, agiere verfassungswidrig.
Aufgrund dieser Überlegungen wurden die Worte "nach hanefitischem Ritus" in Art I § 1 erster Absatz sowie in den §§ 5 und 6 desselben Artikels des Islamgesetzes gemäß Art 140 Abs 1 B -VG als verfassungswidrig aufgehoben, da diese gegen das durch Art 15 StGG verfassungsrechtlich gewährleistete Recht auf selbständige Verwaltung der inneren Angelegenheiten durch die islamische Religionsgesellschaft verstoßen.
Mit Kundmachung dieses Erkenntnisses am 11. März 1988[141] wurde der letzte Schritt hin zu einer wesentlichen Ausdehnung der anerkannten islamischen Religionsgesellschaft vollzogen. Nicht nur, daß nun die Anhänger aller vier sunnitischen Rechtsschulen gleichermaßen anerkannt sind, umfaßt das Islamgesetz auch die Anhänger der šīᶜitischen Gruppierungen.

141 K 11. 3. 1988 BGBl 164.

Im Februar des Jahres 1988 kam es im bereits oben unter Punkt a) erwähnten zweiten Verfahren zu einem weiteren Erkenntnis. Schon im Prüfungsverfahren ist der VfGH davon ausgegangen, daß die als "Bescheid" titulierte Erledigung des Bundesministers für Unterricht, Kunst und Sport vom 2. Mai 1979 als Verordnung iS des Art 139 Abs 1 B -VG zu qualifizieren sei. Diese Annahme hat sich als zutreffend herausgestellt. Begründet wurde dies wie folgt:
" Die Erledigung wendet sich nicht bloß an den Moslemischen Sozialdienst, an den sie formell erging, sondern an die Allgemeinheit, indem sie bewirkt, daß eine Religionsgemeinschaft und eine Religionsgemeinde für den staatlichen Bereich die vom Gesetz vom 20. Mai 1874, RGBl 68, betreffend die gesetzliche Anerkennung von Religionsgesellschaften - AnerkennungsG - vorgesehene Anerkennung erlangt haben. Sie begründet Rechte und Pflichten für alle Bekenner des islamischen Glaubens, also nicht bloß für die Antragsteller."
Dieses Anerkennungsgesetz geht davon aus, daß eine solche Anerkennung durch Rechtsverordnung auszusprechen ist. Die vorliegende Erledigung ist demzufolge - entgegen der Intention des bescheiderlassenden Organs - als Verordnung eines Bundesministers zu werten, die nicht ausschließlich an unterstellte Verwaltungsbehörden erging. Als solche wäre sie gem § 2 Abs 1 lit f BG über das Bundesgesetzblatt kundzumachen gewesen. Da dies unterblieben ist, war die Verordnung - als mit einem Kundmachungsmangel belastet - aufzuheben.[142]
Am 1.7.1988 entsprach der Bundesminister für Unterricht, Kunst und Sport der Verpflichtung, diese Aufhebung kundzumachen.[143] Unmittelbar danach erging die Anerkennung der islamischen Religionsgesellschaft in Verordnungsform, die bis zum heutigen Tag in Kraft steht und dieser Gemeinschaft die rechtliche Qualität einer Körperschaft öffentlichen Rechts verleiht.[144]

VI. 2. Die Judikatur des Verwaltungsgerichtshofes

Gemessen an der Fülle der verwaltungsgerichtlichen Entscheidungen im Bereich Asylrecht und Islam, ergingen in den letzten 20 Jahren nur wenige Erkenntnisse im Bereich des Ehe - und Familienrechts. An dieser Stelle sollen einige jener Judikate der letzten Jahre besprochen werden, in denen sich der VwGH über den Anlaßfall hinaus mit grundlegenden Aspekten des islamischen Rechtsverständnisses vor dem Hintergrund der österreichischen Rechtsordnung befassen mußte.

Eine sehr interessante Entscheidung stammt aus dem Jahre 1984 und lautet in ihrem Spruch:

" Die Scheidung einer Ehe durch einseitige Verstoßung der Ehefrau ohne Angabe von Gründen nach islamischem Recht (talaq) widerspricht dem ordre public. Die gesetzlichen Voraussetzungen der Anerkennung einer solchen Ehescheidung

---

142 siehe VfGH 29. 2. 1988.

143 K 1.7.1988 über die Aufhebung der V 2.5.1979 betreffend Genehmigung zur Errichtung der "Wiener Islamischen Religionsgemeinde und der Verfassung der islamischen Glaubensgemeinschaft inÖsterreich" durch den VfGH BGBl 383.

144 V 2.8.1988 betreffend die Islamische Glaubensgemeinschaft in Österreich BGBl 466.

gemäß der 4. DVOEheG für den österreichischen Rechtsbereich sind daher nicht gegeben."[145]

Der Beschwerdeführer des Anlaßfalles war ein in Kuwait lebender Jordanier, der seine in Österreich lebende polnische Ehefrau einseitig durch talaq verstieß, ohne daß diese davon Kenntnis hatte. Anschließend ließ er die nach islamischem Recht gültige Ehescheidung in Kuwait beurkunden und begehrte deren Anerkennung in Österreich gemäß § 24 Abs 1 4. DVEheG[146], der folgendes normiert:

> *"(1) Entscheidungen, durch die im Ausland eine Ehe für nichtig erklärt, aufgehoben, dem Bande nach oder unter Aufrechterhaltung des Ehebandes geschieden oder durch die das Bestehen oder Nichtbestehen einer Ehe zwischen den Parteien festgestellt ist, sind in Österreich nur wirksam, wenn der Bundesminister für Justiz oder die von ihm bestimmte Stelle festgestellt hat, daß die gesetzlichen Voraussetzungen für die Anerkennung der Entscheidung gegeben sind. Dabei ist § 328 der Reichs-Zivilprozeßordnung sinngemäß auch in den Gebietsteilen anzuwenden, in denen diese Vorschrift nicht gilt. Von dem Erfordernis der Verbürgung der Gegenseitigkeit (...) kann abgesehen werden. Die Feststellung ist für Gerichte und Verwaltungsbehörden bindend."*

und weiter in seinem Abs 4

> *Hat ein Gericht des Staates entschieden, dem beide Ehegatten zur Zeit der Entscheidung angehört haben, so hängt die Anerkennung der Entscheidung nicht davon ab, daß eine Feststellung gemäß Abs 1 getroffen ist."*

Da im vorliegenden Fall die beiden Ehegatten zum Zeitpunkt der Entscheidung (Scheidung) nicht Kuwait angehörten, kam die Bestimmung des Abs 4 des § 24 der 4. DVEheG hier nicht zur Anwendung und die Behörde mußte eine Feststellung gem Abs 1 leg cit treffen.
Nach Durchführung des Verfahrens wurde der Antrag auf Anerkennung der Ehescheidung seitens des Bundesministers für Justiz bescheidmäßig mit folgender Begründung abgewiesen:
"Nach § 328 Abs 1 Z 4 der Deutschen Zivilprozeßordnung, der gemäß § 24 Abs 4 der 4. DVO sinngemäß anzuwenden ist, widerspricht die Aufhebung der Ehe durch einseitige Erklärung des Mannes (Verstoßung) ohne Zustimmung der Frau dem ordre public, da sie gegen die guten Sitten oder gegen den Zweck eines österreichischen Gesetzes verstößt und auch mit den Grundwertungen der österreichischen Rechtsordnung unvereinbar ist."

Der Betroffene wandte sich daraufhin mit einer Beschwerde an den VwGH, da er sich in seinem Recht auf - positive - Feststellung über das Vorliegen der gesetzlichen Voraussetzungen für die Anerkennung der erfolgten Scheidung gem § 24 Abs 1 der 4. DVOEhG verletzt erachtete.

---

145 VwGH 14. 5. 1984, 84/12/0024, IPRE 2/243 = ÖStA 1985, 69 = ZfVB 1985/154 Siehe zur Anerkennungsfähigkeit ausländischer Scheidungsurteile auch *Hoyer*, ZfRV 1967,172.

146 V 25. 10. 1941 zur Durchführung und Ergänzung des Ehegesetzes und zur Vereinheitlichung des internationalen Familienrechts (Vierte Durchführungsverordnung zum Ehegesetz - 4. DVEheG) dRGBl I/654.

Der Gerichtshof begründet seine abweisende Entscheidung zunächst damit, daß in der Einräumung der Zuständigkeit darüber zu entscheiden, ob die gesetzlichen Voraussetzungen für die Anerkennung eines ausländischen Urteiles in Ehesachen gegeben seien, zugleich auch die Befugnis zur negativen Feststellung, daß die Voraussetzungen eben nicht vorlägen, beinhaltet sei. Der VwGH führt dann weiter aus:

" Soweit der Beschwerdeführer unter dem Gesichtspunkt der Rechtswidrigkeit des Inhaltes des angefochtenen Bescheides geltend macht, die Rechtsansicht der belangten Behörde, jede Ehescheidung nach islamischem Glaubensrecht verstoße gegen Grundwertungen der österreichischen Rechtsordnung, wendet er sich gegen eine Rechtsauffassung, die von der belangten Behörde im angefochtenen Bescheid nicht vertreten wird. Dort wird nämlich nur zum Ausdruck gebracht, die Aufhebung der Ehe durch einseitige Erklärung des Mannes (Verstoßung) ohne Zustimmung der Frau widerspreche dem ordre public. Über die Auflösung der Ehe nach islamischem Eherecht, die auch durch gegenseitiges Einverständnis der Ehegatten oder durch gerichtliche Scheidung erfolgen kann, wird von der belangten Behörde nichts ausgesagt. Daß die Auflösung der Ehe durch Verstoßung (talaq) dem österreichischen ordre public widerspricht, hat die belangte Behörde aber unter Berufung auf die herrschende Lehre (!) ohne Rechtsirrtum ausgesprochen."

Der Gerichtshof kommt daher zu folgendem Ergebnis: "Die Anerkennung einer solchen Ehescheidung widerspricht den Grundsätzen österreichischen Rechts, insbesondere schon dem Grundsatz des Art 7 Abs 1 zweiter Satz B-VG[147], wonach Vorrechte des Geschlechtes und dem Art 14 MRK[148], wonach eine Diskriminierung aus Gründen, die im Geschlecht begründet sind, auf Verfassungsebene ausgeschlossen werden.

Eine derartige Rechtseinrichtung ist aber auch auf einfachgesetzlicher Ebene mit den Grundregelungen des österreichischen Ehe- und Familienrechtes unvereinbar, da eine einseitige Auflösung der Ehe durch Erklärung des Mannes dem Wesen der Ehe im Sinn der österreichischen Normenordnung widerspricht. Die Anerkennung einer solchen Ehescheidung durch einseitige Erklärung des Ehemannes verstößt gegen die guten Sitten im Sinne des § 879 Abs 1 ABGB, da sie dem Rechtsgefühl der österreichischen Rechtsgemeinschaft, das ist aller billig und gerecht Denkender, widerspricht. Die kuwaitische Regelung verstößt darüberhinaus gegen Sinn und Zweck der österreichischen Ehegesetzgebung, der eine derartige Form der Eheauflösung durch einseitige Erklärung des Ehegatten fremd ist. Die belangte Behörde hat daher zu Recht ausgesprochen, daß die Anerkennung des ausländischen Urteiles, die vom Beschwerdeführer beantragt wird, gegen den österreichischen ordre public verstoßen würde."

Die ausführliche Begründung des VwGH läßt bereits erahnen, was unter dem "ordre public" zu verstehen ist. Gerade bei der Anwendung islamischer Rechtsnormen wird das entscheidungsbefugte Organ häufig mit Regelungen konfrontiert, die denen der österreichischen Gesetzeslage geradezu "widersprechen". Ist dies der Fall muß geprüft werden, ob - trotz Verweisungsnorm - tatsächlich islamisches Recht zur Anwendung kommen darf. Ein wichtiges Korrekturinstrument, das der Behörde dabei zur Verfügung steht, ist das Rechtsinstitut des "ordre public", das daher nun eingehender beleuchtet werden soll.

---

134 Bundes - Verfassungsgesetz BGBl 1930/1.

148 Konvention zum Schutze der Menschenrechte und Grundfreiheiten BGBl 1958/210.

Der ordre public im österreichischen Recht

Scheucher[149], der sich 1960 in einem Artikel sehr ausführlich damit befaßte, stellte in diesem gleich einleitend fest, daß der ordre public wie kaum ein anderes Rechtsinstitut durch eine Definition begrifflich nicht abzugrenzen sei, um dann doch eine solche seinen Ausführungen voranzustellen. Er umschreibt ihn so:

" Unter ordre public oder Vorbehaltsklausel versteht man den Rechtssatz, daß eine nach den allgemeinen Grundsätzen des Internationalen Privatrechts anwendbare Norm dann ausnahmsweise nicht anzuwenden ist, wenn ihre Anwendung das inländische Rechtsempfinden in unerträglichem Maße verletzt."

Was sind nun diese "allgemeinen Grundsätze" des IPR?

Das Internationale Privatrecht trägt der Erkenntnis Rechnung, daß - von wenigen Ausnahmen abgesehen - die Privatrechtsordnungen der einzelnen Staaten inhaltlich verschieden sind. Weist nun ein Sachverhalt zumindest in einem Element einen Auslandsbezug auf, so stellt sich die Frage nach der gesetzlichen Auswahl jener nationalen Rechtsordnung, die der Entscheidung im Inland zugrunde gelegt werden soll. Begründet wird dies damit, daß Personen, die aus einem fremden Rechtsbereich kommen und womöglich auch sehr bald wieder dorthin zurückkehren werden, nicht nach einem - für sie fremden - Recht behandelt werden sollen, zu dem sie keinerlei Beziehung haben. Derartige gesetzliche Verweisungsnormen finden sich in allen nationalen Rechtsordnungen.
Die Auswahl obliegt dem jeweiligen nationalen IPR, das im Rahmen des "verweisenden" Rechts die Aufgabe hat, auf die Privatrechtsordnung eines bestimmten Staates zu verweisen, aus der dann die Sachnormen zur Entscheidung des konkreten Falles zu entnehmen sind.[150] Das gesatzte IPR Österreichs ist sowohl in Gesetzen, als auch in Staatsverträgen enthalten, wobei letzteres in der Normenhierarchie dem ersteren vorgeht. An der Spitze der kollisionsrechtlichen Gesetze steht das am 1.1.1979 in Kraft getretene Bundesgesetz über das internationale Privatrecht.[151]
Die vom IPR abstrakt berufene Rechtsordnung wird "Statut", die hergestellte Verbindung von Rechtsverhältnis (=Tatbestand) und berufener Rechtsordnung "Anknüpfung" genannt.
Der klassischen IPR-Konzeption entspricht eine spezifische Kollisionsstruktur: der Tatbestand der Kollisionsnorm besteht aus einer Beschreibung der Rechtsfrage oder des zu beurteilenden abstrakten Rechtsverhältnisses durch Rechtsbegriffe ("Verweisungsbegriffe"). Daraus wird ein Element ("Anknüpfungspunkt oder-element") als Zeichen für die engste Verknüpfung mit einer Rechtsordnung herausgehoben, das dann über die Auswahl der maßgeblichen Rechtsordnung entscheidet. Die Bezeichnung durch die entsprechende Kollisionsnorm nennt man "Verweisung".
Auch das österreichische IPRG ist grundsätzlich in dieser klassischen IPR-Tradition konzipiert, da es sich bei der Anknüpfung vom "Grundsatz der stärksten Beziehung" des jeweiligen Sachverhaltes leiten läßt.

---

149 *Scheucher*, Der ordre public im österreichischen Recht, ZfRV 1960, 15 (16).

150 *Schwimann*, Grundriß des internationalen Privatrechts (1982), *Schwind*, Internationales Privatrecht (1990).

151 BG 15.6.1978 BGBl 304.

Daher normiert

§ 1 Abs 1 IPRG
" Sachverhalte mit Auslandsberührung sind in privatrechtlicher Hinsicht nach der Rechtsordnung zu beurteilen, zu der die stärkste Beziehung besteht."

Es ist dies die allgemeinste Inhaltsbestimmung des Anknüpfungspunktes. Das IPRG definiert diesen Begriff nicht näher, sondern verweist in § 1 Abs 2 auf die konkreten Anknüpfungsvorschriften des Gesetzes, die "als Ausdruck dieses Grundsatzes" anzusehen sind. Zu den häufigsten Anknüpfungspunkten im Bereich des Personen-, Familien- und Erbrechts zählen die Staatsangehörigkeit, der Wohnsitz oder der gewöhnliche Aufenthalt, wobei sich das IPRG aus Gründen der Anwendungserleichterung im Grundsatz für die Maßgeblichkeit des rein formalen Bandes der Staatsangehörigkeit entschieden hat[152]

§ 9 Abs 1
" Das Personalstatut einer natürlichen Person ist das Recht des Staates, dem die Person angehört.[153] *Hat eine Person neben einer fremden Staatsangehörigkeit auch die österreichische Staatsbürgerschaft, so ist diese maßgebend. Für andere Mehrstaater ist die Staatsangehörigkeit des Staates maßgebend, zu dem die stärkste Beziehung besteht."*

und nur ausnahmsweise - als Ersatz - auf Wohnsitz oder gewöhnlichen Aufenthalt zurückgreift.[154]

§ 9 Abs 2
"Ist eine Person staatenlos oder kann ihre Staatsangehörigkeit nicht geklärt werden, so ist ihr Personalstatut das Recht des Staates, in dem sie den gewöhnlichen Aufenthalt hat.

Abs 3
Das Personalstatut einer Person, die Flüchtling im Sinn der für Österreich geltenden internationalen Übereinkommen ist oder deren Beziehungen zu ihrem Heimatstaat aus vergleichbar schwerwiegenden Gründen abgebrochen sind, ist das Recht des Staates, in dem sie ihren Wohnsitz, mangels eines solchen ihren gewöhnlichen Aufenthalt hat; eine Verweisung dieses Rechtes auf das Recht des Heimatstaates (§5) ist unbeachtlich."

Auch wenn die im Gesetz angeführten Anknüpfungsmomente idR Ausdruck der stärksten Beziehung sind, kann es vorkommen, daß man auf Grund der kollisionsrechtlichen Interessensanalyse zu dem Ergebnis kommt, daß im konkreten Einzelfall die gesetzliche Anknüpfung nicht der "stärksten Beziehung" entspricht.

---

[152] Grundsätzliches zur Problematik der strikten Anknüpfungsregelung des § 9 Abs 1 IPRG auf der einen Seite und dem Grundsatz der "stärksten Beziehung" auf der anderen Seite siehe *Hoyer*, Über die Folgen des Mangels an weltbürgerlicher Haltung beim Gesetzgeber des Internationalen Privatrechts in Ferid-FS (1988) 187.
[153] Der betreffende Staat wird als "Heimatstaat" und sein Recht als "Heimatrecht" bezeichnet.
[154] *Schwimann*, Grundriß 58.

Die, vor allem in den 70iger Jahren, aufgeworfenen Frage[155], ob in solchen Fällen in § 1 Abs 1 IPRG eine "Ausweich- und Korrekturklausel" gesehen werden kann, wird heute von der herrschenden Lehre zustimmend beantwortet. *Schwind* schreibt dazu: "Heute wird man sagen müssen, daß die stärkste Beziehung des Abs 1 das tragende Prinzip ist und die Konkretisierungen des Abs 2 nur so lange unbedingte Anwendung erfordern, als sie tatsächlich dem Prinzip entsprechen. Dort wo sie aber evident gegen das Prinzip verstoßen, muß und wird dieses die Oberhand behalten, auch dann, wenn keine Ausweichklausel ausdrücklich formuliert ist."
Weist nun ein Sachverhalt mit Auslandsberührung eine extrem starke Beziehung zum Inland auf, so muß über § 1 Abs 1 die grundsätzlich gem Abs 2 festgelegte - verfehlte - Anknüpfung korrigiert und demzufolge österreichisches Recht angewendet werden. Im Hinweis auf die "stärkste Beziehung" wird das tragende Element und damit eben auch eine "Grundwertung der österreichischen Rechtsordnung" im Sinne des § 6 IPRG gesehen[156], der als "Vorbehaltsklausel" folgendes festlegt:

> *" Eine Bestimmung des fremden Rechtes ist nicht anzuwenden, wenn ihre Anwendung zu einem Ergebnis führen würde, das mit den Grundwertungen der österreichischen Rechtsordnung unvereinbar ist. An ihrer Stelle ist erforderlichenfalls die entsprechende Bestimmung des österreichischen Rechtes anzuwenden."*

Wie *Reichelt* dazu ausführt, ist der ordre public der kollisionsrechtlichen Idee zwar diametral entgegengesetzt - und somit systemwidrig -, da er der Ausschaltung eines durch einen kollisionsrechtlichen Anknüpfungspunkt für anwendbar erklärten Rechtes dient, dennoch stellt er ein dem Kollisionsrecht "immanentes Rechtsinstitut" dar.[157] Er trägt somit dem Umstand Rechnung, daß in jeder Rechtsordnung, so auch in der österreichischen, die Anwendung fremden Rechtes dort ihre absolute Grenze findet, wo die auf diesem Recht basierenden Ergebnisse in der eigenen Rechtsordnung nicht mehr hingenommen werden könnten.

Man unterscheidet die negative und die positive Funktion des ordre public:[158]

⇨ In seiner negativen Funktion schließt der ordre public die Anwendbarkeit ausländischer Sachnormen dann aus, wenn deren Anwendung "im Ergebnis eine unerträgliche Verletzung tragender Grundwertungen der österreichischen Rechtsordnung bedeuten würden".

⇨ Unter der positiven Funktion versteht man die absolute Vorrangigkeit "konfliktunempfindlicher" und "konfliktfester" österreichischer Sachnormen, an denen, wegen ihrer grundlegenden wirtschafts- und sozialpolitischen Bedeutung, der österreichische Staat ein derart großes Anwendungsinteresse hat, daß sie im Rahmen ihres Anwendungsbereiches das IPR verdrängen und daher, trotz kollisionsrechtlich relevanter Auslandsbeziehung, maßgeblich bleiben. Auf diese Weise sollen rechtspolitisch besonders "aufgeladene" staatliche Lenkungsmaßnahmen mit Zwangscharakter vor Umgehung geschützt werden.[159]

---

155 Vgl dazu etwa *Hoyer*, Neue Wege des Arbeitskollisionsrechts ZAS (1977) 171.
156 *Schwind*, Handbuch 63, 60.
157 *Reichelt*, "Europäischer" ordre public im autonomen Kollisionsrecht? (1975) 217.
158 *Raape* in *Sturm* Internationales Privatrecht I (1977) 200 (zweifelnd zur Doppelfunktion des ordre public).
159 *Schwimann*, Grundriß 48, 50.

In beiden Funktionen bedeutet die Ausschaltung der ausländischen Sachnorm eine systemwidrige Ausnahme, die Anwendungsvoraussetzungen sind daher sehr streng zu fassen. Laut § 6 IPRG müssen die Grundwertungen der österreichischen Rechtsordnung Gegenstand der Verletzungen sein. *Schwind* schreibt dazu: "Was jedenfalls durch den ordre public geschützt ist, das sind die Fundamente unseres rechtlichen und sozialen Zusammenlebens, wie die persönliche Freiheit auch hinsichtlich der Entschließung im geschäftlichen Verkehr, die Freiheit der Eheschließung, die Einehe, das verschiedene Geschlecht von Ehepartnern, das Privateigentum vor entschädigungsloser Enteignung, ferner der Schutz vor Diskriminierung wegen einer bestimmten Rassen- oder Volkszugehörigkeit sowie alle Menschenrechte im Sinne der MRK. ... Je intensiver dabei die Beziehung des zu beurteilenden Sachverhaltes zum inländischen Bereich (Inlandsbeziehung) ist, desto empfindlicher wird man gegen Lösungen sein, die mit unseren Rechts- und Sozialvorstellungen in Widerspruch stehen. Ist die Verbindung des Sachverhaltes mit Österreich oberflächlich, wird man eher geneigt sein, auch befremdliche Ergebnisse in Kauf zu nehmen, da sie eben die Grundwertungen unserer Rechtsordnung nicht berühren."[160] Es geht daher immer um Auswirkungen auf im Inland "spürbare" Rechts-verhältnisse.[161]
Demzufolge muß nicht das fremde Sachrecht selbst, sondern das Ergebnis der Anwendung anstößig sein, wobei eine ausreichende Inlandsbeziehung[162] vorausgesetzt wird. Da dies immer eine Abweichung von der erwünschten Herbeiführung eines internationalen Entscheidungseinklangs bedeutet, muß es als eine absolute Ausnahme im System des internationalen Privatrechts gesehen werden !

Die Folge eines ordre public - Verstoßes ist die Nichtanwendung der anstößigen Sachnorm, während der nicht anstößige Rest des maßgeblichen fremden Sachrechtes weiterhin der Anwendungspflicht unterliegt. Die Nichtbeachtung einer ausländischen Norm muß dabei nicht in jedem Fall zu einer Lücke führen. Überall dort wo dies aber der Fall ist, greift die Bestimmung des § 6, der in seinem zweiten Satz die subsidiäre Anwendung der einschlägigen österreichischen Sachnorm vorsieht.

Die Anwendung der Vorbehaltsklausel bildet eine Rechtsfrage und unterliegt daher der instanzenmäßigen Überprüfung aus dem Grunde der "unrichtigen rechtlichen Beurteilung" oder der "offenbaren Gesetzwidrigkeit".

Zurück zu der E des VwGH aus dem Jahre 1984:
Das Höchstgericht wendet sich zunächst ganz entschieden gegen die Behauptung des Beschwerdeführers, die belangte Behörde habe in seinem Bescheid die Rechtsansicht vertreten, daß jede Ehescheidung nach islamischen Glaubensrecht gegen Grundwertungen der österr Rechtsordnung verstoße. Ganz im Sinne der strengen Prüfung einer möglichen ordre public - Widrigkeit darf ja im jeweiligen Anlaßfall nur die konkret zur Anwendung berufene ausländische Einzelnorm beurteilt

---

160 *Schwind*, Handbuch 68.

161 So darf zB die im Ausland geschlossene und - nun im Inland - gelebte Zweitehe nicht zu einer Erweiterung von Familienbegünstigungen führen.

162 Eine Inlandsbeziehung liegt immer dann vor, wenn durch die Anwendung fremden Rechtes auch für das Inland bleibende materielle Wirkungen für die Betroffenen hervorgerufen werden, etwa weil diese dauernd im Inland wohnen.

und - wenn nötig - ausgeschlossen werden. Das Vorgehen der belangten Behörde sei daher völlig korrekt gewesen.
Die ausführliche Begründung des Gerichtshofes, warum hier ein Verstoß gegen den österreichischen ordre public vorliege, zeigt, wie vorsichtig die Judikatur mit diesem Instrument umgeht. Ohne die Bestimmung zu zitieren, wird hier der § 6 zunächst in seiner negativen Funktion herangezogen, wobei in der einseitigen Scheidung durch talaq inbesondere der Verstoß gegen den - im österreichischen Recht auf Verfassungsebene gewährleisteten - Gleichheitsgrundsatz gesehen wird. Daß hier darüberhinaus auch auf die Unvereinbarkeit einer derartigen Rechtseinrichtung mit "den Grundregelungen des österreichischen Ehe- und Familienrechtes" hingewiesen wird, zeigt, daß auch einfachgesetzliche Bestimmungen unter dem unbestimmten Gesetzesbegriff "Grundwertungen" zu subsumieren sind.
Weiters sieht der VwGH in einer solchen Ehescheidung durch einseitige Erklärung des Ehemannes sowohl einen Verstoß "gegen die guten Sitten iSd § 879 Abs 1 ABGB"[163], als auch einen solchen gegen Sinn und Zweck der österreichischen Ehegesetzgebung. In diesem letzten Teil der Begründung, der der Bestimmung des § 328 dRZPO folgt, wird die Zweiseitigkeit dieses Rechtsinstitutes deutlicher sichtbar als in § 6. Auf der einen Seite die negative - ausschließende - Funktion bei einem Verstoß der ausländischen Bestimmung gegen "das Rechtsgefühl der österreichischen Rechtsgemeinschaft", auf der anderen Seite die positive - bevorzugende - Funktion in der Betonung besonders grundlegender und wichtiger inländischer Normen, wie es zB das österr Scheidungsrecht ist, dem eine solche "Eheauflösung durch einseitige Erklärung" völlig fremd ist.[164]

Was weder hier, noch in vergleichbaren anderen Fällen von den Höchstgerichten regelmäßig geprüft wird, ist die Frage, ob im Ausspruch des talaq eine Verletzung des rechtlichen Gehörs liegt.[165] Im vorliegenden Sachverhalt - Verstoßung ohne Inkenntnissetzung und in Abwesenheit der Frau vor zwei Gerichtszeugen - lag eine solche Verletzung eindeutig vor.

Daß es sich bei dem oben geschilderten Fall keineswegs um eine seltene Ausnahme handelt, zeigt die Praxis der Entscheidungsbehörde.
Nach der Aussage des zuständigen Beamten im Bundesministeriums für Justiz werden pro Jahr ungefähr zehn Anerkenntnisverfahren eingeleitet. Hauptmotiv für einen derartigen Antrag ist dabei im Regelfall der Wunsch des antragstellenden Muslim, mit einer Österreicherin eine (weitere) Ehe eingehen zu wollen.

Zur Vorgangsweise im Prüfungsverfahren

Laut Auskunft gilt es in diesem Verfahren zwei - entscheidungsrelevante - Fragen zu klären:

---

163 *Scheucher*, ZfRV 1960, 19 (Faßt "Gute Sitten"-Begriff der Vorbehaltsklausel enger auf)

164 Mit dem Inkrafttreten des § 55 Abs 3 EheG muß die Frage erhoben werden, ob dieses Argument noch zulässig ist!

165 Der Grundsatz des rechtlichen Gehörs ist in Art 6 Abs 1 MRK verfassungsrechtlich verankert und bedeutet die Möglichkeit des in seinen Rechten Betroffenen, zu dem der Entscheidung zugrunde liegenden Sachverhalt zumindest einmal im Verfahren in rechtlicher und tatsächlicher Hinsicht Stellung nehmen zu können.

1. *Handelt es sich bei der erstmals ausgesprochenen Scheidung durch Verstoßung um eine unwiderrufliche und ist die (landesgesetzlich) vorgeschriebene Wartezeit verstrichen?*
⇨ Der Antragsteller hat eine diesbezügliche Erklärung vor der Behörde abzugeben.

und

2. *Ist die Frau mit dieser Scheidung einverstanden?*
⇨ Zum Beweis muß eine von der Ehefrau unterfertigte schriftliche Erklärung vorgelegt werden, bzw von ihr mündlich vor der Behörde abgegeben werden, wobei das persönliche Erscheinen nicht zwingend vorgeschrieben ist. (Ebensowenig muß ihre Unterschrift beglaubigt sein)

Liegt beides vor, wird seitens der österreichischen Behörde diese Scheidung gem §24 Abs 1 der 4. DVEheG anerkannt.

Daß diese Vorgangsweise auch zu Problemen führen kann, zeigt ein Fall aus der Praxis:
Ein in Österreich lebender Muslim wollte nach der bescheidmäßigen Anerkennung der Scheidung diese rückgängig machen, da ihm - wie er dies begründete - die Scheidungsfolgen[166] "unannehmbar" waren. Gegenüber der Behörde begründete er seinen "Rückzieher" damit, daß nach islamischem Recht nach dem erstmaligen Ausspruch der Verstoßung die Scheidung eben noch nicht endgültig und daher widerrufbar sei.
Erst als ihm die Behörde ein Verwaltungsstrafverfahren androhte, beließ er es bei der - nun auch nach österreichischem Recht anerkannten - Scheidung.

Im Wissen um die oben dargestellte VwGH Entscheidung drängte sich die Frage auf, ob und inwieweit bei diesem Entscheidungsprozeß seitens der Behörde Überlegungen zum ordre public angestellt werden. Die in der Praxis herrschende Sichtweise differenziert hier in erster Linie danach, ob eine Nahebeziehung zum österreichischem Recht, somit eine ausreichende Inlandsbeziehung, vorliegt. Dh in jenen Fällen, da es sich bei den beiden Scheidungswilligen um zwei Personen handelt, die demselben Kultur- und Rechtskreis entstammen, wird seitens der Behörde die ausländische Scheidung nach der oben dargestellten Vorgangsweise ohne weiteres anerkannt. Begründet wird dies mit dem Fehlen einer Nahebeziehung. Führt man diesen Gedanken konsequent zu Ende, so müßte eine ausländische einseitige Scheidung auch dann ihre Anerkennung finden, wenn eine Frau, die im islamischen Kulturkreis geboren und aufgewachsen ist, ihr Einverständnis nicht gegeben hat, sofern sie von der Verstoßung Kenntnis erlangt hat. Eine Überlegung, der die Behörde - über Befragung - durchaus folgen würde.
Ordre public-widrig hingegen wäre die Anerkennung der ausländischen Verstoßung einer Österreicherin, selbst wenn sie einer solchen Scheidung zustimmen würde.
Diese differenzierte Sichtweise birgt ganz offensichtlich folgendes Problem in sich:
Wie sind jene Fälle zu behandeln, bei denen es sich um die Ehe eines Muslim und einer Staatsbürgerin aus einem nicht islamischen Staat - zB Deutschland - handelt? Hier kann nicht von zwei Personen aus einem Kulturkreis gesprochen werden, dennoch fehlt die Nahebeziehung, wenn für diese ausschließlich auf die

---

166 Vermutlich die hohen Abfindungsforderungen seiner Frau.

österreichische Staatsbürgerschaft der Frau abgestellt wird. Konsequenterweise dürfte in so einem Fall die Anerkennung nicht grundsätzlich verweigert werden. Jedenfalls wird man als Behörde besonderes Augenmerk auf die Wahrung des Parteiengehörs zu legen haben.
Da es sich in der Praxis meist um die Scheidung rein muslimischer Ehepaare handelt, wird - wie oben bereits dargestellt - die Anerkennung ausgesprochen. Grundsätzliche Überlegungen zum ordre public finden, wegen fehlender Inlandsberührung, in so einer Fallkonstellation nicht statt.

Wie schwer der richtige Umgang mit dem Rechtsinsitut des ordre public selbst einem Höchstgericht fallen kann, zeigt sehr deutlich die nächste Entscheidung aus dem Jahre 1991, die im Bereich des Personenstandwesens ergangen ist.[167]
Die Beschwerdeführerin hatte bei der zuständigen Behörde beantragt bescheidmäßig festzustellen, daß ihr Familienname "D" und nicht "N" laute. Als Begründung gab sie folgendes an:
Nach der Scheidung ihrer Ehe mit einem Österreicher im Jahre 1985 hatte sie den Ehenamen "D" weitergeführt, dann aber im Mai 1987 in einem Rechtsanwaltbüro in Ägypten einen Ehevertrag mit N, einem Muslim, geschlossen. Obwohl die Ehe ohne Beiziehung von Geistlichen oder Standesbeamten geschlossen worden war, ging sie von der Rechtswirksamkeit dieser Eheschließung aus und gab daher gegenüber dem Meldeamt Linz ihren nunmehrigen Familiennamen mit "N" an. In der Folge sei ihr aber bekannt geworden, daß die Ehe nach dem anzuwendenden ägyptischen Recht rechtsunwirksam sei, weil sie zwischen einem Angehörigen des moslemischen Glaubens und einer nicht einer Offenbarungsreligion angehörenden Frau geschlossen worden sei. - Sie selbst sei nämlich Zeit ihres Lebens ohne religiöses Bekenntnis gewesen. - Auf Grund der von Beginn an bestehenden Rechtsunwirksamkeit der Eheschließung laute ihr Familienname daher weiterhin "D".
Das Bundesministerium für Inneres stellte dazu mit Bescheid[168] auf der Grundlage § 8 Gesetzes über die Änderung von Familien- und Vornamen[169] iVm § 10 Abs 2 des Namensänderungsgesetzes[170] fest, daß der Familienname der Beschwerdeführerin "N" laute. Begründet wurde diese Entscheidung damit, daß "nach dem ägyptischen Gesetzbuch über das Personenrecht und die Erbfolge nach dem hanefitischen Ritus die Ehe einen durch übereinstimmende Willenserklärung zustandekommenden Vertrag darstelle, für dessen Gültigkeit lediglich die gleichzeitige Anwesenheit der Verlobten und zweier männlicher Zeugen, nicht aber von Organen des Staates oder von Religionsgemeinschaften erforderlich sei. Eine Registrierung einer solcherart geschlossenen Ehe sei nicht erforderlich und besitze, falls sie erfolge, lediglich deklarativen Charakter. Nach dem auch für die Frage der Ehenichtigkeit anzuwendenden ägyptischen Recht stelle zwar die Eheschließung mit einer "Götzendienerin" einen absoluten Nichtigkeitsgrund dar, doch sei fraglich, ob die Beschwerdeführerin als "Götzendienerin" anzusehen sei und ob es einer Feststellung der Nichtigkeit bedürfe. Eine Ehenichtigkeitserklärung allein aus dem Grund der Zugehörigkeit oder Nichtzugehörigkeit zu einer Religionsgemeinschaft stehe aber jedenfalls im Widerspruch zu dem in § 6 IPRG verankerten

---

167 VwGH 30.1.1991, 89/01/0276 ZfRV 1992,225 = ZfVB 1992/457.
168 B 27.6.1989, Zl 27.809/5 - IV/4/89.
169 G 5.1.1938 über die Änderung von Familiennamen und Vornamen dRGBl I S 9 (NÄG).
170 G 22.3.1988 über die Änderung von Familiennamen und Vornamen BGBl 195.

österreichischen ordre public. ... Die in Ägypten erfolgte Eheschließung der Beschwerdeführerin sei daher für den österreichischen Rechtsbereich wirksam."
Die Beschwerdeführerin bekämpfte diesen Bescheid vor dem Verwaltungsgerichtshof. In seinem Erkenntnis leitete das Höchstgericht aus mehreren Prämissen ein durchaus logisches, aber - bei eingehender Betrachtung - höchst fragwürdiges Ergebnis ab. *Hoyer* umschrieb dies in seiner Besprechung mit dem Ausdruck "haarsträubend"[171]
Es wurde die Beschwerde nämlich mit folgendem Spruch abgewiesen:
"Da die belangte Behörde aus den angeführten Gründen zu Recht von der Unbeachtlichkeit des von der Beschwerdeführerin geltend gemachten Nichtigkeitsgrundes für die von ihr in Ägypten geschlossene Ehe ausgegangen ist, steht auch die behördliche Feststellung des durch diese Eheschließung erworbenen Familiennamens der Beschwerdeführerin im Einklang mit der Rechtslage."
Da in der oben zitierten Besprechung von *Hoyer* sehr genau und schlüssig den verfehlten Gründen des Gerichtshofes gefolgt und zugleich versucht wurde, den gesetzeskonformen Begründungsgang zu skizzieren, soll an dieser Stelle nur jener Teil der Entscheidung näher beleuchtet werden, der sich mit dem ordre public befaßt. Der VwGH führte dazu aus, daß "darüber hinaus aber der belangten Behörde auch darin beizupflichten ist, daß ein allenfalls nach ägyptischem Recht gegebener Ehenichtigkeitsgrund der Religions-verschiedenheit unter dem ordre-public Vorbehalt gesehen werden müßte.
Gemäß § 6 IPRG ist eine Bestimmung des fremden Rechtes nicht anzuwenden, wenn ihre Anwendung zu einem Ergebnis führen würde, das mit den Grundwertungen der österreichischen Rechtsordnung unvereinbar ist. An ihrer Stelle ist erforderlichenfalls die entsprechende Bestimmung des österreichischen Rechtes anzuwenden."
Als eine solche Grundwertung betrachtet der VwGH den Grundsatz der Säkularität des Staates, was er durch ein - an dieser Stelle unpassendes - Zitat von *Gampl*[172] zu untermauern versucht, um dann zu folgendem Schluß zu kommen: "Von daher gesehen ist eine im ausländischen Recht allenfalls festgelegte Ehenichtigkeit aus Gründen der Religion nicht im Einklang mit dem österreichischen ordre-public, weil die Anerkennung eines derartigen Ehenichtigkeitsgrundes für den österreichischen Rechtsbereich dazu führen würde, daß nicht auf das Weltliche beschränkte Umstände gravierende Rechtsfolgen nach sich zögen. Dies stünde aber in Widerspruch zum Grundsatz der Säkularität des Staates."
Dieser Teil der Begründung zeige die mangelnde Vertrautheit des Gerichtshofes mit dem angewandten Rechtsinstitut.[173] Nicht schon die Tatsache, daß eine ausländische Norm oder ein Normenkomplex als solcher gegen den ordre public verstoßen könnte, sondern lediglich die Anwendung und das daraus resultierende Ergebnis kann Bedingung für das fallweise Eingreifen dieses Rechtsinstitutes sein. Völlig außer Acht gelassen wurde vom Gerichtshof der Umstand, daß es sich dabei immer nur um eine Ausnahme handeln darf, die sich durch einen besonders starken Inlandsbezug rechtfertigt. Ist diese Inlandsbeziehung nur gering, oder fehlt er völlig, ist der Einsatz der Vorbehaltsklausel ausgeschlossen.

---

[171] *Hoyer*, ZfRV 1992, 226.
[172] "Das Verhältnis von Kirche und Staat ist in Österreich durch den Grundsatz der Säkularität des Staates geprägt, worunter zu verstehen ist, daß sowohl die Aufgaben des Staates, als auch die zu ihrer Erfüllung einzusetzenden Mittel bewußt und gewollt auf rein Weltliches reduziert sind. [*Gampl*, Österreichisches Staatskirchenrecht (1971) 12].
[173] *Hoyer*, ZfRV 1992, 229.

Doch zurück zum konkreten Fall:
Zunächst muß festgestellt werden , daß die Frage, ob hier eine gültige Ehe zustandegekommen ist oder nicht, für die konkrete Entscheidung eine Vorfrage[174] dargestellt hat. Für den vorliegenden Fall einer Ehe mit Auslandsbeziehung normiert

> *§ 17 Abs.1 IPRG*
> *" Die Voraussetzungen der Eheschließung sowie die der Ehenichtigkeit und der Aufhebung sind für jeden der Verlobten nach seinem Personalstatut zu beurteilen."*

und

> *§ 18 Abs 1 IPRG*
> *" Die persönlichen Rechtswirkungen einer Ehe sind zu beurteilen*
> *1. nach dem gemeinsamen, mangels eines solchen nach dem letzten gemeinsamen Personalstatut der Ehegatten, sofern es einer von ihnen beibehalten hat,*
> *2. sonst nach dem Recht des Staates, in dem beide Ehegatten ihren gewöhnlichen Aufenthalt haben, mangels eines solchen nach dem Recht des Staates, in dem beide ihren letzten gewöhnlichen Aufenthalt gehabt haben, sofern ihn einer von ihnen beibehalten hat."*

Weder durch die belangte Behörde noch durch den VwGH wurden Staatsangehörigkeit des Mannes noch Wohnsitz oder gewöhnlicher Aufenthalt der Brautleute und schon gar nicht der beabsichtigte eheliche Aufenthalt ermittelt. Außer der Staatsangehörigkeit der Frau lag offensichtlich kein weiterer Inlandsbezug vor, trotzdem sieht sich der VwGH berufen, mittels Anwendung der Vorbehaltsklausel, das Bestehen dieser Ehe anzunehmen. In der Begründung findet sich kein einziges Wort über die Notwendigkeit, die österreichische Rechtsordnung gerade hier - in einer bloßen Vorfrage - vor dem Eindringen einer völlig unvereinbaren Rechtsnorm schützen zu müssen. Dies legt den Verdacht nahe, daß die Bedeutung des ordre public nicht in seinem vollen Umfang erfaßt wurde. Vielmehr hat "die Einfachheit der Handhabung der Vorbehaltsklausel" verlockt, auf diesem Wege ein - bereits vor der eingehenden Prüfung der Rechts- und Sachlage als richtig angenommenes - Ergebnis zu erreichen."[175] Weiters geht aus der Entscheidung ebenfalls nicht hervor, ob die Ehe der Beschwerdeführerin nach ägyptischem Recht für nichtig erklärt, bzw über deren Nichtexistenz in irgendeiner Weise behördlich abgesprochen wurde. Daher fehlt es an einer gesetzeskonformen und nachvollziehbaren Begründung für die Ausschaltung des ägyptischen hanafitischen Eherechts. Im Ergebnis bedeutet dies für die Beschwerdeführerin, daß die Behörde zumindest für sie das Bestehen dieser Ehe bejaht, während auf Grund der bekannten Umstände diese für ihren vermeintlichen Ehemann nichtig ist. Somit kam es für die Frau zum Erwerb ihres Namens, ohne Bestehen einer gültigen Ehe.
Dieses, nicht nur für die Beschwerdeführerin, äußerst unbefriedigende Ergebnis zeigt sehr gut, wie falsch der Umgang mit dem Rechtsinstitut des ordre public sein

---

174 Unter einer "Vorfrage" ist eine für die Entscheidung der Verwaltungsbehörde präjudizielle Rechtsfrage zu verstehen, über die als Hauptfrage von anderen Verwaltungsbehörden oder von den Gerichten zu entscheiden ist. [*Walter/Mayer*, Grundriß des österreichischen Verwaltungsverfahrensrechts[5] (1991) 116].

175 *Hoyer*, ZfRV 1992, 230.

kann, wenn man es nicht so anwendet, wie es von der Gesetzgebung intendiert ist, nämlich als Ausnahme in besonders schwerwiegenden Fällen. In der vorliegenden Entscheidung wurde unreflektiert das Ehehindernis der Religionsverschiedenheit, das es in der österreichischen Rechtsordnung nicht mehr gibt, als so systemwidrig angesehen, daß man lieber das einseitige Bestehen einer Ehe in Kauf nahm. Hier wird das Hauptziel des IPR, nämlich die Erzielung eines Entscheidungseinklanges, unterlaufen, um die österreichische Rechtsordnung "zu schützen", wo sie keines Schutzes bedarf. Jedes Zivilgericht müßte in diesem Fall zu dem Schluß kommen, daß zumindest nach dem Heimatrecht des Mannes, in dessen Land die Trauung erfolgte, keine gültige Ehe zustandegekommen ist. Es handelt sich somit um eine absolut nichtige Ehe, die nach islamischem Rechtsverständnis wie eine nie zustandegekommenen Ehe zu sehen ist.[176] Der VwGH hat in seiner Entscheidung diese "Nichtehe" in eine Ehe umgedeutet, um zu dem von ihm erwünschten Ergebnis zu kommen. Hier muß wohl von einer mißbräuchlichen Anwendung des ordre public gesprochen werden!

Ein drittes VwGH-Erkenntnis soll hier noch besprochen werden. Es stammt aus dem Jahre 1993 und behandelt ebenfalls den Bereich Personenstands- und Namensrecht.[177] Im Gegensatz zu den beiden vorangegangenen Entscheidungen war hier ausschließlich inländisches Recht anzuwenden. Dennoch paßt es in die Systematik dieses Kapitels, wie in der Folge aufzuzeigen sein wird.
Die Beschwerdeführerin, eine österreichische Staatsbürgerin, ging 1980 im Libanon die Ehe mit einem Muslim ein, die auf dessen Seite eine Zweitehe war. Diese Doppelehe wurde mit rechtskräftigem Urteil des Landesgerichtes für Zivilrechtssachen Wien vom 9.10.1984 gem § 24 EheG für nichtig erklärt. Das hatte zur Folge, daß die "Ehefrau" den Ehenamen "S" verlor und ihren früheren Familiennamen "C" wieder annehmen mußte. Im März 1990 stellte die spätere Beschwerdeführerin bei der zuständigen Behörde den Antrag auf Änderung ihres Familiennamens von "C" in "S" gem §§ 2 Abs 1 Z 7 und 3 Z 1 NÄG 1988, die folgendes normieren:

> *§ 3.*
> *Die Änderung des Familiennamens oder Vornamens darf nicht bewilligt werden, wenn*
> *1. die Änderung des Familiennamens die Umgehung von Rechtsvorschriften ermöglichen würde. ..."*

Begründet hat sie ihren Antrag damit, daß sie weiterhin im Familienverband mit BS (ihrem ehemaligen Ehemann), mit dem sie nach islamischem Recht nach wie vor verheiratet sei, und ihren beiden minderjährigen Kindern, die aus dieser Verbindung stammen und ebenfalls den Familiennamen "S" trügen, lebe, und ihr aus der Verschiedenheit des Familiennamens unzumutbare Nachteile in den sozialen Beziehungen erwachsen würden.

---

[176] Art 143 des Gesetzbuches über das Personenrecht und die Erbfolge nach dem hanefitischen Ritus verkündet 1875 " Absolut nichtig ist: ...
2. eine Ehe mit einer Götzendienerin;...
Jeder Ehegatte kann sich von dem anderen ohne Urteil vor oder nach der Vollziehung der Ehe trennen, muß aber den andern Ehegatten davon in Kenntnis setzen.(*Bergmann/Ferid*, Internationales Ehe - und Kindschaftsrecht, Ägypten, 1989).

[177] VwGH 18.3.1993, 92/01/0934, ZfVB 1994/1046 = JBL 1993, 809 = ÖJZ 1993/189 = ZfRV 1994, 30.

Die belangte Behörde hat den Antrag bescheidmäßig unter Berufung auf den Versagungsgrund in § 3 Z 1 NÄG abgewiesen und in ihrer Begründung dazu ausgeführt:
" Die beantragte Änderung des Familiennamens würde nämlich die Umgehung der zwingenden namensrechtlichen Rechtsfolgen der Nichtigerklärung einer Ehe ermöglichen und auch nach außen hin gegenüber Dritten den Anschein einer aufrechten Ehe und eines (weiterhin) bestehenden Familienverbandes vermitteln. Dadurch würde auch ein vom Gesetzgeber nicht gewünschter Zustand eintreten und die Rechtsfolgen der Nichtigerklärung einer Doppelehe abgeschwächt werden."
Der VwGH folgte diesen - durchaus einleuchtenden - Überlegungen nicht, sondern hob den Bescheid wegen Rechtswidrigkeit seines Inhaltes auf. In den Gründen legte der Gerichtshof dar, daß die belangte Behörde bei dieser Argumentation übersehe, daß Namensänderungen auf Grund der Bestimmungen des NÄG immer ein Abweichen von bestehenden, nicht in diesem Gesetz enthaltenen Rechtsvorschriften, die die Namensführung einer Person regeln, bedeuten. Zur Untermauerung dieser Ansicht wird aus den Materialien zum NÄG zitiert, wo beispielhaft angeführt wird, was der Gesetzgeber darunter verstanden haben wollte. So soll unter anderem verhindert werden, daß die Weiterführung aufgehobener Adelsbezeichnungen ermöglicht wird, ebenso soll verhindert werden, daß eine gerichtlich nichtgenehmigte Namensgebung auf diesem Weg erreicht wird. Weiters diene diese Bestimmung dem Schutz des gemeinsamen Familiennamens der Ehegatten, der Eltern (Wahleltern) sowie von Mutter und Kindern. Nach Meinung des VwGH sei keiner dieser Fälle mit dem vorliegenden Fall vergleichbar. Er kommt daher zu dem Schluß,
"Darin, daß bei Stattgebung dieses Ansuchens darüber hinaus eine Namensgleichheit zwischen ihr und dem Vater ihrer Kinder hergestellt würde, ist keine Umgehung von Rechtsvorschriften zu erblicken. Die derzeitige rechtliche Situation ist die gleiche, wie wenn die Beschwerdeführerin und BS nie eine (später für nichtig erklärte) Ehe geschlossen hätten und daher die Beschwerdeführerin ihren Geburtsnamen gemäß § 139 ABGB fortlaufend behalten hätte."
In der Folge ergeht an die belangte Behörde der Hinweis bei dem gegenständlichen Ansuchen auch auf § 3 Z 3 NÄG Bedacht zu nehmen, da dieser besagt

> *" § 2.*
> *(1) Ein wichtiger Grund für die Änderung des Familiennamens liegt vor, wenn ...7. der Antragsteller glaubhaft macht, daß die Änderung des Familiennamens notwendig ist, um unzumutbare Nachteile in wirtschaftlicher Hinsicht oder in seinen sozialen Beziehungen zu vermeiden und diese Nachteile auf andere Weise nicht abgewendet werden können.*
>
> *"§ 3.*
> *Die Änderung des Familiennamens ... darf nicht bewilligt werden, wenn ...*
> *3. der beantragte Familienname von einer anderen Person rechtmäßig geführt wird, der ein berechtigtes Interesse am Ausschluß des Antragstellers von der Führung des gleichen Familiennamens zukommt..."*

Der VwGH meint hier explizit jene Frau, mit der BS in aufrechter Ehe verheiratet ist, und die Parteistellung nach § 8 Abs 1 Z 4 NÄG genießt. Mit diesen Ausführungen kommt der Gerichtshof zu dem Erkenntnis, daß auf Grund fehlender Feststellungen eine abschließende rechtliche Beurteilung nicht möglich und der Bescheid daher aufzuheben war. Er betont aber sehr wohl, daß "...es keine gesetzliche Vorschrift gibt, wonach bei einer nichtig erklärten Ehe der während der Ehe geführte Familienname im Wege einer Namensänderung nach dem NÄG nicht mehr erlangt werden könne."

Mit dieser in der Sache sicher richtigen, aber rein positivistischen Behandlung des Sachverhaltes wirft der VwGH einige Fragen auf, ohne auf die - möglicherweise weitreichenderen - Konsequenzen dieser Entscheidung einzugehen. Zunächst stellt sich die Frage, ob er sich bewußt war, hier indirekt die nach islamischem Recht geschlossenen Zweitehe de facto zu akzeptieren. Die Beschwerdeführerin verhehlt ja nicht, daß sie sich nach wie vor nach islamischem Recht als "Ehefrau" des BS fühlt und gerade diesen Umstand durch die Führung des vormaligen Familiennamens dokumentieren will. Der Hinweis auf die "unzumutbaren Nachteile in ihren sozialen Beziehungen", die ihr aus dem Wechsel des Familiennamens entstanden sein sollen, wurden von ihr nicht näher präzisiert. Einzig der Umstand, daß ihre beiden Kinder nach wie vor den Namen des Vaters tragen[178], kann wohl nicht alles sein. Wenn man bedenkt, daß in vielen arabischen Ländern muslimische Ehefrauen auch nach der Eheschließung den Vaternamen beibehalten, während die Kinder wiederum nach ihrem Vater benannt werden, ist die Divergenz der Nachnamen meist keine Besonderheit.

Hier scheinen vielleicht ganz andere Gründe ausschlaggebend gewesen zu sein. Zunächst fällt auf, daß das Ehenichtigkeitsurteil schon 1984 ergangen ist, während der Antrag auf Namensänderung erst 1990 gestellt wurde. Über die Frage, warum es sechs Jahre danach für die Antragstellerin plötzlich so wichtig geworden ist, durch den gleichen Familiennamen ihre Zugehörigkeit zur Familie dokumentieren zu können, sollen an dieser Stelle keine Spekulationen angestellt werden. Fest steht, daß die Beschwerdeführerin - eine österreichische Staatsbürgerin - allem Anschein nach wissentlich eine Doppelehe eingegangen ist, die in der Folge durch Urteil gem § 24 EheG[179] für nichtig erklärt worden ist. Dabei wurden die Rechtsfolgen der Eheschließung, soweit dies möglich ist, rückwirkend aufgehoben.

Köstler schreibt über die rechtlichen Folgen eines solchen Nichtigkeitsurteiles:

" Die Frau verliert den Familiennamen des Mannes und nimmt ihren früheren wieder an. ... Der gesetzliche Güterstand zerfällt. .. Alle im Hinblick auf die Ehe geschlossenen vermögensrechtlichen Abmachungen (Ehepakte), ebenso auch gemeinschaftliche Testamente, weil sie ja nur für den Ehegatten errichtet werden können, zerfallen und das Vermögen kommt, soweit es vorhanden ist, in den vorigen Stand zurück."[180]

Selbst wenn man der Beschwerdeführerin zugesteht, daß sie tatsächlich im besonders hohen Maß unter dem Umstand der unterschiedlichen Namen gelitten habe, ist es höchst fraglich, ob man der Argumentation des VwGH uneingeschränkt folgen kann. Über den Weg der nachträglichen Namensänderung wird nämlich das ursprünglich gefällte Nichtigkeitsurteil einer wesentlichen Rechtsfolge beraubt, und um mit der belangten Behörde zu sprechen "... die Rechtsfolgen der Nichtigerklärung einer Doppelehe abgeschwächt... ." Immerhin ist der Wegfall des

---

[178] Die Kinder aus einer nichtigen Ehe bleiben gem § 138 Abs 1 S 1 ABGB ehelich:
" Wird ein Kind nach der Eheschließung und vor Ablauf des 302. Tages nach Auflösung oder Nichtigerklärung der Ehe seiner Mutter geboren, so wird vermutet, daß es ehelich ist."

[179] § 24 EheG BGBl 1992/275
"Eine Ehe ist nichtig, wenn einer der Ehegatten zur Zeit der Eheschließung mit einem Dritten in gültiger Ehe lebte".

[180] *Köstler*, Österreichs Eherecht[4] (1948) 28.

gemeinsamen Ehenamens ein, nach außen hin wesentliches, sichtbares Zeichen, an dem man erkennen kann, daß zwei Personen nun wieder als unverheiratet zu gelten haben.
Obwohl der VwGH auf Grund fehlender Feststellungen im vorliegenden Fall zu keiner abschließenden rechtlichen Beurteilung kommen konnte, sprach er sich deutlich dahingehend aus, daß es aus seiner Sicht keine gesetzliche Vorschrift gäbe, wonach eine nachträgliche Änderung des Familiennamens in den vormaligen Ehenamen nach Nichtigerklärung einer Ehe ausgeschlossen sei. Diese Schlußfolgerung ist sicher richtig und soll an dieser Stelle auch nicht in Zweifel gezogen werden!

Sie spiegelt aber auch die Entwicklung des Namensrechtes im Bereich des (gemeinsamen) Ehe- und Familiennamens ganz allgemein wider. Gerade hier kam es in den letzten Jahren zu weitreichenden gesetzlichen Änderungen, die eine Erweiterung der Wahlmöglichkeiten für die zukünftigen Ehepaare mit sich brachten. Seit der Einführung des § 93 Abs 3 ABGB[181] sind die Ehegatten grundsätzlich zwar immer noch zur Führung eines gemeinsamen Familiennamens verpflichtet (Abs1), die Frau kann aber ausnahmsweise ihren bisherigen Familiennamen weiterführen. Damit hat das Argument, die Aberkennung des Ehenamens sei ein sichtbares und wichtiges Zeichen nach der Nichtigerklärung einer Ehe, fast völlig an Gewicht verloren.

Dennoch wäre es wünschenswert gewesen, wenn der Gerichtshof sich mit der grundlegenden Frage auseinandergesetzt hätte, welche mögliche "Signalwirkung" so ein Erkenntnis haben könnte, und ob er hier nicht - zumindest indirekt - eine relativ große Toleranz der polygamen Ehe gegenüber anklingen läßt.
Im vorliegenden Fall wußte die Beschwerdeführerin zum Zeitpunkt ihrer Eheschließung, daß ihr muslimischer Mann bereits eine Ehefrau hatte und ging trotzdem ganz bewußt eine Doppelehe ein. Als diese Ehe dann 1984 mit Urteil für nichtig erklärt wurde, änderte dies nichts an ihrer Lebensführung. Sie lebte mit ihrem Mann, mit dem sie nach wie vor nach islamischen Recht verheiratet war, und ihren Kindern weiterhin im gemeinsamen Haushalt, durfte aber ab diesem Zeitpunkt nicht mehr den gemeinsamen Ehenamen führen. Nach österreichischem Recht galt sie als die unverheiratete Lebensgefährtin und Mutter seiner Kinder[182], was für die Außenwelt sichtbar durch die unterschiedlichen Familiennamen dokumentiert wurde. Gerade darin lag sichtlich ein Problem für die spätere Beschwerdeführerin. In der beantragten Namensänderung auf der Grundlage des NÄG sah sie offensichtlich eine Möglichkeit, den äußeren Anschein einer bestehenden Ehe zu erwecken. Diesem Wunsch "entsprach" der VwGH mit seinem Erkenntnis.

Eingangs wurde gesagt, daß diese Entscheidung sich in das über den ordre public Gesagte einfügen würde. Zwar kommt hier keine ausländische Rechtsnorm zur

---

181 gem Art I Z 1 NamRÄG BGBl 1995/25:
"(3) Derjenige Verlobte, der nach Abs 1 mangels einer Bestimmung den Familiennamen des anderen Ehegatten als gemeinsamen Familiennamen zu führen hätte, kann dem Standesbeamten gegenüber vor oder bei der Eheschließung in öffentlicher oder öffentlich beglaubigter Urkunde erklären, seinen bisherigen Familiennamen weiterzuführen; auf Grund einer solchen Erklärung führt jeder Ehegatte seinen bisherigen Familiennamen weiter. In diesem Fall haben die Verlobten den Familiennamen der aus der Ehe stammenden Kinder zu bestimmen."

182 Die weiterhin den ehelichen Familiennamen führten.

Anwendung, dennoch muß die Frage aufgeworfen werden, ob die in § 6 IPRG genannten "Grundwertungen", zu denen ua auch der Schutz der Einehe gehört, nicht auch bei der Anwendung "rein österreichischer Rechtsnormen" eine Rolle spielen könnten. Dies zumindest dann, wenn versucht wird, damit bestimmten systemfremden Rechtsvorstellungen indirekt Anerkennung zu verschaffen. Unbestritten wird rein rechtlich eine geschlossene Doppelehe durch ein Nichtigkeitsurteil aufgelöst und alle an diese Eheschließung geknüpften Rechtsfolgen - so auch der gemeinsame Ehename - zwischen den beiden Ehepartner nachträglich beseitigt. Durch das "Hintertürchen" der erfolgten Namensänderung, scheint es plötzlich eine Familie zu geben, die e i n e n Nachnamen trägt, aber aus einem Ehemann und zwei Ehefrauen und deren gemeinsamer Kinderschar besteht.
Zu Recht wird man einwenden können, daß dieses Ergebnis vielleicht nicht gerade beabsichtigt, aber jedenfalls die Folge einer rechtlich richtigen Entscheidung war. Deshalb wäre es gerade dort, wo ein Sachverhalt über den konkreten Einzelfall hinaus so grundsätzliche Probleme, wie es zB die im islamischen Recht erlaubte polygyne Ehe ist, beinhaltet, wünschenswert, wenn das befaßte Höchstgericht dies nicht nur erkennen, sondern explizit dazu Stellung nehmen würde.

VI. 3. Die Judikatur des Obersten Gerichtshofes

Im Anschluß an die letzten Ausführungen des vorigen Unterkapitels und als allgemeine Einleitung für das nun folgende, soll hier eine - zu einem Rechtssatz verdichtete - OGH -Entscheidung aus dem Jahre 1986[183] zitiert werden:

" Der Inhalt der geschützten Grundwertungen des österreichischen Rechtes läßt sich im einzelnen nicht definieren und ist auch zeitlichen Veränderungen unterworfen. Verfassungsgrundsätze spielen jedenfalls eine tragende Rolle: persönliche Freiheit, Gleichberechtigung, Verbot abstammungsmäßiger, rassischer und konfessioneller Diskriminierung gehören zum Schutzbereich des ordre public. Außerhalb der verfassungsrechtlich geschützten Grundwertungen zählen etwa die Einehe, das Verbot der Kinderehe und des Ehezwanges, der Schutz des Kindeswohles im Kindschaftsrecht oder das Verbot der Ausbeutung der wirtschaftlich und sozial schwächeren Partei."

Anhand der nun folgenden OGH - Entscheidungen soll aufgezeigt werden wie diese Grundwertungen im einzelnen zum Tragen kommen, wobei auch hier nur Beispiele aus verschiedenen Bereichen des Familienrechts herangezogen werden, um die Grundthematik dieser Arbeit nicht zu sprengen.

[183] OGH 10.7.1986, 7 Ob 600/86 SZ 59/128 = JBL 1987,115 = RdW 1986,341 = ÖBA 1986,486 (*Koziol*) = IPRax 1988, 33 (*Moschner*, 40).

VI. 3. A. Obsorge und Schutz des Kindeswohles

Wieder soll den folgenden Betrachtungen zunächst ein allgemeiner Rechtssatz vorangestellt werden:

" Wird bei der Regelung, in wessen Pflege und Erziehung ein Kind im Falle der Scheidung der Ehe seiner Eltern bleiben solle, nicht auf das Wohl des Kindes Bedacht genommen, so verstößt dies gegen den ordre public."[184]

Die erste Entscheidung, die in diesem Zusammenhang näher besprochen werden soll, stammt aus dem Jahre 1974 und lautet in ihrem Spruch:

" Die Anwendung einer ausländischen Vorschrift (hier: jordanisches Recht), die ein minderjähriges Kind bestimmten Alters ohne Rücksicht auf sein Wohl dem Vater zuspricht, verstößt gegen den ordre public."[185]

Dem - aus der Zeit vor dem Inkrafttreten des IPRG stammenden - Fall lag folgender Sachverhalt zugrunde:
Der, zum Zeitpunkt der Entscheidung bereits geschiedenen, Ehe zwischen einer Österreicherin und einem Jordanier entstammten 3 minderjährige Kinder. Seit der Scheidung lebten diese bei der Mutter in Innsbruck, während der Vater sich in Kuwait aufhielt. Das angerufene Gericht hatte darüber abzusprechen, wem der jeweiligen Antragsteller - Mutter oder Vater - sie die Kinder in Pflege und Erziehung überlassen sollte. Alle drei Kinder waren jordanische Staatsbürger muslimischer Konfession. Die Mutter besaß seit ihrer Verehelichung beide Staatsbürgerschaften. Aufgrund der Auslandsberührung war hier nach den Grundsätzen des Internationalen Privatrechts vorzugehen. Für die Entscheidung der Frage, welche Sachnorm zur Beurteilung der Anträge der beiden Elternteile anzuwenden sei, war nach der damaligen Rechtslage § 10 1. Satz 4. DVEheG heranzuziehen, der besagte, daß das Rechtsverhältnis zwischen Eltern und ehelichen Kindern nach dem Heimatrecht des Vaters, somit nach jordanischem Recht, zu beurteilen ist.
Die vom Erstgericht beim Bundesministerium für Justiz eingeholte Auskunft zur jordanischen Rechtslage ergab, daß für Kinder, die das Alter von 7 Jahren überschritten haben, die Zustimmung des Vaters für ein Verbleiben in der Obhut der Mutter erforderlich sei. Das Gericht erster Instanz kam daraufhin zu dem Schluß, daß der gegenteilige Antrag des Vaters eine Zustimmungsverweigerung impliziere, somit nach jordanischem Recht die Kinder nicht in die Obhut der Mutter gegeben werden könnten, es sei denn - wie in der Begründung ausgeführt wurde - "dieser auslän-dische Rechtssatz verstieße gegen den österreichischen ordre public."
In seinem Revisionsrekurs wandte sich der Vater ua gegen diese - auch von der zweiten Instanz bestätigten - Auffassung. Seiner Ansicht nach widerspreche die diesbezügliche Sachnorm des jordanischen Rechts keineswegs derart dem Wohl der Kinder, daß sie mit der gesamten österreichischen Rechtsordnung unvereinbar wäre. Es sei, seiner Ansicht nach, für seine Kinder nicht unzumutbar in Kuwait, einem Land mit sehr hohem Lebensstandard, zu leben. Jede gegenteilige Auffassung käme seiner Meinung nach "einer Diskriminierung seines Heimatstaates

---

184 OGH 26.7.1979, 6 Ob 689/79 JBL 1980, 313.
185 OGH 7.11.1974, 7 Ob 218/74 SZ 47/121 = EvBL 1975/161, 323 = JBL 1975, 375 = RZ 1975 1975/16,40 = IPRE 1/29 = EFSlg 22.948 = EFSlg XI/9.

gleich und könnte zu einer Beeinträchtigung zwischenstaatlicher Beziehungen führen."

Zurecht betont der OGH in seiner Gründen, daß die Ausführungen des Beschwerdeführers in diesem Punkt wohl am Kern der Sache vorbeigingen. Er folgt bei seinen allgemeinen Bemerkungen zum Rechtsinstiut des ordre public vor allem *Scheucher* und *Schnitzer*[186] und nennt als die wichtigste Aufgabe der Vorbehaltsklausel den Schutz der inländischen Rechtsordnung vor dem Eindringen mit ihr vollkommen unvereinbarer Rechtsgedanken.[187] Das Höchstgericht kommt daher zu folgendem Schluß:

" Die inbesonders § 142 (alt) ABGB[188] zu entnehmende Auffassung, daß ausschließlich das Wohl des minderjährigen Kindes über die pflegschaftsbehördlichen Maßnahmen und insbesonders darüber zu entscheiden hat, ob das Kind im Fall der Scheidung der Ehe seiner Eltern der Pflege und Erziehung der Mutter oder aber des Vaters zu überlassen ist, bildet einen tragenden Grundsatz des österreichischen Familienrechts und läßt sich aus der inländischen Rechtsordnung sowie den ihr zugrunde liegenden sozialen Wertvorstellungen nicht wegdenken. Eine ausländische Norm, welche die vaterrechtliche Ordnung so konsequent durchführt, daß sie die ehelichen Kinder dem Vater ohne jede Rücksicht auf deren Wohl zuspricht, verstößt daher sowohl gegen die guten Sitten als auch gegen den Zweck des § 142 (alt) ABGB und damit gegen den inländischen ordre public.

Die Untergerichte haben aus den dargelegten Gründen mit Recht einen Verstoß der anzuwendenden jordanischen Sachnorm gegen den inländischen ordre public angenommen. Die Auffassung des Vaters, dies käme einer Diskriminierung seines Heimatstaates gleich, entbehrt der Berechtigung, weil in der Annahme des Verstoßes keineswegs ein absolutes Werturteil, sondern nur das Ergebnis eines Vergleiches der ausländischen Norm mit den Grundprinzipien der inländischen Rechtsordnung, sohin nur eine relative Wertung, zu erblicken ist."

Gerade der letzte Satz zeigt, wie heikel die Anwendung des ordre public sein kann. Es wird darin seitens der Betroffenen häufig eine "Abwertung" ihres gesamten Heimatrechtes und somit eine Benachteiligung gesehen und zeigt deutlich, wie wichtig es für die zur Entscheidung berufenen Behörde ist, genau auf die Umstände des Einzelfalles bezogen, immer unter der Betonung der nur ausnahmsweisen Nichtanwendung einer einzelnen Sachnorm, zu argumentieren.

---

186 *Scheucher*, ZfRV 1960, 15 und *Schnitzer*, Handbuch des IPR^4 II 234.

187 Vor Inkraftreten des IPRG galt die Vorbehaltsklausel des § 18 4. DvEheG, die folgenden Wortlaut hatte:
" Die Anwendung eines ausländischen Gesetzes ist ausgeschlossen, wenn die Anwendung gegen die guten Sitten oder gegen den Zweck eines (österreichischen) Gesetzes verstoßen würde."

188 § 142 ABGB lautete vor der Novelle über die Neuordnung des Kindschaftsrechts (BGBl 1977/403): "(1) Wenn bei Scheidung oder Trennung der Ehe die Ehegatten nicht mit Zustimmung des Gerichtes eine Vereinbarung über die Pflege und Erziehung der Kinder getroffen haben, so hat das Gericht unter Berücksichtigung der besonderen Verhältnisse des Falles mit Bedacht auf die Interessen der Kinder, auf Beruf, Persönlichkeit und Eigenschaften der Ehegatten und auf die Ursachen der Scheidung oder Trennung zu entscheiden, ob alle oder welche Kinder dem Vater oder der Mutter zu überlassen sind. Der andere Ehegatte behält dessenungeachtet die Befugnis, mit dem Kinde persönlich zu verkehren. Das Gericht kann den Verkehr näher regeln. Die Kosten der Erziehung sind vom Vater zu tragen.
(2) Bei geänderten Verhältnissen kann das Gericht ohne Rücksicht auf seine früheren Anordnungen oder die Vereinbarungen der Ehegatten die im Interesse der Kinder notwendigen neuen Anordnungen treffen."

Im vorliegenden Fall führte der ordre public in seiner negativen Funktion zum Ausschluß der entsprechenden jordanischen Sachnorm und demzufolge zu einer systemwidrigen Lücke, die lt OGH "nach der Sachlage nur durch die gegenteilige Norm des inländischen Rechtes zu schließen ist, weil eine andere, gegen den ordre public nicht verstoßende, ausländische Norm fehlt und, weil nur dieser inländische Rechtssatz mit der Vorbehaltsklausel im Einklang steht. Dies bedeutet, daß das nach dem § 142 (alt) ABGB bedeutsame Wohl der minderjährigen Kinder der Entscheidung über deren Pflege und Erziehung zugrunde zu legen ist."

Eine weitere OGH - Entscheidung ähnlichen Inhaltes erging - ebenfalls noch vor Inkrafttreten des IPRG - 1976. Sie lautet im ersten Teil des Spruches:

" Eine maßgebliche ausländische Norm, die das Sorgerecht über ein Kind ohne Rücksicht auf das Kindeswohl bestimmten Personen überläßt, verstößt gegen einen tragenden Gedanken des österreichischen Familienrechtes und verletzt demnach den österreichischen ordre public. ..."[189]

Anlaß für diese Entscheidung war der Sorgerechtsstreit einer österreichischen Mutter und eines ägyptischen Vaters um das gemeinsame Kind. Nach der Scheidung dieser Ehe begehrte die Mutter, ihr das Sorgerecht zu übertragen. Der Vater trat diesem Antrag mit dem Vorwurf entgegen, daß seine ehemalige Frau wegen ihres Alkoholismus zur Erziehung des Kindes ungeeignet sei. Zum Zeitpunkt der Einleitung des Verfahrens lebte das Kind in einem (österreichischen) Heim.
Auf Grund der damaligen Kollisionsrechtslage kommt der OGH zunächst zu dem Schluß, daß die Sorgerechtsverteilung dem ägyptischen Recht unterliege. In seinen Gründen führte er Art 391 des Gesetzbuches über das Personenrecht und die Erbfolge nach dem hanefitischen Ritus an, nach dessen Bestimmung das Recht der Mutter, ihr Kind während der Ehe und nach deren Auflösung bei sich zu haben, für Mädchen mit dem vollendeten 9. Lebensjahr endet und der, zur Entscheidung, berufene Richter eine "für das Wohl des Kindes erforderliche" Verlängerung des Sorgerechtes der Mutter längstens bis zum Alter von 11 Jahren anordnen kann. An dieser strikten Anordnung vermag - wie das Höchstgericht sehr genau darlegt - auch der Umstand nichts zu ändern, "daß nach (ägyptischem) Dekretgesetz Nr 118 vom 30.7.1952 unter bestimmten Voraussetzungen die elterliche Gewalt im vollen Umfange oder teilweise entzogen werden kann, weil in einem solchen Fall das Kind nicht der Mutter, sondern der Person zu übergeben ist, an welche die elterliche Gewalt nach dem Gesetze fällt. Das ist nach Art 35 Abs 2 des hanefinitischen Rechtsbuches zuerst der Großvater."
In dieser ausländischen Norm, die die vaterrechtliche Ordnung so konsequent durchführt, daß sie die Pflege und Erziehung ehelicher Kinder von einem bestimmten Alter an ohne Rücksicht auf ihr Wohl dem Vater überträgt, sieht das Höchstgericht einen Verstoß "gegen einen tragenden Gedanken des österreichischen Familienrechtes, da nach diesem bei einem Streit der Eltern über die Pflege und Erziehung ehelicher Kinder das Wohl dieser Kinder für die zu treffende pflegschaftsbehördliche Maßnahme entscheidend ist." Und es kommt daher zu dem Schluß, daß auf den vorliegenden Fall auch dann österreichisches Recht anzuwenden ist, "wenn die Minderjährige die österreichische und die ägyptische Staatsangehörigkeit oder nur letztere besitzt, weil mohammedanisches Recht wegen des inländischen ordre public nicht angewendet werden darf."

---

[189] OGH 15.6.1976, 3 Ob 224/75 S z 49/78 = IPRE 1/137 = EFSlg. 27.668, 27.670.

Im Gegensatz zu der vorigen Entscheidung, wird hier unter Berücksichtigung der starken Inlandsbeziehung, der ordre public in seiner positiven Funktion herangezogen und somit jedenfalls inländisches Recht für anwendbar erklärt. Zwar impliziert diese Vorgangsweise gleichzeitig den Ausschluß der grundsätzlich zur Anwendung berufenen ausländischen Sachnorm, doch wird dadurch nichts über eine etwaige "Sittenwidrigkeit" dieser Regelung ausgesagt.
Wieso diese - manchmal kritisierte - Unterscheidung in einen positiven und einen negativen ordre public Sinn macht, wurde etwa von *Dölle*[190] sehr anschaulich dargestellt. Er schreibt, daß man es im neueren Schrifttum für untunlich hielte, bei der Auslegung der Vorbehaltsklausel die beiden Formulierungen "gute Sitten" und "Zweck eines Gesetzes" getrennt zu bewerten, weil der ordre public als ein einheitlicher Begriff aufzufassen sei. Auch wenn er zugibt, daß sich die beiden Fälle vielfach überschneiden, so wird - seines Erachtens - das Verständnis dennoch erleichtert, wenn man die zwei Funktionen der Vorbehaltsklausel, nämlich die Abwehr des anstößigen fremden und die Durchsetzung des unverzichtbaren eigenen Rechtes, auseinanderhält:
"Wo nämlich von der Sittenwidrigkeit der Anwendung ausländischen Rechts die Rede ist, ist der Vorbehalt vornehmlich ein negativer, insofern hier fremdes Recht von uns ferngehalten wird. Wo von der Zweckgefährdung des eigenen Rechts die Rede ist, da ist der Vorbehalt vornehmlich ein positiver, insofern hier gewissen Regeln des eigenen Rechts die Anwendung gesichert werden soll, indem unzumutbares ausländisches Recht ausgeschlossen wird."

Betrachtet man die Spruchpraxis der erstinstanzlichen Pflegschaftsgerichte, so kann festgestellt werden, daß im Streitfall meist der Mutter das Sorgerecht für die minderjährigen Kinder übertragen wird, da idR davon ausgegangen wird, daß der Verbleib bei der Mutter am ehesten "dem Wohle" des Kindes entspräche. Dies um so eher, wenn der Vater ausländischer Staatsbürger ist oder - zwar bereits eingebürgert - ursprünglich aus einem anderen Kulturkreis stammt. Dieser Umstand kann bei den Betroffenen zu einem völlig falschen Eindruck führen, wie das Gericht bei seiner Entscheidungsfindung vorzugehen hat. Mütter meinen sehr häufig einen "Rechtsanspruch" auf ihr Kind zu besitzen, während Väter sich oft von vornherein keine Hoffnung auf eine Entscheidung zu ihren Gunsten machen und dann, manchmal sogar gewaltsam[191], versuchen ihr "Recht" durchzusetzen.
Wie das Gericht seine Entscheidung ausschließlich vom "Wohl des jeweiligen Kindes" leiten lassen muß, soll die nächste Entscheidung zeigen.

Sie stammt aus dem Jahre 1988.[192] Im Zuge des laufenden Scheidungsverfahrens, sämtliche Familienmitglieder waren bereits österreichische Staatsbürger und hatten ihren gewöhnlichen Aufenthalt in Österreich, wurden vom Erstgericht gemäß § 144 ABGB alle aus den familienrechtlichen Beziehungen zwischen Eltern und minderjährigen Kindern erfließenden rein persönlichen Rechte und Pflichten bezüglich der beiden Kinder der Mutter zugewiesen. Im Rekursverfahren wurde diese Entscheidung hinsichtlich der erstgeborenen Tochter dahingehend abgeändert, daß die erwähnten Rechte dem Vater zuerkannt wurden. Das Rekursgericht vertrat dabei die Rechtsansicht, daß der - von der Unterinstanz als

---

190 *Dölle*, Internationales Privatrecht (1968) 80.
191 Meist durch eine "Entführung" des Kindes.
192 OGH 22.9.1988, 7 Ob 655, 656/88 RIS = EFSlg 56.826.

entscheidungswesentlich herangezogene - Grundsatz, daß Kinder nach Möglichkeit in einer Familie miteinander aufwachsen sollten, keine absolute Regel ist. Maßgebend sei immer das Wohl des Kindes. Das Mädchen habe eine wesentlich stärkere Bindung an den Vater und sei stark durch dessen Erziehung im Islam geprägt.
Aufgrund der Aktenlage kommt der OGH zu der Ansicht, daß sicherlich im allgemeinen das gemeinsame Aufwachsen von Geschwistern im selben Haushalt von großem Wert für die Entwicklung der Kinder sei, doch muß das nicht in jedem Einzelfall so sein. Er betont dann: "Maßgebend ist immer das Wohl des Kindes." Zwar wären beide Elternteile ungefähr im gleichen Ausmaß geeignet, das Mädchen ordnungsgemäß zu erziehen, "daß aber der Vater ein Kind in seiner Religion erzieht, noch dazu, wenn dies auf eine ursprüngliche Vereinbarung mit der Mutter zurückgeht[193], kann nicht als eine rechtswidrige oder dem Wohl des Kindes entgegenstehende Verhaltensweise gewertet werden, insbesondere dann nicht, wenn es sich hiebei um eine Religion handelt, von der keineswegs gesagt werden kann, daß sie grundsätzlich mit den in dem Rechtskreis, in dem das Kind aufwächst, herrschenden Grundsätzen unvereinbar ist. Nach den getroffenen Feststellungen hat sich die Minderjährige die Erziehungsgrundsätze ihres Vaters schon derart angeeignet, daß ein Wechsel des Erziehungsplatzes und die damit notwendig verbundene Änderung der Erziehungsgrundsätze für sie mit schweren psychischen Belastungen verbunden wäre. ... bei dieser Sachlage die im Falle eines Wechsels des Pflegeplatzes für die Minderjährige zu erwartenden Nachteile jene Vorteile überwiegen würden, die im allgemeinen mit der gemeinsamen Erziehung mit einem Geschwisterteil verbunden sind."
Demgemäß billigte der OGH die Entscheidung des Rekursgerichtes.

Dieses OGH-Erkenntnis beinhaltet zwei interessante Aspekte. Zunächst wird seitens des Höchstgerichtes klar ausgesprochen, daß die Erziehung nach islamischen Gundsätzen zumindest dann nicht als eine dem "Wohl des Kindes entgegenstehende Verhaltensweise" gewertet werden kann, wenn sich der Minderjährige diese Erziehungsgrundsätze schon angeeignet hat. Hier wird deutlich, daß das Gericht das Wohl des betreffenden Kindes zum Zeitpunkt der Entscheidung vor Augen haben muß. Weiters zeigt dieses Erkenntnis, daß das "Wohl des Kindes" nicht immer zwingend mit dem "Leben bei der Mutter" gleichgesetzt werden kann und muß.

In diesem Zusammenhang soll die Frage aufgeworfen werden, wie und auf welcher gesetzlichen Grundlage dieser Fall zu entscheiden gewesen wäre, wenn er - durchgängig - die ursprünglich vorhandene Auslandsberührung aufgewiesen hätte: Hätte eine ausländische Norm, wie es die strikte Regelung der Obsorge zugunsten des Vaters ist, selbst dann aus Gründen des ordre public nicht zur Anwendung kommen dürfen, wenn das Gericht auch nach der inländischen Rechtslage im Einzelfall zu dem gleichen Ergebnis gelangt, daß nämlich die Obsorge dem Vater zu übertragen ist?

---

193 In dieser Vereinbarung stimmte die Mutter nicht nur der religiösen Erziehung der Tochter zu, sondern erklärte sich auch damit einverstanden, daß der Vater die alleinige Obsorge innehat. Da der Vater zum Zeitpunkt der Vereinbarung noch nicht die österreichische Staatsbürgerschaft besaß, lag eine Auslandsberührung vor.

Daß auch die deutsche Rechtssprechung und Lehre mit sehr ähnlichen Fallkonstellationen konfrontiert ist, zeigt ein Artikel von *Henrich*[194], in dem er darlegt, daß ein Verstoß gegen den deutschen ordre public[195] nicht schon dann gegeben ist, wenn die ausländische Norm als solche gegen wesentliche Grundsätze des deutschen Rechts verstößt, sondern daß es vielmehr darauf ankommt, ob das Ergebnis, zu dem die Anwendung führt, als nicht hinnehmbar erscheint. Seiner Ansicht nach kann daher " ausländisches Recht, das - zB - ab einem bestimmten Alter des Kindes die volle elterliche Sorge für das Kind dem Vater zuweist, unbedenklich angewendet werden, wenn auch ein deutsches Gericht bei Anwendbarkeit deutschen Rechts unter Abwägung aller Umstände zu dem Schluß gekommen wäre, daß das Kind beim Vater besser aufgehoben ist als bei der Mutter."
Er wendet sich damit ganz deutlich gegen jene Meinung[196], die die Eingriffsschwelle für den ordre public niedriger ansetzt, indem sie sagt, daß für die Bestimmung der "wesentlichen Grundsätze", wie sie in Art 6 EGBG ausdrücklich vorgeschrieben ist, insbesondere die Grundrechte heranzuziehen sind. Demnach sei ein Grundrechtsverstoß in einer ausländischen Sachnorm stets auch ein Verstoß gegen den deutschen ordre public. Daraus wird für den konkreten Fall gefolgert, daß eine Sorgerechtsverteilung mit den Grundrechten nicht erst dann unvereinbar sei, wenn sie das Wohl des Kindes ernstlich gefährden würde, sondern bereits dann, wenn sie das "Kindeswohlprinzip nicht zum entscheidenden Maßstab setzt".
Ebenso deutlich wie *Henrich* wies schon vor ihm auch *Coester* diese Ansicht zurück: "Unmaßgeblich für den ordre public ist demnach eine Verletzung des Gleichberechtigungsprinzips auf abstrakter Normebene, gleiches gilt für das im Kindeswohlbegriff steckende Prinzip der Einzelfallgerechtigkeit. Entscheidende Frage ist, ob die aus dem ausländischen Gesetz folgende Kindeszuweisung im konkreten Fall dem Kindeswohl im Sinne üblicher, einzelfallbezogener Konkretisierung widerspricht. Über das Eingreifen der ordre public-Klausel entscheidet bei Sorgerechtsfragen also eine Parallelbeurteilung des Falles aus der Sicht des deutschen Rechts. Entspricht die gesetzliche Zuweisung dem individuellen Kindeswohl, so ist der deutsche ordre public nicht verletzt."[197]
In diesem Sinne hat sich für den Bereich der österreichischen Lehre vor allem *Scheucher* geäußert, der ganz allgemein feststellt: "Es kommt nicht darauf an, ob eine ausländische Norm als solche gegen den österreichischen ordre public verstößt, sondern es ist einzig und allein maßgebend, ob die Anwendung der ausländischen Norm gegen die Vorbehaltsklausel verstößt. Es kann sein, daß die Anwendung eines dem ordre public widersprechenden Rechtssatzes nicht gegen den ordre public verstößt."[198]
Unbestritten ist eine Diskussion darüber, was unter den in § 6 IPRG genannten "Grundwertungen" konkret zu verstehen ist, sinnvoll und notwendig, da der ordre public wandelbar ist und sich immer auf die "gegenwärtigen Grundanschauungen"

---

194 *Henrich*, Elterliche Sorge in den islamischen Rechten und ordre public, IPRax 1993, 81.

195 Verankert in Art 6 EGBG:
"Öffentliche Ordnung (ordre public)
Die Rechtsnorm eines anderen Staates ist nicht anzuwenden, wenn ihre Anwendung zu einem Ergebnis führt, das mit wesentlichen Grundsätzen des deutschen Rechts offenbar unvereinbar ist. Sie ist insbesondere nocht anzuwenden, wenn die Anwendung mit den Grundrechten unvereinbar ist."

196 BVerfGE 31, 58 = FamRZ 1971, 414.

197 *Coester*, Sorgerecht und Ehewohnung bei getrenntlebender iranischer Familie, IPRax 1991, 236.

198 *Scheucher*, ZfRV 1960, 22.

beziehen muß.[199] Dabei muß aber immer vom Ausnahmecharakter des ordre public ausgegangen werden, um dem Wesen des IPR gerecht zu werden. Denn das ist gekennzeichnet "durch die Bereitschaft, dem an sich kompetenten fremden Recht im Interesse der Gerechtigkeit und der internationalen Harmonie den Vortritt zu lassen."[200]

Im vorliegenden Fall hätte man somit - bei Weiterbestehen der Auslandsberührung -, dem Vater die Obsorge unter Anwendung der ausländischen Norm übertragen können.

Da gerade im Bereich des Kindschaftsrechtes die Familiengerichte relativ häufig befaßt werden, soll im nächsten Unterkapitel die Frage behandelt werden, unter welchen Voraussetzungen ein österreichisches Gericht über die Obsorge und den Unterhalt eines muslimischen Kindes zu entscheiden hat.
Neben seiner örtlichen, sachlichen und funktionellen Zuständigkeit, hat das angerufenen Gericht bei einem Fall mit Auslandsberührung als weitere - selbständige - Prozeßvoraussetzung zu prüfen, ob im konkreten Fall die inländische Gerichtsbarkeit gegeben ist.[201]
Was ist unter diesem Begriff zu verstehen?

Bajons, die sich sehr ausführlich mit dieser Thematik beschäftigt hat[202], faßt in ihrem Artikel zusammen, daß der Oberbegriff "inländische Gerichtsbarkeit" in den Begriff der Gerichtsbarkeit im völkerrechtlichen Sinn einerseits und in den der internationalen Zuständigkeit andrerseits unterteilt werden muß, denn:
"a) Die Gerichtsbarkeit im völkerrechtlichen Sinn ist Ausfluß der staatlichen Souveränität (Gebietshoheit), sie ist die dem Staat als Völkerrechtssubjekt verliehene Entscheidungsgewalt, deren Grenzen das Völkerrecht (Gewohnheits- und Vertragsrecht) setzt[203].
b) Die internationale Zuständigkeit bedeutet demgegenüber die Entscheidungsbefugnis der Gerichte eines Staates insgesamt in Rechtssachen mit Auslandsbeziehung. Sie ist Teil der Gerichtsbarkeit im innerstaatlichen Sinn, die der Staat den einzelnen Gerichten delegiert. Somit erweist sich die internationale Zuständigkeit als die Geichtsbarkeit in internationalen Streitsachen, betrachtet aus der Sicht der staatlichen Gerichte als Prozeßsubjekte.
Formell wird die inländische Gerichtsbarkeit durch das innerstaatliche Recht und (ergänzend) durch das Völkerrecht (insbesondere Völkervertragsrecht) geregelt."

Daß die Unterteilung des Oberbegriffes "inländische Gerichtsbarkeit" zu Recht erfolgt, weist *Bajons* anhand der unterschiedlichen Rechtsfolgen nach. Während beim Mangel der Gerichtsbarkeit im völkerrechtlichem Sinn die Sachentscheidung auch noch nach Eintritt der formellen Rechtskraft auf Antrag der obersten Verwaltungsbehörde vom OGH aufgehoben werden kann, scheint ihr dies für die Überschreitung des Bereiches der österr internationalen Zuständigkeit nicht

---

199 *Jayme*, Wandlungen des ordre public im internationalen Kindschaftsrecht, StAZ 1980, 301.
200 *Dölle*, IPR 79.
201 Grundsätzlich geregelt in Art IX EGJN und in den §§28, 29 und 42 JN.
202 *Bajons*, Ein österreichisches System der internationalen Zuständigkeit, ZfRV 1972, 91.
203 Diese Grenzen sind: Die Immunität ausländischer Staaten, die Exemtion ausländischer Staatsoberhäupter und im Inland akkreditierter Diplomaten und die Exterritorialität bestimmter Teile des inländischen Staatsgebietes (zB Botschaftsgebäude).

gerechtfertigt. Sie kommt daher zu dem Schluß, " daß unter den Anwendungsbereich des § 42 Abs JN nur der Mangel der Gerichtsbarkeit im völkerrechtlichen Sinn sowie der Verstoß gegen staatsvertraglich begründete Regeln der internationalen Zuständigkeit fällt. Hingegen ist das Fehlen der in innerstaatlichen Gesetzen normierte internationalen Zuständigkeit mit formeller Rechtskraft der Entscheidung geheilt."[204]

VI. 3. B. Zuständigkeitsfragen im Kindschaftsrecht

VI. 3. B. a. Die Gesetzeslage im Hinblick auf Feststellung der internationalen Zuständigkeit für den Bereich der Obsorge vor und nach Inkrafttreten des MSA

Wie ein angerufenes Gericht seine Zuständigkeit - iS des oben Gesagten - vor 1975 festzustellen hatte, soll anhand einer OGH-Entscheidung aus dem Jahre 1974 dargestellt werden.[205]

Ausgangspunkt war der Antrag einer Mutter, die neben der ägyptischen auch die österreichische Staatsbürgerschaft besaß, ihr den 14 jährigen Sohn in Pflege und Erziehung zu überlassen. Sowohl sie, der Sohn als auch der - von ihr getrennt lebende Mann - bekannten sich zum Islam und waren Staatsbürger der arabischen Republik Ägypten. Sie wollte mit ihrem Kind in Österreich leben. Der Vater lehnte als Antragsgegner die inländische Gerichtsbarkeit ebenso ab, wie eine gütliche Regelung der Angelegenheit.
Das Erstgericht teilte daraufhin den Umstand, daß hier eine diesbezügliche Pflegschaftssache anhängig sei, der Botschaft der Arabischen Republik Ägypten mit und bat um Auskunft, ob das für das Kind zuständige ägyptische Gericht in dieser Sache seine ausschließliche Zuständigkeit in Anspruch nehme. Im Antwortschreiben des Konsulats wurde die ausschließliche Inanspruchnahme der Zuständigkeit durch das ägyptische Gericht bejaht. Daraufhin wies das österreichische Gericht die Anträge der Mutter wegen Unzuständigkeit zurück. Diese Entscheidung wurde vom Rekursgericht mit der Begründung aufgehoben, daß in der Antwort der Konsularabteilung - mangels Kenntnis des genauen Sachverhaltes - nur eine Art Auskunft über ägyptisches Recht gesehen werden könne. Weiters wurde ausgeführt, daß eine derartige Anfrage entbehrlich sei, da es nicht die Aufgabe des inländischen Gerichtes sei, die Heimatbehörde des Minderjährigen zu einem eventuellen Einschreiten aufzufordern. In der Folge wurde daher die inländischen Gerichtsbarkeit bejaht, wobei das Rekursgericht dazu ausführte, daß die zu treffende Sachentscheidung über die Anträge der Mutter auf Grund des Heimatrechtes des Vaters zu ergehen habe, soferne dieses nicht gegen den Zweck eines österreichischen Gesetzes verstoße oder mit österreichischen Rechtsgedanken unvereinbar sei. Da nach ägyptischem Recht Knaben nach dem 7. Lebensjahr ohneweiteres in die Obhut des Vaters kommen, nach österreichischem Recht aber in erster Linie das Wohl des Kindes bei der Entscheidung über seine Pflege und Erziehung maßgebend sei, verstoße das Heimatrecht des Vaters gegen den österreichischen ordre public. Die Sache sei deshalb nach österreichischem Recht zu entscheiden. Sie sei aber noch nicht spruchreif, weil eine Entscheidung

---

[204] *Bajons*, ZfRV 1972, 106.
[205] OGH 4.12.1974, 5 Ob 296/74 ZfRV 1976, 140.

nach § 142 ABGB nur unter der Voraussetzung der Aufhebung der ehelichen Gemeinschaft der Eltern ergehen könne, dies Frage aber bisher noch ungeklärt sei. Gegen diese Entscheidung erhob nun der Vater Rekurs, welcher als zulässig, aber unbegründet abgewiesen wurde.
Das Höchstgericht führt in seinen Gründen bezüglich der Zuständigkeitsfrage aus: "Zutreffend und in Übereinstimmung mit der Lehre und Judikatur war das Rekursgericht der Auffassung, daß der österreichische Außerstreitrichter zur Entscheidung über die an ihn von ausländischen Eltern herangetragene Frage, welchem Elternteil das Recht zur Erziehung und Pflege ihres (ausländischen, jedoch zumindest derzeit in Österreich lebenden) Kindes zusteht, nur dann berufen ist, wenn die zur Entscheidung dieser Frage zuständige ausländische Behörde nicht ihre ausschließliche Zuständigkeit in Anspruch genommen hat, das heißt noch nicht eingeschritten ist. ..., die inländische Gerichtsbarkeit ist in einem solchen Fall unmittelbar aus der örtlichen Zuständigkeit des angerufenen Pflegschaftsrichters abzuleiten. Die örtliche Zuständigkeit des Pflegschaftsrichters ergibt sich im Sinne des § 109 Abs 1 Jurisdiktionsnorm[206] aus dem (auch bloß vorübergehenden) Aufenthalt des ausländischen Kindes im Inland. Verläßt das Kind Österreich, so ist das Verfahren einzustellen."
Schwind betont in einer kurzen Besprechung[207], daß hier seitens des OGH mit Recht die örtliche Zuständigkeit des Pflegschaftsgerichtes im Sinne des § 109 Abs 1 JN aus dem auch bloß vorübergehenden Aufenthalt des ausländischen Kindes im Inland abgeleitet wurde. Weiters erkenne der OGH auch richtig, daß analog § 10 der 4. DVEheG das ägyptische Heimatrecht des Vaters Anwendung zu finden hätte, daß dieses aber gegen den österreichischen ordre public verstoße. Ergänzend weist er noch darauf hin, daß der OGH den ordre public-Gedanken in jene Richtung verfestigt habe, daß das Wohl des Kindes bei der Entscheidung österreichischer Gerichte maßgebend zu sein hat, auch wenn das grundsätzlich anwendbare Heimatrecht des Vaters in dieser Frage von anderen Kriterien ausgeht.

In dieser Entscheidung wurde die internationale Zuständigkeit des österreichischen Gerichtes bejaht, indem auf den - wenn auch bloß vorübergehenden - Aufenthalt des ausländischen Kindes in Österreich abgestellt wurde.
An diesem Beispiel kann man deutlich erkennen, daß der Rechtsbegriff der "internationalen Zuständigkeit" aus der örtlichen Zuständigkeit begrifflich herausgelöst wurde und daher nach wie vor in einem sehr engen Zusammenhang mit ihr steht. Insoweit, kommt der urprünglich rein örtlichen Bestimmung in § 109 JN auch eine internationale Abgrenzungsfunktion zu.[208]

Mähr, der sehr umfassend diese Zuständigkeitsfragen behandelte, faßt die Situation vor Inkrafttreten des Minderjährigenschutzabkommens 1975 daher so zusammen:
"Bis zur Verlautbarung des »Übereinkommens über die Zuständigkeiten der Behörden und das anzuwendende Recht auf dem Gebiet des Schutzes von Minderjährigen« vom 5.10.1961 im BGBl 446/1975 (MSchÜ oder MSA), war die Zuständigkeit der österreichischen Vormundschaftsgerichte hinsichtlich eines

---

[206] § 109 Abs 1 JN
"... zur Besorgung der sonstigen Geschäfte, die nach den Bestimmungen über die Rechte zwischen Eltern und minderjährigen Kindern ... dem Gericht obliegen, ist das Gericht zuständig, in dessen Sprengel der Minderjährige ... seinen gewöhnlichen Aufenthalt, mangels eines solchen im Inland seinen Aufenthalt hat;..."
[207] *Schwind*, ZfRV 1976, 142.
[208] *Bajons*, ZfRV 1972, 94 u 121.

minderjährigen Ausländers, der in Österreich seinen Aufenthalt genommen hat, entweder auf Grund zweiseitiger Verträge und Abkommen, oder auf Grund eines mulitlateralen Abkommens oder mangels eines solchen in einem konkreten Fall anwendbaren Übereinkommens unter den Voraussetzungen des Art 14 Abs 1 der 4. DVEheG gegeben, während sich die Pflegschaftsgerichtsbarkeit hinsichtlich ehelicher Kinder, die nicht unter Vormundschaft standen, entweder ebenfalls aus einem zwischenstaatlichen Vertrag ergab oder allein aus der Tatsache abgeleitet worden ist, daß der minderjährige Ausländer seinen Aufenthalt in Österreich genommen hat, vorausgesetzt, daß der Heimatstaat die Gerichtsbarkeit nicht für sich in Anspruch genommen hat. Bei der Ausübung dieser Zuständigkeit war jedoch in materiellrechtlicher Hinsicht ausländisches Recht anzuwenden..."[209]
Das hieß für das österreichische Pflegschaftsgericht nicht nur, daß es in einem konkreten Fall zu prüfen hatte, ob die ausländische Behörde gewillt war, ihre Zuständigkeit in Anspruch zu nehmen, sondern auch, daß sie bei den beabsichtigten Maßnahmen ausländische Rechtsnormen anzuwenden hatte. Diese Regelung wies somit der österreichischen Gerichtsbarkeit eine subsidiäre Rolle zu. Daß gerade bei der Anwendung von Gesetzen aus dem arabischen Raum hier immer wieder die Frage nach der Ordre public-Widrigkeit vorzulagern war, stellte noch eine zusätzliches Erschwernis dar.

Seit Inkrafttreten des Minderjährigenschutzabkommens sind nun grundsätzlich die Behörden desjenigen Staates zuständig, Maßnahmen zum Schutze eines Minderjährigen zu treffen, in welchem dieser seinen gewöhnlichen Aufenthalt hat (Art 1). Zugleich wird festgelegt, daß solche Schutzmaßnahmen nach dem nationalen Recht des Aufenthaltsstaates zu treffen sind (Art 2).[210]
In drei Bereichen erfährt diese inländische Zuständigkeit eine Einschränkung:

- ⇨ gemäß Art 3 ist ein Gewaltverhältnis, das nach dem Heimatrecht des Minderjährigen kraft Gesetzes besteht, in allen Vertragsstaaten anzuerkennen.
- ⇨ gemäß Art 4 können Behörden des Heimatstaates des Minderjährigen, wenn es das Wohl des Minderjährigen erfordert, pflegschaftsbehördliche Maßnahmen treffen, nachdem sie die Behörden des Aufenthaltsstaates verständigt haben. Diese Anordnungen treten an die Stelle jener des Aufenthaltsstaates. Für deren Durchführung hat der Heimatstaat zu sorgen.
- ⇨ gemäß Art 5 bleiben Anordnungen des Aufenthaltstaates bei Wechsel des Minderjährigen in einen anderen Staat so lange aufrecht, bis die Behörden dieses Staates neue Maßnahmen anordnen, wobei dies erst nach vorheriger Verständigung der bisher zuständigen Behörde erfolgen darf.

Damit wurde im Ergebnis die Zuständigkeit auf Heimatstaat und Aufenthaltsstaat aufgeteilt, wobei in Art 8 und 9 für dringend notwendige Schutzmaßnahmen bei einer ernstlichen Gefährdung eines Minderjährigen eine unbedingte Zuständigkeit des Aufenthaltsstaates normiert wird.[211]
Österreich machte von der Möglichkeit Gebrauch, einen Vorbehalt im Sinne des Art 13 dieses Übereinkommens zu beschließen, und beschränkte die Anwendbarkeit ausschließlich auf Minderjährige aus Vertragsstaaten. Die Zuständigkeit der

---

209 *Mähr,* Zuständigkeiten im internationalen Kindschaftsrecht, RZ 1977, 152.
210 EFSlg 63.862, 72.720.
211 EFSlg 72.721 - 72.725.

österreichischen Vormund- und Pflegschaftsgerichte war und ist - laut *Mähr* - grundsätzlich nur unter vier Voraussetzungen gegeben:

1. Der minderjährige Ausländer, der in Österreich seinen Aufenthalt genommen hat, muß Angehöriger eines Vertragsstaates sein.
2. Er muß sowohl nach seinem Heimatrecht als auch nach österreichischem Recht noch minderjährig sein.
3. Die Zuständigkeit zu Schutzmaßnahmen im Sinne des Art 1 ist - ausgenommen die Sonderzuständigkeiten nach Art 8 und 9 - nur insoweit gegeben, als in der betreffenden Sache nicht bereits die Heimatbehörden entschieden haben;
4. die Zuständigkeit nach dem Minderjährigenschutzabkommen ist nur für solche Maßnahmen gegeben, die unter die Schutzmaßnahmen des Art 1 des Übereinkommens fallen; für andere Maßnahmen bleiben die bisherigen Zuständigkeitsvorschriften bestehen.

Welche Maßnahmen nun unter den Begriff "Schutzmaßnahmen" fallen, ist im Übereinkommen nicht explizit geregelt. Die Lehre geht weitgehend konform, daß insbesondere die Bestellung von Vormündern und Sachwaltern, die Regelung der Obsorge über Kinder nach erfolgter Scheidung der Ehe der Eltern, die Bestellung von Kollisionskuratoren und die Entziehung der väterlichen und elterlichen Gewalt darunter zu verstehen ist. Nicht darunter fallen ua die Adoptionsbewilligung und die Feststellung der Legitimation, die Volljährigkeitserklärung, die Erklärung der Ehemündigkeit, die Ehelicherklärung durch den Bundespräsidenten[212], die Jugendstrafsachen, alle Maßnahmen, die nicht zum Schutz eines bestimmten Kindes, sondern nur allgemein getroffen werden und vor allem nicht die Festsetzung des Unterhalts.[213]
Aufgrund des Vorbehaltes Österreichs hat sich nach der Ratifizierung in Zuständigkeitsfragen bezüglich Minderjähriger aus islamischen Staaten nicht viel geändert, da von diesen nur die Türkei Vertragsstaat geworden ist.[214]
Im Streit der Eltern um die elterliche Sorge für ihre Kinder - während oder nach einem Scheidungsverfahren - kann das Gericht nach wie vor mit der Frage nach dem Anknüpfungspunkt für seine Zuständigkeit und das anzuwendende Recht in einer der folgenden Fallkonstellationen konfrontiert werden:

⇨ ***Das Kind hat seinen gewöhnlichen Aufenthalt in Österreich und besitzt neben österreichischen auch die Staatsbürgerschaft eines islamischen Landes.***

In einer Entscheidung aus dem Jahre 1978[215], stellt der OGH fest, daß bei Vorliegen einer Doppelstaatsbürgerschaft der Minderjährige, der seinen gewöhnlichen Aufenthalt in Österreich hat, im Hinblick auf das MSA allein als Inländer iS § 9 Abs 1 IPRG behandelt wird und somit als "Angehöriger eines Vertragsstaates" zu gelten hat.

---

212 Näheres zu diesem Verfahren in *Zemen*, Die Einheit der internationalen Zuständigkeit von Verwaltungsbehörde und Gericht bei "zusammengesetzten" Verfahren, ZfRV 1973, 89.
213 *Mähr*, RZ 1977 153.
214 seit 17.5.1985, BGBl 1985/234.
215 OGH 14.7.1978, 5 Ob 664/78 IPRE 1/142 = EFSlg 31.931.

Konkreter Anlaßfall war der Antrag einer österreichischen Mutter, ihr das alleinige Sorgerecht über die beiden - aus einer Ehe mit einem Ägypter stammenden - Kinder zu übertragen. Die Minderjährigen hatten die ägyptische und die österreichische Staatsbürgerschaft. Beide lebten bei der Mutter in Innsbruck.
Der OGH hielt in seinem Erkenntnis an seiner ständigen Rechtssprechung fest, daß Angehörige mehrerer Staaten, die auch Österreicher sind, kollisionsrechtlich nur als Inländer zu behandeln sind. Er führte dazu aus: "Diesem Grundsatz entsprechend, ist auch das Haager Minderjährigenschutzabkommen, das über die Behandlung von Angehörigen mehrerer Staaten nichts aussagt, gemäß seinem Art 13 in Österreich auf Minderjährige anzuwenden, die neben der Angehörigkeit zu einem anderen Staat auch die Staatsbürgerschaft Österreichs besitzen und hier ihren gewöhnlichen Aufenthalt haben."

Somit ist bei Doppelstaatsbürgerschaft dann das Minderjährigenschutz- abkommen anzuwenden, wenn der Minderjährige auch die österreichische Staatsbürgerschaft besitzt und seinen gewöhnlichen Aufenthalt im Inland hat. In diesem Fall richtet sich sowohl die Jurisdiktions- als auch die Rechtsanwendunsfrage nach den Art 1, 2, und 4 MSA.[216]

Daß der Grundsatz "Anknüpfung an der österreichischen Staatsbürgerschaft" auch bilateralen Verträgen vorgeht, zeigt eine OGH - Entscheidung aus 1989.[217]
Der Vater, ein Iraner, beantragte die "Überweisung" seines Kindes in seine Pflege und Erziehung. Dabei stützte er sich auf die Entscheidung eines iranischen Gerichtes, das unter Zugrundelegung von iranischem Recht über das Sorgerecht des Minderjährigen eine vollstreckbare Entscheidung erlassen hatte. Er berief sich auf die Anwendbarkeit des Art 10 Abs 3 des österreichisch - iranischen Freundschafts- und Niederlassungs-vertrages.[218]
Dieser besagt:

> *"... In Angelegenheiten der Eheschließung, des ehelichen Güterrechtes, der Vaterschaft, der Abstammung, der Annahme an Kindesstatt, der Rechts- und Handlungsfähigkeit, der Großjährigkeit, der Vormundschaft, der gesetzlichen und testamentarischen Erbfolge bleiben die Angehörigen einer Hohen Vertragsschließenden Partei auf dem Gebiete der anderen Partei den Bestimmungen des in ihrem Heimatstaat geltenden Rechtes unterworfen. ..."*

Da sowohl die Mutter als auch das Kind neben der iranischen auch die österreichische Staatsbürgerschaft besaßen, wurden sie über diesen Anknüpfungspunkt ausschließlich als Inländer behandelt.
Der OGH erkannte daher zu Recht:
"Die väterliche Obsorge gegenüber einem österreichischen Kind unterliegt nicht dem österreichisch-iranischen Vertrag."
In seinen Gründen führt das Höchstgericht aus, daß dann, wenn eine Person neben einer fremden Staatsangehörigkeit auch die österreichische hat, gem § 9 Abs 1 IPRG diese maßgebend ist. Der Umstand, "daß auch ein iranisches Gericht unter Anwendung iranischen Rechts über das Sorgerecht betreffend den Minderjährigen

---

216 *Schwimann*, zu OGH 17.10.1979, 6 Ob 704/79 JBL 1980, 316.
217 OGH 6. 6.1989, 2 Ob 536/89 IPRE 3/127.
218 Freundschafts - und Niederlassungsvertrag zwischen der Republik Österreich und dem Kaiserreich Iran vom 9.9.1959, BGBl 1966/45.

entschieden hat und einen Vollstreckungsbescheid erlassen hat, ist daher nicht mehr entscheidend."

Problematischer ist es, wenn der Anknüpfungspunkt "österreichische Staatsbürgerschaft" - wie bei der nächsten Fallkonstellation - fehlt !

⇨*Beide Eltern und das/die Kind/er, die sich in Österreich aufhalten, sind Staatsangehörige eines islamischen Landes*

Da das Haager Minderjährigenschutzabkommen nur auf Staatsangehörige von Vertragsstaaten anzuwenden ist, und alle islamische Staaten - bis auf die Türkei - diesem nicht beigetreten sind, kann es hier nicht zur Feststellung der Zuständigkeit herangezogen werden. Somit ergibt sich die inländische Gerichtsbarkeit für die, in § 109 JN genannten, Pflegschaftsmaßnahmen hinsichtlich Minderjähriger weiterhin aus § 110 Abs 1 Z 2 JN , der diese bejaht

> *" ..., wenn der Minderjährige oder sonstige Pflegebefohlene ...*
> *2. seinen gewöhnlichen Aufenthalt oder, soweit es um dringende Maßnahmen geht, zumindest seinen Aufenthalt im Inland hat ..."*

Das heißt, das österreichische Gericht ist zuständig, hat aber die Rechtsbeziehungen im Sinne des § 24 IPRG nach dem Personalstatut des Kindes, somit nach seinem Heimatrecht zu beurteilen.

Welche Schwierigkeiten dies der Rechtsprechung im Einzelfall bereiten kann, soll am Beispiel einer OGH-Entscheidung aus dem Jahre 1984[219] gezeigt werden.

Dabei ging es um türkische Staatsbürger.[220] Auch wenn die Türkei inzwischen dem Abkommen beigetreten ist, zeigt dieser Fall exemplarisch sehr gut die grundlegende Problematik des Rechtsanwenders. Dies vor allem dann, wenn zum Schutz des Minderjährigen den Eltern die Obsorge entzogen werden soll und das Heimatrecht eine solche Maßnahme gar nicht oder nur ungenügend "deckt".
Im konkreten Fall wurde einem türkischen Ehepaar die kleine Tochter - nachdem sie sie wiederholt schwer mißhandelt hatten - weggenommen und zunächst in einem Kinderheim, später bei Pflegeeltern untergebracht. In der Folge stellten die Eltern den Antrag auf Aufhebung der gerichtlich angeordneten Erziehungshilfe und Überlassung der Pflege und Erziehung des Kindes an die Großmutter mütterlichseits. Diese lebte in der Türkei und hatte das Kind bereits betreut, bevor es nach Österreich gekommen war. Das Erstgericht hob die gerichtlich angeordnete Erziehungshilfe auch tatsächlich auf, ordnete aber bis zur Rechtskraft dieses Beschlusses die weitere Unterbringung des Kindes an. Dagegen erhoben die Eltern Rekurs. Das Rekursgericht änderte daraufhin die Entscheidung des Erstgerichtes dahingehend ab, daß sie den Antrag der Eltern, das Kind der Großmutter in die Pflege und Erziehung zu übergeben, abwies. Begründet wurde dies seitens der zweiten Instanz damit, daß aufgrund der beschränkten Aufenthaltserlaubnis der Eltern die Minderjährige bei einer Rückführung in die Türkei dem Einflußbereich

---

219 OGH 12.4.1984, 8 Ob 541/84 ZfRV 1985, 289 = IPRE 2/148 = Efslg 46.567 = ÖA 1986,54.

220 Die Türkei hat sich mit der Rezeption des schweizerischen Zivilgesetzbuches im Jahre 1926 vom islamischen Rechtskreis losgelöst und ein okzidental-europäisches Rechtssystem eingeführt.

ihrer Eltern nicht entzogen werde. Weiters wurde bei einem neuerlichen Umgebungswechsel die Gefahr " ... des Auftretens von Depressionen oder von anderen schwerwiegenden Verhaltens-störungen .." befürchtet. Der daraufhin erhobene Revisionsrekurs des Vaters wurde vom OGH als unberechtigt abgewiesen. Die Zuständigkeit der österreichischen Gerichtsbarkeit gemäß § 110 Abs 1 Z 2 JN wurde zwar bejaht, die Anwendbarkeit des türkischen Rechtes für die konkrete Maßnahme der Obsorgeentziehung aber ausgeschlossen. Begründet wurde dies damit, daß das hier zur Anwendung gelangte Jugendwohlfahrtsrecht auch öffentliches Recht enthalte. Öffentliches Recht aber sei vom Territorialprinzip beherrscht, nicht so wie das internationale Privatrecht, das sich am Personalstatut zu orientieren habe.
Überdies führt das Höchstgericht unter Hinweis auf die einschlägigen türkischen Bestimmungen in seinen Gründen aus: "Da aber in der Türkei ausländische Entscheidungen in Angelegenheiten des Familienrechts nicht anerkannt werden, kann im vorliegenen Fall durch eine von einem österreichischen Gericht getroffenen Entscheidung, mit der die Pflege und Erziehung des Kindes der Großmutter überlassen wird, nicht sichergestellt werden, daß den Eltern künftige Mißhandlungen des Kindes unmöglich gemacht werden."

Hoyer hat sich in einer Rezension eingehend mit der Problematik dieser Entscheidung auseinandergesetzt und kommt zu dem Schluß, daß die Behauptung, es handle sich bei den gesetzten Maßnahmen um solche des öffentlichen Rechts, "auf schwachen Füßen" stehe. Man dürfe nämlich nicht vernachlässigen, daß das Gericht die grundsätzliche Anordnung und die Auswahl der erforderlichen Maßnahmen zu treffen habe. Bestenfalls ihre Überwachung durch die Bezirksverwaltungsbehörde sei dem Bereich des öffentlichen Rechts zuzurechnen, was aber nichts daran ändere, daß "§ 2 JWG in Gemengelage von Zuständigkeits- und Rechtsanwendungsregeln diese einheitlich ... dem Territorialprinzip unterwirft."
Bezugnehmend auf die Ansicht des Höchstgerichtes, daß ausländische Entscheidungen in Angelegenheiten des Familienrechts nicht anerkannt werden, weist der Autor nach, daß hier der OGH von einer veralteten Gesetzeslage ausgegangen ist. Der an der Fundstelle bezogene Art 540 der türkischen Zivilprozeßordnung wurde am 22. 11. 1982 durch die Art 34 bis 42 des Gesetzes Nr 2675 ersetzt. Seit diesem Tag sind auch ausländische Urteile in Familienrechtssachen in der Türkei anerkennungsfähig und nach Erwirken eines Vollstreckungsurteils vollstreckbar.[221]

Trotz der im konkreten Fall verfehlten Argumentation, zeigt diese Entscheidung eines deutlich:
Aus der Sicht der österreichischen Gerichte und Pflegschaftsbehörden besteht gerade bei solchen Sachverhalten das dringende Bedürfnis, mit österreichischen Gesetzen, die dem Kindeswohl und Kindesschutz einen sehr hohen Stellenwert einräumen, zu operieren. Da der österreichische Gesetzgeber mit seinem Vorbehalt zu Art 13 Abs 3 des Minderjährigenschutzabkommens die Anwendbarkeit auf die Angehörigen der Mitgliedsstaaten beschränkt hat, versucht man auf anderen Wegen die Intention der dort verankerten Schutzbestimmungen zu erreichen. Die Frage ist nur, ob der hier gewählte Weg, nämlich der Ausschluß der ausländischen Norm auf Grund eines "öffentlich-rechtlichen Anknüpfungspunktes", wirklich zulässig ist. Viel

---

221 *Hoyer*, ZfRV 1985, 292.

eher wird in solchen Fällen die ausländische Norm unter dem Aspekt der ordre-public-Konformität, bzw -Widrigkeit zu prüfen sein.

Auch in der deutschen Lehre, die mit sehr ähnlichen Fällen konfrontiert wird, fordert man diese Vorgangsweise. So schreibt zum Beispiel *Henrich* dazu:
"Erscheint das ausländische Recht aus irgendeinem Grund nicht hinnehmbar, so sollte offen auf den ordre public rekurriert werden. Das ist überzeugender als der Versuch einer Manipulation der Kollisionsnormen."[222] Vor allem darf einer ausländischen Gerichtsbarkeit nicht von vornherein ihr "Funktionieren" abgesprochen werden. Hier scheint wohl der Weg der internationalen Rechtsvereinheitlichung im Wege ähnlicher Abkommen wie es das Minderjährigenschutzabkommen ist, der richtige zu sein.
Wie wichtig dieses Bedürfnis an internationalen Verträgen ist, zeigt der nächste Fall.

⇨***Das Kind eines islamischen Vaters und einer österreichischen Mutter hat seinen gewöhnlichen Aufenthalt in einem islamischen Staat, dh in einem Staat, der die Regelung der Eltern-Kind-Beziehung dem religiösen Recht überläßt.***

In so einem Fall ist für den Minderjährigen - bei Unanwendbarkeit des Minderjährigenschutzabkommens - die österreichische Gerichtsbarkeit gemäß § 110 Abs 2 JN dann nicht gegeben,

> *"... soweit und solange durch die im Ausland getroffenen oder zu erwartenden Maßnahmen die Rechte und Interessen des Minderjährigen oder sonstigen Pflegebefohlenen ausreichend gewahrt werden. ..."*

Auch wenn aufgrund der konkreten Umstände ein inländisches Gericht seine Zuständigkeit de jure bejahen kann, ist der Minderjährige de facto der österreichischen Gerichtsbarkeit entzogen. Dieses Ergebnis ist vor allem dann sehr unbefriedigend, wenn der ausländische Vater das Kind gegen den Willen der Mutter in sein Heimatland gebracht hat.
Klinkhardt[223] hat sich in Deutschland, ausgehend von der Entscheidung des Oberlandesgerichtes Hamm aus dem Jahre 1990[224], mit dieser Problematik näher befaßt. Da seine Ausführungen in weiten Bereichen auch für Österreich ihre Gültigkeit haben, sollen sie hier kurz dargestellt werden:
Anlaß für die Entscheidung und anschließende Besprechung war der Fall eines minderjährigen Mädchens, das zunächst in der Bundesrepublik aufwuchs, aber im Alter von etwa zwei Jahren nach Jordanien zu den dort lebenden Angehörigen des Vaters gebracht wurde, wo sie seither bei der Großmutter lebt. Das Einverständnis der Mutter dafür hatte sich der Vater durch die Vorspiegelung falscher Tatsachen erschlichen. Bald darauf kam es zur Ehescheidung, in deren Folge das angerufene Gericht der Mutter die elterliche Sorge für das Kind übertrug und dem Vater auftrug, das Kind unverzüglich nach Deutschland zurückzubringen und es der Kindesmutter zu übergeben. Dieser verweigerte die Rückführung seiner Tochter und erhob gegen den diesbezüglichen Beschluß Beschwerde.

---

[222] *Henrich*, IPRax 1993, 82.
[223] *Klinkhardt*, IPRax 1991, 174.
[224] Beschluß 8.2.1990, 2 UF 216/89, IPRax Nr 32, 1991,191.

Im Ergebnis bedeutete dieses Vorgangsweise - wie *Klinkhardt* zusammenfaßt - eine Entführung der Minderjährigen. In den siebziger Jahren wurde von einem Teil der deutschen Rechtsprechung und Literatur die Meinung vertreten, eine solche Entführung des Minderjährigen könne an seinem gewöhnlichen Aufenthalt im Sinne des Minderjährigenschutzabkommens nichts ändern, weil andernfalls der Rechtsbruch des entführenden Elternteils sanktioniert würde. Diese Sichtweise entspricht aber nicht der ratio dieses Übereinkommens. Auch wenn ein sorgeberechtigter Elternteil mit dem Wechsel nicht einverstanden ist, hat der Minderjährige seinen Daseinsmittelpunkt verlagert. Damit ist eine Änderung des Aufenthaltes anzunehmen. Wertungen des Verhaltens der Beteiligten müssen dabei unberücksichtigt bleiben. Allerdings ändert eine solche "Entführung" nicht alleine schon den gewöhnlichen Aufenthalt. Es muß eine bestimmtes Element der Dauer erfüllt sein. Als Faustregel werden ungefähr sechs Monate angenommen, die ein Kind an einem bestimmten Ort - integriert in eine Familienstruktur - leben muß, um von einem "gewöhnlichen Aufenthalt" sprechen zu können.[225]
Dieses Ergebnis wird nicht nur von Betroffenen, also in erster Linie von zurückbleibenden Müttern, denen die Kinder entzogen wurden, als äußerst unbefriedigend empfunden. Auch in der Literatur wird die Frage gestellt, ob denn ein Staat seiner Schutzpflicht gegenüber seinen Angehörigen in genügendem Umfang nachkommt, wenn er sie auf das Recht ihres (ausländischen) Aufenthaltsortes verweist. Dennoch wird gerade bei Minderjährigen, die zwar idR eine Doppelstaatsbürgerschaft besitzen, aber in einem islamischen Staat leben, der Inlandsbezug, der eine inländische Inanspruchnahme der Zuständigkeit rechtfertigen würde, sehr schwach gesehen. Selbst wenn ein österreichisches Pflegschaftsgericht im Sinne des §110 Abs 2 JN seine Zuständigkeit bejahen würde, müßte es zunächst das Recht des gewöhnlichen Aufenthaltes anwenden und dieses in der Folge unter dem Aspekt des ordre public prüfen. Wie schon öfters betont, ist der Leitgedanke im Kindschaftsrecht das sogenannte "Kindeswohl". Gerade eine Entscheidung auf Herausgabe des Kindes, bedeutet aber immer eine krasse Veränderung der Lebensumstände des Minderjährigen. Umso länger schon der Aufenthalt in einem Land in einem bestimmten familiären Umfeld dauert, umso schwerwiegender wird jede neuerliche Veränderung sein. Ein Pflegschaftsgericht wird hier des öfteren zum Wohle des Minderjährigen auf dessen Verbleib entscheiden müssen, auch wenn es damit eine Entführung eines - zumindest auch inländischen Staatsbürgers - "sanktioniert".

Um diesen unbefriedigenden Zustand zu beseitigen, trat Österreich 1988 dem "Übereinkommen über die zivilrechtlichen Aspekte internationaler Kindesentführung" bei.[226] Auch wenn keiner der islamischen Staaten diesem bis heute beigetreten ist, soll hier doch dargestellt werden, was damit erreicht werden will, da in Zukunft gerade mit jenen islamischen Staaten, deren Angehörige sich als Migranten in Österreich aufhalten, einen ähnlichen Konsens zu finden, dringend erforderlich wäre; denn die Entführung von Kindern in den Fällen gemischt-nationaler Ehen ist ein Problem "mit besonderer Brisanz und Dramatik" für die Beteiligten.[227]

---

225 *Klinkhardt*, IPRax 1991,175.
226 BGBl 1988/512.
227 *Menhofer*, Das grenzüberschreitende Besuchsrecht in europäisch-islamischen Kindschaftsfällen - Der algerisch-französische Staatsvertrag als Modell, IPRax 1991, 353.

Im Zuge einer Entscheidung aus 1992[228] hat der OGH sich sehr grundsätzlich zu dem Übereinkommens geäußert. In seinen Gründen führt er dazu aus:
"Gemäß Art 1 des Übereinkommens ist es das Ziel des Übereinkommens, die sofortige Rückgabe widerrechtlich in einen Vertragsstaat verbrachter oder dort zurückgehaltener Kinder sicherzustellen und zu gewährleisten, daß das in einem Vertragsstaat bestehende Sorgerecht und Recht auf persönlichen Verkehr in den anderen Vertragsstaaten tatsächlich beachtet wird. Ob das Verbringen oder Zurückhalten eines Kindes im Sinne dieses Übereinkommens als widerrechtlich anzusehen ist, bestimmt sich nach dessen Art 3. Danach gilt ein solches Verhalten dann als widerrechtlich, wenn
a) dadurch das Sorgerecht verletzt wird, das einer Person, Behörde oder sonstigen Stelle allein oder gemeinsam nach dem Recht des Staates zusteht, in dem das Kind unmittelbar vor dem Verbringen oder Zurückhalten seinen gewöhnlichen Aufenthalt hatte, und
b) dieses Recht im Zeitpunkt des Verbringens oder Zurückhaltens allein oder gemeinsam tatsächlich ausgeübt wurde oder ausgeübt worden wäre, falls das Verbringen oder Zurückhalten nicht stattgefunden hätte (Abs 1).
Das unter a) genannte Recht kann insbesondere kraft Gesetzes, auf Grund einer nach dem Recht des betreffenden Staates wirksamen Vereinbarung bestehen (Abs 2). Ist ein Kind im Sinne des Art 3 widerrechtlich verbracht oder zurückgehalten worden und ist bei Eingang des Antrages bei dem Gericht oder der Verwaltungsbehörde des Vertragsstaates, in dem sich das Kind befindet, eine Frist von weniger als einem Jahr seit dem Verbringen oder Zurückbehalten verstrichen, so ordnet das zuständige Gericht oder die zuständige Verwaltungsbehörde die sofortige Rückgabe des Kindes an (Art 12 Abs 1). Das Gericht oder die Verwaltungsbehörde kann aber die Rückgabe des Kindes ablehnen, wenn festgestellt wird, daß sich das Kind der Rückgabe widersetzt und daß es ein Alter und eine Reife erreicht hat, angesichts derer es angebracht erscheint, seine Meinung zu berücksichtigen (Art 13 Abs 2).
Vom Standpunkt des Übereinkommens über die zivilrechtlichen Aspekte internationaler Kindesentführung ist das Verbringen eines Kindes durch einen der gemeinsamen Sorgeberechtigten ohne Genehmigung des anderen jedenfalls widerrechtlich. Diese spezifische staatsvertragliche Widerrechtlichkeit ist zwar möglicherweise nicht das Ergebnis einer gesetzwidrigen Handlung, sondern des Umstandes, daß dieses Verhalten die durch das Gesetz ebenfalls geschützten Rechte des anderen Elternteiles mißachtet und ihre normale Ausübung unterbricht. Ziel des Übereinkommens ist es nicht, einer Sorgerechtsentscheidung vorzugreifen, sondern als eine schnelle und in gewissem Umfang vorläufige Maßnahme zunächst einmal die sofortige Rückgabe des Kindes in die Umwelt zu erreichen, aus der es gerissen wurde, und das in einem der Vertragsstaaten bestehende Sorgerecht tatsächlich zu beachten".
Zusammenfassend kann gesagt werden, daß man mit Hilfe dieses Abkommens das "entführte" Kind sehr rasch wieder in seine gewohnte Umgebung zurückbringen soll, um einen - mit einer längeren Aufenthaltsdauer verbundenen - Aufenthaltswechsel mit allen seinen oben aufgezeigten rechtlichen Konsequenzen verhindern zu können.

---

[228] OGH 29.4.1992, 2 Ob 537/92 EFSlg. 69.671= ZfRV 1993, 32.

Menhofer, der sich in seinem - oben bereits kurz zitierten - Artikel damit ausführlich beschäftigt hat, sieht in der gegensätzlichen Konzeption der Personensorge der westlichen Staaten auf der einen Seite und der islamischen Staaten auf der anderen Seite ein nur sehr schwer zu überwindendes Problem. Er führt dazu aus: "Die Rechte islamischer Staaten gehen bei der Verteilung der Personensorge (wilaya an-nafs) nach der šarīᶜa davon aus, daß diese stets dem Vater bzw einem männlichen Verwandten aus der väterlichen Linie zusteht. ... Im Gegensatz dazu gehen das deutsche Recht und mit ihm die Mehrzahl der europäischen Rechtsordnungen von dem Primat des Kindeswohles bei der Verteilung der Personensorge aus, in dessen Ermittlung das Förderungsprinzip, der Kontinuitätsgrundsatz, Kindeswille und Bindungen des Kindes berücksichtigt werden und einfließen. Eine gegen diesen, zum ordre public rechnenden Grundsatz verstoßende ausländische Entscheidung hat keine Aussicht auf Vollstreckung. Entscheidungen inländischer Gerichte, die - wie in der Praxis die Regel - der Mutter die alleinige Personensorge zusprechen, haben dagegen in den Staaten des islamischen Rechtskreises keine Aussicht auf Anerkennung oder Vollstreckung, da sie dem islamisch geprägten ordre public zuwiderlaufen."
Eine - seiner Meinung nach - bemerkenswerte Lösung dieser Konfliktfälle biete das algerisch - französische Besuchsabkommen aus dem Jahre 1988, wonach demjenigen Partner, der das Sorgerecht nicht erhält ein sog "transnationales" Besuchsrecht eingeräumt wird. Danach garantieren die Vertragsparteien sowohl für den Fall der Rückbehaltung des Kindes nach der Besuchszeit, als auch für den Fall der Entführung des Kindes außerhalb der bestimmten Besuchszeit dessen effektive Rückführung durch die sofortige Anerkennung und Vollstreckung der Entscheidung durch das hierfür zuständige Gericht ohne Sachprüfung des ausländischen Urteils, insbesondere auf die materiellrechtliche Vereinbarkeit mit dem inländischen Recht.[229]

Unabhängig von der Frage nach der Effektivität einer derartigen Vereinbarung, wurde hier erstmals versucht mit einem islamischen Land eine Lösung zu finden, die es den beiden Elternteilen ermöglicht, relativ "angstfrei" dem jeweils anderen die gemeinsamen Kinder zu überlassen. Gerade bei Sorgerechtsstreitigkeiten zwischen Elternpaaren aus diesen beiden Rechtskreisen wird seitens der - idR europäischen - Mutter sehr erbittert "um das Kind" gekämpft und dabei meist übersehen, daß es auch zum "Kindeswohl" gehört, zu beiden Elternteilen eine friedliche und regelmäßige Beziehung aufrechterhalten zu können!

VI. 3. B. b. Die Gesetzeslage im Hinblick auf Feststellung der internationalen Zuständigkeit für den Bereich des Kindesunterhalts

Wie *Bajons*[230] dazu ausführt, fehlt es für rein vermögensrechtliche Streitsachen aus dem ehelichen Kindschaftsverhältnis an Sonderbestimmungen, die auf die Belange des Kindes Bedacht nehmen. Insbesonders Unterhaltsansprüche großjähriger und ausländischer Kinder - für die im Inland keine Vormundschaft geführt wird - wären somit im streitigen Verfahren geltend zu machen, das in seinen Anknüpfungspunkten ausschließlich auf die Person des Beklagten abstellt. Dieses Ergebnis steht aber im Gegensatz zu der allgemeinen Tendenz, für Statussachen in zunehmenden Maße

229 *Menhofer*, IPRax 1991, 354.
230 *Bajons*, ZfRV 1972, 124.

klägerbezogene Anknüpfungs- merkmale zu wählen. In diesem Sinn ist auch das Unehelichenrecht[231] erweitert worden. Hier reicht der gewöhnliche Aufenthalt des Kindes im Inland als zuständigkeitsbegründendes Element aus. Es ist der Ansicht der Autorin zu folgen, wenn sie schreibt:
"Im Verhältnis zur Rechtsverfolgung ehelicher Kinder würde dies eine sachlich nicht gerechtfertigte Differenzierung und damit einen offenen Wertungswiderspruch bedeuten, hielte man an den engeren Grenzen der internationalen Zuständigkeit für Unterhaltsklagen ehelicher Kinder fest. Deshalb scheint es geboten, die bei vermögenrechtlichen Streitigkeiten ehelicher Kinder vorgesehenen Anknüpfungspunkte der internationalen Zuständigkeit mit denen, die für gleichartige Klagen unehelicher Kinder gelten, übereinzustimmen."
Somit richtet sich die internationale Zuständigkeit für die im Außerstreitverfahren zu erledigenden Anträge auf Leistung von Unterhalt, sowohl für die Ansprüche ehelicher, als auch unehelicher Kinder, nach den für Vormundschaften geltenden Regeln (§ 109 JN). Anknüpfungspunkt gem § 110 Abs 1 JN ist demzufolge die österreichische Staatsbürgerschaft oder der gewöhnliche Aufenthalt des Minderjährigen.
Die Frage welches Recht das zuständige Gericht anzuwenden hat, bestimmt sich nach dem "Übereinkommen über das auf Unterhaltverpflichtungen gegenüber Kindern anzuwendene Recht"[232], das in seinem Abs 1 normiert:

"Das Recht des gewöhnlichen Aufenthaltsortes des Kindes bestimmt, ob, in welchem Ausmaß und von wem das Kind Unterhaltsleistungen verlangen kann. Im Falle des Wechsels des gewöhnlichen Aufenthaltsortes des Kindes ist von dem Zeitpunkt des Aufenthaltswechsels an das Recht des neuen gewöhnlichen Aufenthaltsortes anzuwenden. Dieses Recht bestimmt auch, wer zur Einbringung der Unterhaltsklage befugt ist und welche Fristen für ihre Einbringung gelten. Unter der Bezeichnung "Kind" ist für die Zwecke dieses Übereinkommens jedes eheliche, nicht eheliche oder adoptierte Kind zu verstehen, das unverheiratet ist und das 21. Lebensjahr noch nicht vollendet hat."

Ganz in diesem Sinn ist auch die Entscheidung des Landesgerichtes für Zivilrechtssachen aus dem Jahre 1982[233] ausgefallen, die in einem Fall, der ausschließlich türkische Staatsbürger betraf, zu dem Schluß gelangte:
"Gem Art 1 Unterhaltsabkommen ist bei gewöhnlichem Aufenthalt der Kinder im Inland österreichisches Recht anzuwenden, denn diese Kollisionsnorm ist auch gegenüber Staatsangehörigen eines Nichtvertragsstaates (hier: Türkei) anzuwenden."

Das - im Bereich des Kindschaftsrechtes - bisher Gesagte, hat seine Relevanz für jene Staaten, die nach wie vor ein islamisches Familienrecht haben nur dann, wenn es sich um ein eheliches, bzw legitimiertes Kind handelt. Wieso die Betonung dieses Umstandes so wichtig ist, soll anhand der Beispiele im nächsten Unterkapitel dargestellt werden.

---

[231] G über die Neuordnung der Rechtsstellung des unehelichen Kindes BGBl 1970/342.
[232] BGBl 1961/293.
[233] LGZ Wien 18.11.1982, 43 R 1154/82, EFSlg 41.575 und LGZ Wien 24.8.1993, 44 R 588/93, EFSlg 72.714.

VI. 3. C. Eheliche und legitimierte Kinder

Vergleicht man frühe Darstellungen des islamischen Rechts mit den gegenwärtigen Kompilationen des Familienrechts islamischer Staaten, kann man erkennen, daß in diesem Regelungsbereich kaum Änderungen eingetreten sind. *Tornauw* schrieb zum Thema "legitime Kinder" in seiner Monographie des islamischen Rechts schon im vorigen Jahrhundert:
"Als genügender Beweis der Legitimität der Kinder gilt deren Anerkennung durch die Eltern; der Zeitpunkt der Geburt wird durch die Aussagen der Eltern oder anderer glaubwürdiger Personen festgestellt.

Zur Feststellung dieser Legitimität ist erforderlich:
a) daß die Kinder nach Abschluß der Ehe geboren seien;
b) daß von der Eingehung der Ehe bis zur Geburt nicht weniger als sechs Monate verflossen sind;
c) daß die Schwangerschaft der Frau nach dem Tode des Mannes nicht länger als zehn Monate gedauert habe.

Ein Kind, das vor Eingehung der Ehe aus unerlaubtem Umgange mit einer Frauensperson entsprossen ist, wird, wenn auch mit dieser in der Folge die Ehe abgeschlossen worden, für illegitim angesehen und hat kein Erbrecht."[234]
Das heißt, nur jene Kinder gelten grundsätzlich als ehelich, die auch tatsächlich während - oder innerhalb einer bestimmten Zeit nach Beendigung - der Ehe geboren werden. Eine Legitimation eines vor der Verehelichung seiner Eltern geborenen Kindes durch die nachfolgende Eheschließung, wie sie das österreichische Recht normiert, kennt das islamische Recht nicht. Für die entscheidenden Gerichte besteht daher immer wieder die Schwierigkeit mit diesem, dem islamischen Recht als Besonderheit eigenen, Rechtsinstitut des "Vaterschaftsanerkenntnisses" richtig umzugehen. Grundsätzliches zu diesem Rechtsinstitut wurde bereits im IV. Kapitel dieser Arbeit gesagt. *Zemen* [235] hat sich anläßlich der "Ägypten-Entscheidung"[236] ausführlich dieser Thematik angenommen. An dieser Stelle soll nun kurz die betreffende Entscheidung dargestellt werden:

Ein ägyptischer Staatsbürger anerkannte vor dem Magistrat die Vaterschaft zu dem von seiner Lebensgefährtin, einer Österreicherin, außer der Ehe geborenen Kind. Zwei Monate nach diesem Anerkenntnis gingen die beiden die Ehe ein. Das Erstgericht stellte daraufhin mit Beschluß fest, daß die Minderjährige durch die Heirat ihrer Eltern die Rechtsstellung eines ehelichen Kindes erlangt habe. Diese Entscheidung wurde vom Rekursgericht abgeändert und - unter Bejahung der inländischen Gerichtsbarkeit - darauf hingewiesen, daß die Ehelichkeit des Kindes im Hinblick auf die Staatsangehörigkeit des Vaters nach ägyptischem Recht zu beurteilen sei. In weiterer Folge stellte es daher fest, daß nach ägyptischem Recht schon durch dessen Anerkennung zwischen dem Vater und seinem unehelichen Kind ein natürliches Vater-Kind-Verhältnis begründet worden sei. Die nachfolgende Eheschließung seiner Eltern sei daher für die Legitimation des unehelichen Kindes

---

[234] *Tornauw*, Das Moslemische Recht aus den Quellen dargestellt (1855) 83.
[235] *Zemen*, Zur Anerkennung der Vaterschaft im Islam und ihrer Qualifikation im österreichischen Kollisions-und Personenstandsrecht, ZfRV 1977, 221.
[236] OGH 13.2.1975, 7 Ob 19/75 ZfRV 1977 228.

bedeutungslos. Diesen Beschluß bekämpfte der Vater der Minderjährigen und beantragte vor dem Höchstgericht die Wiederherstellung der erstgerichtlichen Entscheidung.
Der Rekurs wurde als nicht berechtigt abgewiesen. Entgegen der Ansicht des Rekurswerbers sprach sich der OGH für die Anwendung des ägyptischen und nicht des österreichischen Rechts aus und begründete dies so:
"Die Legitimation eines unehelichen Kindes richtet sich aber nach § 13 Abs 1 der 4. DVEheG[237] nicht nach der Staatsangehörigkeit des Kindes, sondern dem Heimatrecht des Vaters (hier ägyptisches Recht) zur Zeit der Legitimation."
Unter Berufung auf die einschlägige Bestimmung in Art 350 des ägyptischen Gesetzbuches[238], kommt der OGH daraufhin zu dem Schluß:
"Zwischen dem Vater und dem unehelichen Kind wird somit ein »natürliches Kindverhältnis« schon dadurch begründet, daß er es als sein Kind anerkennt, wobei die Anerkennung formlos wirksam ist. Die Verheiratung mit der Mutter des Kindes und die Abstammung vom Anerkennenden ist hingegen keine Voraussetzung für die Begründung eines natürlichen Kindverhältnisses. Dem ägyptischen Recht ist somit eine Legitimation unehelicher Kinder durch nachfolgende Eheschließung seiner Eltern fremd. Es kann vielmehr ein ganz fremdes Kind als das eigene mit der Wirkung anerkannt werden, daß es als eheliches Kind gilt."
Bei dieser Begründung wurden die völlig verschiedenen Rechtsinstitute "Vaterschaftsanerkenntnis nach österreichischem Recht" und "Vaterschaftsanerkenntnis nach islamischem Recht" vermischt, was im Ergebnis zu einigen Widersprüchlichkeiten geführt hat.
Auch wenn diese Entscheidung von *Zemen* sehr ausführlich behandelt wurde, soll an dieser Stelle nochmals auf die einzelnen Punkte eingegangen werden, da hier zwei Rechtsinstitute aufeinanderstoßen, die - trotz ähnlicher Bezeichnung - streng auseinderzuhalten sind. Bereits der erste Satz der oben zitierten Begründung spricht von einem "unehelichen" Kind. Dies ist ein Terminus, der dem islamischen Recht völlig fremd ist. Der OGH verkennt hier den Umstand, daß es sich nur entweder um ein eheliches Kind oder einen "nullius filius", also um keines Mannes Kind handeln kann. Im zweiten Teil des ersten Satzes führt das Höchstgericht weiter aus, daß schon durch das Anerkenntnis "ein natürliches Kindverhältnis" begründet worden sei. Im Lichte des eben Gesagten scheint dieser Beisatz zumindest überflüssig. Gerade das Anerkenntnis durch den Vater, bzw durch die Eltern bewirkt erst, daß einem Kind seine eheliche Abstammung, mit all seinen rechtlichen Folgen, bestätigt wird. Der Hinweis auf ein "natürliches Kindschaftsverhältnis" impliziert die Frage, ob das islamische Recht auch ein "nicht natürliches Kindschaftsverhältnis" kennt! Betrachtet man die vom OGH zitierte Stelle des Art 350 des ägyptischen Gesetzbuches, fällt auf, daß es hier um ein Kind geht, dessen Abstammung

---

237 § 13 (1) Die Legitimation eines unehelichen Kindes sowie die Annahme an Kindes Statt bestimmt sich, wenn der Vater zur Zeit der Legitmation oder der Annehmende zur Zeit der Annahme die [deutsche] Staatsangehörigkeit besitzt, nach den [deutschen] Gesetzen.

238 siehe *Bergmann/Ferid*, Islam Eherecht Bd I
Art 350 des Gesetzbuches über das Personenrecht und die Erbfolge nach dem hanefitischen Ritus, verkündet 1875 lautet:
"Wenn ein Mann ein Kind anerkennt, dessen Abstammung unbekannt ist, so wird durch seine Anerkennung die Vaterschaft festgestellt, sofern zwischen beiden ein entsprechender Altersunterschied besteht; hiebei ist es unerheblich, ob eine Zustimmung des bereits im verständigen Alter befindlichen Kindes vorliegt oder ob es noch nicht in diesem Alter ist und ob die Anerkennung bei voller Gesundheit oder in der letzten Krankheit des Erklärenden erfolgt. Die Anerkennung erzeugt dieselben Wirkungen wie die natürliche Kindschaft ..."

unbekannt ist. Wie schon gezeigt, wird mit diesem "Trick" häufig das durch den Koran festgelegte Adoptionsverbot umgangen.
Der OGH stützt sich bei seiner Normfindung auf den im *Bergmann/Ferid* abgedruckten Gesetzestext. Wie *Zemen* sehr detailliert aufzeigt, handelt es sich dabei aber keineswegs um ein förmlich in Kraft getretenes Gesetzesrecht, sondern um die deutsche Fassung einer privaten Kompilation islamischen Rechts des ägyptischen Gelehrten Quadri Pascha aus dem Jahre 1875. Diese ist zunächst ins Französische übersetzt worden. Dabei kam es zu zahlreichen Übersetzungsfehlern, Auslassungen und kommentierenden Zusätzen. Der besagte - vom OGH zitierte Absatz 2 des Art 350 des ägyptisches Gesetzbuches wurde vom Übersetzer vollständig neu eingeführt. Wie *Zemen* richtig feststellt, provoziert ein solcher - aus einem westlichen Verständnis zugefügter - Passus geradezu ein Fehlverständnis der Anerkennung der legitimen Abstammung.[239]
Was der OGH schließlich unter dem Nebensatz, daß die Anerkennung "formlos wirksam" sei versteht, ist nicht ganz nachvollziehbar. Hier schwingt wohl ein sehr "westlich bürokratisches" Formverständnis mit. Man wollte damit ausdrücken, daß die Wirksamkeit eines solchen Anerkenntnisses auch ohne amtliche Mitwirkung seine Gültigkeit hat, verkennt dabei aber sichtlich die Förmlichkeit eines derartigen, im Regelfall vor Verwandten und Freunden abgegebenen, mündlichen Anerkenntnisses. Richtig ist allerdings, daß sich die Gültigkeit aus dem Anerkennungsakt alleine ergibt und nicht erst aus einer etwaigen amtlichen Beglaubigung.
Auch der zweite Satz birgt in seiner verkürzten Form einen grundlegenden Denkfehler in sich. Immer das "uneheliche Kind" vor Augen, kommt der OGH zu dem oben zitierten Schluß, daß weder die Verheiratung mit der Mutter des Kindes noch die Abstammung vom Anerkennenden eine Voraussetzung für die Begründung eines natürlichen Kindesverhältnisses sei. Gerade diese zwei Kriterien aber sind alleine maßgeblich dafür, daß das Kind eines verheirateten Paares als eheliches anerkannt werden kann. Ein Kind, das einer vorehelichen Beziehung entstammt, wird für alle Zukunft als illegitim angesehen und kann durch keinen wie immer gearteten Anerkennungsakt "ehelich" werden. In diesem Sinne stimmt die conclusio des OGH, daß dem ägyptischen Recht eine Legitimation unehelicher Kinder durch nachfolgende Eheschließung seiner Eltern fremd ist. Der OGH verkennt aber dabei völlig, daß der Umstand, daß es sich um ein Kind aus einer vorehelichen Beziehung handelt, ein Anerkenntnis seitens des Vaters unmöglich macht.
Das eben Gesagte erklärt nun auch, warum gerade der Vater als Rekurswerber ein so großes Interesse daran hatte, daß die erstgerichtliche Entscheidung wiederhergestellt wird. Mit seinem vor dem Magistrat nach österreichischem Recht abgegebenen Vaterschaftsanerkenntnis zu der unehelich geborenen Minderjährigen blieb diese nach islamischem Recht nichtexistent und somit vom gesetzlichen islamischen Erbrecht ausgeschlossen. *Zemen*, der sich 1979 - nach Inkrafttreten des IPRG[240] - noch einmal mit diesem Rechtsinstitut im Lichte des § 25 Abs 1 1. Satz IPRG[241] sehr eingehend beschäftigte, faßt diesen Aspekt so zusammen:
"Der Ausländer mit islamisch geprägtem Personalstatut kann daher zwischen zwei Formen der Anerkennung der Vaterschaft zu einem österreichischen Kind wählen.

---

239 *Zemen*, ZfRV 1977, 224.
240 *Zemen*, Die Anerkennung der Vaterschaft im Islam und das österreichische IPR-Gesetz ZfRV 1979, 134.
241 "§ 25 (1) Die Voraussetzungen der Feststellungen der Anerkennung der Vaterschaft zu einem unehelichen Kind sind nach dessen Personalstatut im Zeitpunkt der Geburt zu beurteilen...."

Die erste ist die Anerkennung der legitimen Vaterschaft nach dem Personalstatut des Anerkennenden mit den vom österreichischen Nebenstatut geforderten Einwilligungen von Kind und Mutter unter den wichtigen Kautelen der Form- und Beurkundungsgebote. Die zweite ist die Anerkennung der außerehelichen Vaterschaft, die ihrerseits dem österreichischen Personalstatut des unehlichen Kindes unterliegt. Eine der seltsamen Konsequenzen dieser zweiten zulässigen Form der Anerkennung ist der Umstand, daß nach § 28 Abs 1 IPRG[242] wohl etwa, ..., der (muslimisch-) ägyptische Vater das österreichische Kind nach österreichischem Recht als gesetzlicher Erbe beerbt, nicht aber das uneheliche Kind seinen ägyptischen Vater, weil es als solches nach islamischem Recht nullius filius bleibt und zu seinem natürlichen Erzeuger in überhaupt keinen rechtlichen Beziehungen stehen kann."
Es ist hier seitens des Pflegschaftsgerichtes und der Mutter abzuwägen, was zum Wohle des Kindes ist. Der Ausschluß vom Erbrecht nach islamischem Recht kann zwar im Einzelfall einen beträchtlichen Vermögensnachteil bedeuten, der Ausschluß einer rechtlich anerkannten verwandtschaftlichen Bindung an einen Vater aus einem islamischen Land kann im Falle einer Trennung aber von Vorteil sein.
Die zahlreichen Bemühungen der Lehre, hier "Aufklärungsarbeit" zu leisten, hat die Judikatur dazu bewogen, ihre simplifizierende - zum Teil sogar falsche - Sichtweise aufzugeben. So erging 1981 eine Entscheidung[243], deren Kernaussage als Leitsatz ausführt:
"Für ägyptische Staatsangehörige des islamischen Glaubensbekenntnisses gelten die familienrechtlichen Bestimmungen des Gesetzbuches über das Personenrecht und die Erbfolge nach dem hanefitischen Ritus, die die Legitimation eines vor der Eheschließung seiner Eltern geborenen Kindes durch die nachfolgende Eheschließung nicht kennen. Die Bestimmungen der Art 332 ff des angeführten Gesetzbuches enthalten lediglich Vorschriften über die Ehelichkeit von Kindern, die während der Ehe geboren werden. Bei außerhalb der Ehe geborenen Kindern kommen die Bestimmungen des Art 350 des Gesetzbuches zur Anwendung. Danach gilt: Wenn ein Mann ein Kind anerkennt, dessen Abstammung unbekannt ist, so wird durch seine Erklärung die Vaterschaft festgestellt, sofern zwischen beiden Personen ein entsprechender Altersunterschied besteht. Nach dieser Regelung treten also die Wirkungen des Anerkenntnisses mit dessen Abgabe ein. Art 343 des Gesetzbuches lautet:
»Wird ein Kind vor Ablauf von 6 Monaten nach der Eheschließung geboren, so gilt der Mann nur dann als Vater, wenn er es anerkennt, ohne zu erklären, daß es die Frucht unerlaubten Umganges ist.«
Auch in diesem Fall ist somit nicht die Eheschließung der Eltern für dessen Abstammung vom Vater und von der Mutter maßgebend, sondern es richtet sich die Wirkung der Vaterschaft des bestimmten Mannes nach dessen Anerkenntnis. Daraus ergibt sich, daß anders als nach österreichischem Recht auch die Wirkungen der Ehelichkeit nicht mit der Eheschließung der Eltern, sondern mit der Anerkennung der Vaterschaft eintreten."

---

242 "§ 28 (1) Die Rechtsnachfolge von Todes wegen ist nach dem Personalstatut des Erblassers im Zeitpunkt seines Todes zu beurteilen."
243 LGZ Wien 4.6.1981, 43 R 360/81 EFSlg 39.037.

Wie bereits gezeigt wurde[244], kommt dem Rechtsinstitut des Vaterschaftsanerkenntnisses auch deshalb eine große Bedeutung zu, da nach islamischem Recht die Form der Adoption als Annahme an Kindes statt verboten ist. Zugegebenermaßen handelt es sich hiebei um einen "Interpretationstrick" islamischer Gelehrten, der aber im Ergebnis sehr wirkungsvoll ist, da er jedem Kind die rechtliche Einbindung in einen Familienverband ermöglicht. Diese "Spezialität" des islamischen Rechts scheint weiten Kreisen der Rechtssprechung unbekannt.

Ein sehr treffendes Beispiel für diese Vermutung ist eine OGH-Entscheidung aus dem Jahre 1987.[245]

Es ging im konkreten Fall um ein iranisches Ehepaar, das dem Neffen der Frau - ebenfalls ein iranischer Staatsangehöriger - die eigene Mietwohnung zur Gänze überließ. Seitens des Eigentümers erfolgte daraufhin die Kündigung mit der Begründung, der Beklagte habe die Wohnung zur Gänze weitergegeben und benötige sie weder für sich noch für Eintrittsberechtigte. In seinen Einwendungen brachte der Beklagte im wesentlichen vor, daß in der aufgekündigten Wohnung sein und seiner Gattin Adoptivsohn wohne. Er sei der leibliche Neffe seiner Gattin. Der Beklagte habe auf Grund einer rechtsverbindlichen Erklärung vor seiner Eheschließung die Rechtstellung eines ehelichen Vaters dieses Neffen seiner Gattin erlangt. Allerdings sei eine diesbezügliche Eintragung in einem Personenstandregister nicht erfolgt; sie sei auch im iranischen Gesetz nicht vorgesehen. Die Übernahme der Vormundschaft über ihren Neffen durch seine Gattin sei jedoch in Anwesenheit von Zeugen festgehalten worden. Der Neffe sei daher eine eintrittsberechtigte Person.
Der OGH kam - in Bestätigung des erstgerichtlichen Urteils - zu dem Schluß, daß dann, wenn alle beteiligten Personen die gleiche Staatsangehörigkeit haben, sich der Personenstand einer dieser Personen jedenfalls nach dem gemeinsamen Heimatrecht beurteile. Das gelte auch für die Frage einer Adoption, die das iranische Recht nicht kenne. Mit dieser lapidaren Feststellung wurde die ausgesprochene Kündigung der Mietwohnung bestätigt.

Betrachtet man dieses Ergebnis im Lichte des bisher zum Thema "Vaterschaftsanerkenntnis" Gesagten, kann man dem OGH nicht den Vorwurf ersparen, sich auf eine rein rechtspositivistische Position zurückgezogen zu haben. Wie *Hoyer* zurecht in seiner Besprechung dieser Entscheidung[246] betont, kann gerade das Eintrittsrecht naher Angehöriger in das Mietverhältnis solche Probleme aufwerfen. Je mehr Angehörige fremder Staaten nicht nur kurzfristig im Inland wohnen, desto häufiger werden Gerichte damit befaßt werden, Verwandschaftsverhältnisse nach fremden Rechtsvorschriften qualifizieren zu müssen, um sie dann mit dem österreichischen Mietrecht in Einklang bringen zu können.
Im vorliegenden Fall beging der Beklagte sichtlich den Fehler, die begünstigte Person als "Adoptivsohn" zu bezeichnen. Damit war für die entscheidenden Gerichte das "Reizwort" gegeben, an dem sie die ablehnende Entscheidung anknüpfen konnten. Völlig ignoriert wurde seine Schilderung, wie es zu der Annahme des Neffen seiner Frau "als ehelichen Sohn" gekommen war. Hier hätte das Gericht, vielleicht mittels Gutachten, darlegen lassen müssen, was genau unter dieser

---

244 Siehe Kap IV. 3. C und IV.3. D.
245 OGH 12.3.1987, 8 Ob 665/86 ZfRV 1987, 295 = IPRE 2/153 = ImmZ 1988, 272.
246 *Hoyer*, ZfRV 1987, 297.

Legitimanerkennung durch "iqrār" zu verstehen ist. Wie oben bereits dargestellt, hätte man zu dem Schluß kommen müssen, daß dieses Rechtsinstitut im besonderen als "Trick" zur Umgehung des Adoptionsverbotes benützt wird. Im vorliegenden Fall wäre als richtige Vorfrage zu lösen gewesen, ob eine solche Legitimanerkennung durch "iqrār" seitens des Beklagten erfolgt war. Bei Bejahung wäre es die logische Konsequenz gewesen, die daraus resultierende Rechtsposition als "ehelich erklärter Sohn" unter dem Begriff "Wahlkind" des Mietrechtes zu subsumieren und ihn somit als zum Kreis der eintrittsberechtigten Personen gehörig zu qualifizieren.

"Es wäre somit richtig gewesen, die Urteile der Vorinstanzen aufzuheben und die Rechtssache an die erste Instanz zur ausführlichen Erörterung der Rechts-und Sachlage (...) und zur allfälligen Ergänzung der Parteibehauptungen und Feststellungen, allenfalls auch zum Einholen eines Sachverständigengutachtens über iranisches Recht zurückzuverweisen. So bleibt der unausgeräumte Verdacht einer sachlich unrichtigen Entscheidung."[247]

Die Ausführungen dieses Unterkapitels zeigen, in welch hohem Maß von den Gerichten im Bereich des Kindschaftsrechtes Fachwissen und Sensibilität gefordert ist. Der laufende Zuzug von Personen mit fremder Staatsangehörigkeit, vor allem auch aus islamischen Ländern, und die Vermischung der Bevölkerung wird die Häufigkeit von Rechtsstreitigkeiten dieser oder ähnlicher Art noch erhöhen.

In den nächsten beiden Unterkapiteln sollen noch zwei weitere Aspekte des islamischen Familienrechts beleuchtet werden. Zunächst das Scheidungsrecht, insbesondere die einseitige Verstoßung durch den Mann, und dann - abschließend - das islamische Erbrecht. Bei diesen beiden Bereichen wird nochmals auf die Problematik der Anwendbarkeit des ordre public einzugehen sein.

VI. 3. D. Scheidungsrecht

In diesem Bereich sind vor dem OGH bis dato drei Fragen releviert worden:

1. Welches Gericht ist (international) im Scheidungsverfahren zuständig, wenn nur einer oder keiner der beiden Streitparteien die österreichische Staatsbürgerschaft besitzt ?
2. Ist die Anwendung des islamischen Scheidungsrechtes in jedem Fall ordre public-widrig?
3. Wonach richtet sich der "richtige" Anknüpfungspunkt bei der Rechtswahl, wenn eine der beiden Streitparteien (zumindest auch) die österreichische und die andere ausschließlich eine ausländische Staatsbürgerschaft besitzt ?

Anhand der vorliegenden Entscheidungen soll nun gezeigt werden, wie das Höchstgericht diese Fragen beantwortet hat.

---

[247] *Hoyer*, ZfRV 1987, 299.

ad 1. Welches Gericht ist (international) im Scheidungsverfahren zuständig, wenn nur einer oder keiner der beiden Streitparteien die österreichische Staatsbürgerschaft besitzt ?

Das erstinstanzliche Gericht hat bei einem Fall mit Auslandsberührung seine Zuständigkeitsprüfung anhand des § 76 JN ("Streitigkeiten aus dem Eheverhältnis") vorzunehmen, der folgendes normiert:

> *" (1) Für Streitigkeiten über die Scheidung, die Aufhebung, die Nichtigerklärung oder die Feststellung des Bestehens oder Nichtbestehens einer Ehe zwischen den Parteien ist das Gericht ausschließlich zuständig, in dessen Sprengel die Ehegatten ihren gemeinsamen gewöhnlichen Aufenthalt haben oder zuletzt gehabt haben, Hat zur Zeit der Erhebung der Klage keiner der Ehegatten seinen gewöhnlichen Aufenthalt in diesem Sprengel oder haben sie im Inland einen gemeinsamen gewöhnlichen Aufenthalt nicht gehabt, so ist das Gericht ausschließlich zuständig, in dessen Sprengel der gewöhnliche Aufenthalt des beklagten Ehegatten oder, falls ein solcher gewöhnlicher Aufenthalt im Inland fehlt, der gewöhnliche Aufenthalt der klagenden Ehegatten liegt, sonst das Bezirksgericht Innere Stadt Wien.*
>
> *(2) Die inländische Gerichtsbarkeit für die in Abs 1 genannten Streitigkeiten ist gegeben, wenn*
> *1. einer der Ehegatten österreichischer Staatsbürger ist oder*
> *2. Der Beklagte, im Fall der Nichtigkeitsklage gegen beide Ehegatten zumindest einer von ihnen, seinen gewöhnlichen Aufenthalt im Inland hat oder*
> *3. der Kläger seinen gewöhnlichen Aufenthalt im Inland hat und entweder beide Ehegatten ihren letzten gemeinsamen gewöhnlichen Aufenthalt im Inland gehabt haben oder der Kläger staatenlos ist oder zur Zeit der Eheschließung österreichischer Staatsbürger gewesen ist."*

Ganz in diesem Sinne fiel daher auch eine OGH - Entscheidung aus dem Jahre 1989[248] aus:

Bei den Streitteilen handelte es sich um türkische Staatsbürger, die 1978 in der Türkei die Ehe geschlossen hatten. Bis 1987 lebten beide in Wien. Nachdem die Klägerin die Scheidung begehrt hatte, wurde der Beklagte in die Türkei abgeschoben. Die Klägerin blieb weiterhin in Wien wohnhaft.
In seinen Gründen führte der OGH aus, warum trotz der Abschiebung des Mannes weiterhin die Zuständigkeit des österreichischen Gerichtes gegeben sei:
"Ungeachtet der Abschiebung des Beklagten während des Verfahrens ist die österreichische Gerichtsbarkeit weiterhin gegeben, weil der letzte gemeinsame Aufenthalt der Streitteile in Wien war und die Klägerin weiterhin hier ihren gewöhnlichen Aufenthalt hat. ..."

Demzufolge hat das angerufene Gericht seine internationale Zuständigkeit immer dann zu bejahen, wenn einer der in § 76 Abs 2 JN unter den Ziffern 1 bis 3 genannten Gründe vorliegt.

---

[248] OGH 11.10.1989, 1 Ob 634/89 IPRE3/119 = EFSlg 60.631-60.633.

ad 2. Ist die Anwendung des islamischen Scheidungsrechtes in jedem Fall ordre public-widrig?

Vor dieser Frage stand das Oberlandesgericht Wien, als es in einer Entscheidung im Jahre 1985[249] iranisches Ehescheidungsrecht anzuwenden hatte:

Im Anlaßfall ging es um ein iranisches Ehepaar, deren letzter gemeinsamer gewöhnlicher Aufenthalt in Österreich war. Die Ehefrau begehrte die Scheidung, da ihr Mann sie verlassen hatte, in die USA gereist war und sein Aufenthalt bei Klagseinreichung unbekannt war. Auf die Ehescheidung hätte gem § 20 Abs 1 iVm § 18 Abs 1 Z 1 IPRG das Recht des letzten gemeinsamen Personalstatuts der Ehegatten, somit iranisches Recht zur Anwendung kommen müssen. Das Erstgericht schloß die Anwendung wegen des, gegen den österreichischen ordre public verstoßenden, Art 1133 des iranischen Zivilgesetzbuches (der die einseitige Verstoßung der Ehefrau durch den Mann vorsieht) aus und sprach die Scheidung auf der Grundlage des österreichischen materiellen Eherechts, aus dem Alleinverschulden des Beklagten, aus.
Die zweite Instanz wandte sich in ihrer Entscheidung gegen die Anwendung österreichischen Eherechts. Begründet wurde dies damit, daß es sich bei dem vorliegenden Sachverhalt nicht um eine Verstoßungsscheidung gehandelt habe. Im Anschluß daran verwies es auf andere - "passendere" - Normen des islamischen Scheidungsrechtes.
Offensichtlich um zukünftige "Pauschalierungen" hintanzuhalten, befaßt sich die Entscheidung ganz grundsätzlich mit dem Rechtsinstitut des ordre public. Vor allem weist das Gericht darauf hin, daß es sich bei der Vorbehaltsklausel um eine Ausnahmevorschrift handle, von der "sowohl aus Gründen der Rechtssicherheit als auch einer möglichst geringen Störung des internationalen Entscheidungsgleichklanges nur sparsamer Gebrauch gemacht werden darf." Die zweite Instanz kam daher zu dem Schluß:
"Aus einer im vorliegenden Fall gar nicht zur Anwendung kommenden Vorschrift des iranischen Zivilgesetzbuches, nämlich des Art 1133, kann nicht generell darauf geschlossen werden, daß iranisches Eherecht ganz allgemein gegen den österreichischen ordre public verstößt. ... Mögen auch die Bestimmungen der Art 1133 ff des iranischen Zivilgesetzbuches über die einseitige Verstoßung der Ehefrau durch den Mann dem österreichischen ordre public widersprechen, so kann deswegen allein noch nicht gesagt werden, daß die übrigen Normen des iranischen Zivilgesetzbuches ordre public-widrig sind, zumal sich im iranischen Zivilgesetzbuch für die Klägerin durchaus Ehescheidungsgründe finden, die ihrem Scheidungsbegehren zum Erfolg verhelfen können."

Die drei - von der zweiten Instanz genannten - Normen des iranischen ZGB sind:

Art 1119

"Die künftigen Ehegatten können bei der Eheschließung selbst oder in einem anderen unwiderruflichen Vertrage alle Vereinbarungen treffen, die dem Wesen der Ehe nicht zuwiderlaufen. So ist etwa eine Vereinbarung dahin zulässig, daß die Frau die Berechtigung hat, mit der Befugnis, einen Vertreter zu bestellen,

[249] OLG Wien 14.10.1985, 14 R 227/85 IPRE 2/ 136 = EFSlg 49.195, 49.196.

sich durch ṭalāq von den ehelichen Banden zu befreien, wenn der Mann eine andere Frau heiratet oder sich für eine bestimmte Zeit entfernt oder die Unterhaltspflicht gegen die Frau verletzt oder der Frau nach dem Leben trachtet oder ihr durch üble Behandlung das Leben unerträglich macht; das Vorhandensein dieser Voraussetzungen muß vorher vor Gericht nachgewiesen werden."

Hier wird das Vorhandensein eines Ehevertrages vorausgesetzt, in dem der zukünftige Ehemann seiner Braut bereits bei der Eheschließung zusichert, daß sie bei Eintritt einer im Vertrag festgelegten Scheidungsgründe den ṭalāq durch einen Vertreter erklären lassen kann.

Art 1129

"Weigert sich der Ehemann, die Kosten für den Unterhalt der Frau sicherzustellen, und besteht keine Möglichkeit, das Urteil zu vollstrecken oder ihn zur Leistung des Unterhalts zu zwingen, so kann die Frau das Gericht wegen Auflösung der Ehe durch ṭalāq angehen. Der Richter muß dem Mann die Verpflichtung auferlegen, dem ṭalāq zuzustimmen.
Das gleiche gilt, wenn es dem Mann unmöglich ist, die Kosten für den Unterhalt sicherzustellen."

Diese Bestimmung zeigt die besondere Bedeutung der unbedingten Unterhalts- und Versorgungspflicht des muslimischen Ehemannes gegenüber seiner Frau. Kommt er dieser Verpflichtung nicht nach, hat die Frau das Recht, die Scheidung zu begehren.[250]

Art 1130 (27.02.1983)

" Im folgenden Fall kann eine Frau sich an den Richter wenden und die Scheidung beantragen: Wenn dem Gericht nachgewiesen wird, daß die Aufrechterhaltung der Ehe für sie eine Härte bedeutet, und daß sie sich schuldig macht, kann das Gericht den Ehemann zwingen, die Scheidung auszusprechen, um Schaden oder das Schuldigwerden zu verhindern. Ist dies nicht möglich, so wird die Scheidung durch Urteil des Šarīᶜa-Richters ausgesprochen."

IdR wird die Frau sich in ihrem Scheidungsbegehren auf diese Grundlage stützen, wenn der Mann schon längere Zeit von ihr getrennt lebt oder keinen Geschlechtsverkehr mehr mit ihr hatte. Sie muß dem Gericht ihre "sittliche Gefährdung", die ihr Alleinsein mitsichbringt und die - bei Weiterbestehen der Ehe - bis zum Ehebruch führen könnte, nachweisen.

Allen drei Varianten ist gemeinsam, daß die Scheidung formal durch eine Verstoßung seitens des Mannes, bzw eines Stellvertreters des Mannes, zu erfolgen hat. Nur in Art 1130 besteht bei "Gefahr im Verzug" für den Richter - subsidiär - die Möglichkeit selbst die Scheidung auszusprechen, während in den übrigen Fällen

---

250 Siehe den Beschluß des OLG Hamm vom 18.8.19994 - 4 WF 307/94 (Stattgebung des Scheidungsbegehrens einer marokkanischen Staatsangehörigen gegen ihren ebenfalls marokkanischen Ehemannes wegen Unterhaltsunwilligkeit oder -unfähigkeit), IPRax 1995/Nr.26, 174.

das Gericht darüber zu wachen hat, daß die Scheidung auch tatsächlich ausgesprochen wird.
Aus diesen Normen geht deutlich hervor, daß es sich bei der Verstoßungsscheidung um eine Privatscheidung handelt, die ihre Gültigkeit mit dem Ausspruch des, in der vorgeschriebenen Form erfolgten, talāqs entfaltet. Dem zuständigen Šarīʿa-Gericht kommt dabei eine - je nach Landesrecht verschieden - bloße beurkundende und/oder registrierende Aufgabe zu.
Nicht so in Österreich!

§ 46 EheG normiert im 1und 2. Satz:

> *" Die Ehe wird durch gerichtliche Entscheidung geschieden. Sie ist mit der Rechtskraft der Entscheidung aufgelöst."*

Die Ehe wird auf Klage durch Urteil (§§ 47 bis 55) oder auf Antrag durch Beschluß (§ 55a) geschieden. Liest man diese Bestimmung im Zusammenhang mit § 27 EheG

> *" Niemand kann sich auf die Nichtigkeit einer Ehe berufen, solange nicht die Ehe durch gerichtliches Urteil für nichtig erklärt worden ist."*

muß die Frage aufgeworfen werden, ob § 46 EheG bloß die Normierung des Entscheidungsmonopols der österreichischen Gerichte beinhaltet, oder ob sie nicht auch eine darüberhinausgehende prozessuale Dimension hat, da jeder Entscheidung ein festgelegtes - durch den Richter durchzuführendes - Verfahren voranzugehen hat. So muß auch bei dem Scheidungsbegehren zweier ausländischer Staatsangehöriger ein förmliches Verfahren durchgeführt und mit Urteil, bzw Beschluß beendet werden.
So lange dies nicht erfolgt ist gilt, nach Ausspruch der Verstoßung, eine solche muslimische Ehe zwar nach dem jeweiligen - islamischen - Heimatrecht der Eheleute als aufgelöst, für den österreichischen Rechtsbereich besteht sie aber als sog "hinkende Ehe" weiter.

Obwohl die zweite Instanz - zu Recht - die Anwendbarkeit dieser ausländischen Normen bejaht, hält sie in ihrem Spruch daran fest, daß "die einseitige Verstoßung der Ehefrau den ordre public des § 6 IPRG verletzt."
Damit folgt die Entscheidung der in Österreich vorherrschenden Lehrmeinung. So schreibt etwa *Schwimann* in seinem Grundriß:
"Vorschriften maßgeblicher ausländischer Rechtsordnungen, die eine grundlose einseitige Verstoßung gegen den Willen des verstoßenen Partners zulassen, sind in Österreich wegen Verletzung des ordre public nicht anwendbar."[251]; und auch *Schwind* bemerkt dazu:
"»Scheidung« bedeutet in erster Linie die Scheidung im Sinne des österreichischen Eherechts durch Urteil, also die Auflösung des Ehebandes mit Wirkung ex nunc auf Grund von Scheidungsgründen, die nach der Eheschließung eingetreten sind. Als Funktionsbegriff umfaßt »Scheidung« auch alle funktional entsprechenden Erscheinungsformen fremder Rechte, soweit sie nicht - wie etwa die einseitige Verstoßung - dem österreichischen ordre public widerspricht."[252]

---

[251] *Schwimann*, Grundriß 216.
[252] *Schwind*, Handbuch 126.

Beide Autoren äußern sich nicht näher, worin sie konkret diese ordre public-Widrigkeit begründet sehen. Aus den Formulierungen läßt sich aber erkennen, daß diese für sie in erster Linie in der einseitigen Aufkündigung des Ehewillens ohne Angabe von Gründen gelegen ist.
An dieser Stelle muß nochmals in Erinnerung gerufen werden, was unter der Vorbehaltsklausel zu verstehen ist und wann sie in ihrer negativen - ausschließenden - Funktion zum Tragen kommen soll. Der OGH faßte dies in der - bereits zitierten - Entscheidung aus dem Jahre 1974 so zusammen:
"Unter ordre public oder Vorbehaltsklausel versteht man den Rechtssatz, demzufolge eine nach dem IPRG anzuwendende Norm dann nicht heranzuziehen ist, wenn ihre Anwendung das inländische Rechtsempfinden in unverträglichem Maß verletzt. Die ausländische Norm darf bei ihrer Anwendung unverzichtbaren Grundprinzipien der inländischen Rechtsordnung nicht widersprechen. Die wichtigste Aufgabe der Vorbehaltsklausel ist der Schutz der inländischen Rechtsordnung vor dem Eindringen mit ihr vollkommen unvereinbarer Rechtsgedanken."[253]
Demzufolge muß die Frage gestellt werden, ob eine Scheidung "ohne Angabe von Gründen" durch die Aufkündigung des Ehewillens eines Ehepartners tatsächlich den "unverzichtbaren Grundprinzipien" des österreichischen Eherechts widerspricht ?
Seit der Einführung des § 55 Abs 3 EheG[254] im Jahre 1978 muß dies wohl verneint werden ! Dieser besagt nämlich:

> *"Dem Scheidungsbegehren ist jedenfalls stattzugeben, wenn die häusliche Gemeinschaft seit sechs Jahren aufgehoben ist."*

Während aus dem Gesetzestext, wie *Pichler*[255] dazu bemerkt, nicht ganz eindeutig hervorgeht, ob seitens des Gerichtes außer der sechsjährigen Aufhebung der häuslichen Gemeinschaft noch eine Zerrüttung festgestellt werden müsse, spricht sich der diesbezügliche Ausschußbericht eindeutig dagegen aus:
"Ist die häusliche Gemeinschaft der Ehegatten seit sechs Jahren aufgehoben, so ist die Ehe auf Klage eines Ehegatten jedenfalls zu scheiden. In einem solchen Fall ist die Abwägung der Lebensumstände der beiden Ehegatten nicht mehr sinnvoll."[256]
Somit besteht auch nach österreichischem Eherecht für jenen Ehepartner, der den Ehewillen aufgibt und die häusliche Gemeinschaft verläßt, die Möglichkeit, nach Verstreichen der sechs Jahre - selbst gegen den erklärten Willen seines Ehepartners - einseitig die Scheidung zu erwirken. Im Ergebnis entspricht diese Vorgangsweise durchaus einer "Verstoßung", da jener Teil, der die Ehe aufrechterhalten will, zu diesem Zeitpunkt keine rechtliche Möglichkeit mehr hat, die Trennung zu verhindern. Somit ist es seit 1978 möglich, gem § 55 Abs 3 EheG die Ehe einseitig auch dann zu lösen, wenn dem Partner kein ehewidriges Verhalten zum Vorwurf gemacht werden kann.[257]
Da im Gegensatz zum österreichischem Scheidungsrecht im islamischen das Recht auf Verstoßung grundsätzlich nur dem Mann zusteht, will man vielfach bereits in dieser offensichtlichen Ungleichbehandlung der beiden Geschlechter eine ordre public-Widrigkeit sehen. Zu Recht wendet sich *Jayme* gegen eine abstrakte Prüfung

---

253 OGH 7.11.1974, 7 Ob 218/74 SZ 47/121 = EvBl 1975/161 = JBL 1975, 375.
254 BG über eine Änderung des Ehegesetzes 30.6.1978 BGBl 303.
255 *Pichler*, Einige Probleme des neuen Eherechts, JBL 1981, 281(284).
256 917 BlgNR 14. GP 1.
257 *Schwind*, Wandlung von Ehe und Familie im Spiegel internationaler Abkommen in Beitzke-FS (1979) 721(726).

des betreffenden ausländischen Rechtssatzes am Grundgesetz. Seine für den deutschen ordre public gemachten Aussagen treffen auch auf die Konkretisierung des österreichischen ordre public zu. Beide Vorbehaltsklauseln sind nämlich so konzipiert, daß es nicht darum geht, den ausländischen Rechtssatz als solchen am jeweiligen Grundgesetz zu messen, sondern immer "das Ergebnis seiner Anwendung zum Ausgangspunkt der Überlegungen zu machen."[258]
Welches "Anwendungsergebnis" würde den Ausschluß der ausländischen Norm aus Gründen der ordre public-Widrigkeit gerechtfertigt erscheinen lassen?

Folgende Fallkonstellationen sind denkbar:

⇨ *Der Ehemann spricht die Verstoßung aus und seine Frau stimmt zu.*

Hier besteht zwischen den beiden Ehepartnern Einvernehmen darüber, die Ehe nicht mehr fortsetzen zu wollen. Dem Ergebnis nach entspricht dieser Vorgang der einvernehmlichen Scheidung gem § 55 a EheG. Somit ist nach beiden Rechtssystemen die Trennung einer Ehe zu vollziehen, wenn beide Ehepartner diese Gemeinschaft nicht mehr aufrecht erhalten wollen.

⇨ *Der Ehemann spricht die Verstoßung aus und seine Frau stimmt nicht zu:*

Erfolgt ein Scheidungsantrag des Mannes vor einem inländischen Gericht, nachdem er eine Verstoßung ausgesprochen hat, so muß dieser sinngemäß auf Nachvollzug der Scheidung durch Urteil gerichtet sein. *Beitzke*, der sich sehr ausführlich dieser Thematik angenommen hat, betont, daß der Richter bei der Anwendung der ausländischen Norm keinen talāq auszusprechen hat, sondern daß er in einem Verfahren nach ZPO die erfolgte Verstoßung als "Indiz einer mindestens einseitigen Ehezerrüttung" werten muß. Er führt dazu weiter aus: "Das die Anhörung des Ehepartners vorsehende Verfahren nimmt auch einem hier ausgesprochenen talāq die Einseitigkeit und mildert den Willkürcharakter zur bloßen "Beliebigkeit". Bedenkt man schließlich, daß talāq häufig mit Zustimmung der Frau ausgesprochen wird und auch der Frau durch Vollmacht das Recht übertragen sein kann, talāq auszusprechen ("Selbstverstoßung"), so kann man den talāq kaum generell als eine Verletzung der Würde der Frau ansehen. Es mögen die näheren Umstände des Ausspruchs verletzend sein; es kann sich aber auch schlicht um die Freigabe der Frau und ihre Entlassung aus der ehemännlichen Sorge handeln, um Verzicht auf die mit der Eheschließung erworbene Position. Das in unserer Rechtssprache übliche Wort "Verstoßung" deckt weder den ganzen Bedeutungsinhalt noch auch alle Anlässe des talāq, nicht einmal die Mehrzahl der bei uns vorkommenden Fälle."[259]

Diese Überlegungen haben in der deutschen Gerichtspraxis dazu geführt, daß dem Antrag des Ehemanns unter Anwendung der einschlägigen ausländischen Norm dann stattgegeben wird, wenn auch bei Anwendung deutschen Rechts die Scheidung ausgesprochen werden müßte. Auch in Österreich sollte man sich dieser differenzierten Sichtweise anschließen. Somit könnten jene Paare, die sich über ihre Trennungsabsicht im Einvernehmen befinden, ebenso nach ihrem Heimatrecht geschieden werden wie jene Paare, deren Ehe auch nach österreichischem Recht

---

258 *Jayme*, "Talaq" nach iranischem Recht und deutscher ordre public, IPRax 1989, 223.
259 *Beitzke*, Scheidung sunnitischer Libanesen, IPRax 1993, 231(234).

nicht mehr aufrechterhalten werden könnte. Ein wesentlicher Vorteil dieser Vorgehensweise kann darin gesehen werden, daß auch sämtliche Scheidungsfolgen sich nach dem Heimatrecht des Paares richten, vor allem dann, wenn es sich um ein ausländisches Paar handelt, das sich nur vorübergehend im Inland aufhält.

Wie ist aber nun in jenen Fällen vorzugehen, in denen der Mann die Verstoßung ausgesprochen hat und die Frau ihren absoluten Willen, die Ehe aufrechterhalten zu wollen, vor Gericht bekundet?
Wie oben gezeigt wurde, kann das Gericht selbst nach österreichischem Eherecht, jenen Ehepartner, der den Ehewillen aufgegeben hat, nicht über die Frist von sechs Jahren hinaus in eine ungewollte Ehe "zwingen". Innerhalb dieser Zeitspanne darf gem § 55 Abs 2 1. Satz EheG dem Scheidungsbegehren dann nicht stattgegeben werden, "wenn der Ehegatte, der die Scheidung begehrt, die Zerrüttung allein oder überwiegend verschuldet hat und den beklagten Ehegatten die Scheidung härter träfe als den klagenden Ehegatten die Abweisung des Scheidungsbegehrens."
Betrachtet man - beispielhaft für das islamische - das iranische Scheidungsrecht, so zeigt sich, daß es eine solche "Härteklausel" nicht beinhaltet. Die einseitige Verstoßung führt in jedem Fall, nach Ablauf der dafür vorgesehenen Wartefrist von maximal drei Monaten, zur Scheidung. Macht nun die beklagte Ehefrau vor einem österreichischen Gericht geltend, daß die Scheidung sie außergewöhnlich hart treffen würde, müßte nach iranischem Recht dennoch geschieden werden, während nach österreichischem Recht - zumindest vorläufig - eine Scheidung nicht erfolgen dürfte. Reicht dieses unterschiedliche Ergebnis aus, die Anwendung der ausländischen Norm, die die Verstoßung erlaubt, als ordre public-widrig auszuschließen ? ME nein, da - wie bereits aufgezeigt - die Anwendung nicht zu einem Ergebnis führt, "das mit den Grundwerten der österreichischen Rechtsordnung unvereinbar ist." Zeitlich verschoben führen beide Rechtsordnungen zu dem gleichen Ergebnis, daß nämlich die Ehe aufzulösen ist, wenn einer der beiden Ehepartner diese nicht mehr fortsetzen will. Somit führt die Nichtanwendung der "Härteklausel" innerhalb der sechs Jahre ab der Trennung bloß zu einem unbilligen, aber nicht zu einem ordre public-widrigen Ergebnis. Unbestritten ist die Konsequenz dieser Überlegungen sehr unbefriedigend. Eine mögliche Lösung könnte darin bestehen, in dem völligen Fehlen einer, dem österreichischem Recht entsprechenden, Schutzbestimmung eine systemwidrige Lücke zu sehen, die durch die inländische Norm geschlossen werden muß. Als Folge würde das - islamische - Heimatrecht des Paares, ergänzt um die Bestimmung des § 55 Abs 2 EheG, zur Anwendung gelangen. Spätestens nach Ablauf der sechs Jahre wäre die Ehe dann nach der ausländischen Norm zu scheiden. In der deutschen Lehre haben Gedankengänge hinsichtlich der Lückenfüllung, zumindest für den Bereich fehlender Scheidungsgründe, bereits Eingang gefunden. So bemerkt *Beitzke*, der an dieser Stelle *Lüderitz* und *von Bar* zitiert, dazu:
" Wenn man nicht zugunsten der Frau - wie die deutsche Praxis es tut - "talāq" auf die Fälle beschränkt, in denen die Frau der Scheidung zustimmt, oder in denen auch ein Scheidungsgrund deutschen Rechts vorliegt, so erfolgt die Gleichstellung der Frau am ehesten dadurch, daß man die für die Frau hinsichtlich des Scheidungsgrundes bestehende Lücke durch Gewährung der Scheidungsgründe des deutschen Rechts füllt, aber die Scheidungsfolgen dem Heimatrecht entnimmt - eine Methode, die *von Bar* für die restliche Scheidung hinkend geschiedener Ehen empfiehlt."
In einem Umkehrschluß könnte man daher die Lückenfüllung auch dort bejahen, wo das ausländische Recht um nichtvorhandene Gründe, die eine Scheidung

verhindern sollen, ergänzt wird. *Beitzke* weist zwar auf die Problematik der "Stückelung von Scheidung und ihren Folgen" hin, spricht sich aber dennoch für diese Vorgehensweise aus, da man sich damit eher an die grundsätzliche Anwendung des Heimatrechts halten kann, als "wenn man schlechthin nach lex fori scheiden würde, mit allen dem Heimatrecht der Parteien nicht geläufigen Scheidungsfolgen."[260]

Der Umstand, daß bis dato kein derart gelagerter Fall vor den OGH gelangt ist, läßt die Vermutung nahelegen, daß Verstoßungen idR im Ausland vorgenommen werden, da in einem anschließenden Anerkennungsverfahren gem § 24 Abs 1 4. DVEheG offensichtlich eher deren Gültigkeit für den inländischen Rechtsbereich erwirkt werden kann als durch ein Gerichtsurteil.

Bevor die entscheidungsbefugte Behörde aber zu der Frage nach der Anwendbarkeit einer konkreten ausländischen Norm gelangt, muß sie vorab klären, welcher Rechtsordnung die Entscheidungsgrundlage für einen Sachverhalt mit Auslandsberührung entnommen werden muß. Wie dabei vorzugehen ist, soll im nächsten Unterkapitel dargestellt werden.

ad 3. Wonach richtet sich der "richtige" Anknüpfungspunkt bei der Rechtswahl, wenn eine der beiden Streitparteien (zumindest auch) die österreichische und die andere ausschließlich eine ausländische Staatsbürgerschaft hat ?

Die Frage, welches Recht auf ein Scheidungsverfahren mit Auslandsbezug anzuwenden ist, ist immer auf der Grundlage des

§ 20 IPRG

"(1)Die Voraussetzungen und die Wirkungen der Scheidung einer Ehe sind nach dem für die persönlichen Rechtswirkungen der Ehe maßgebenden Recht im Zeitpunkt der Ehescheidung zu beurteilen.
(2) Kann nach diesem Recht die Ehe auf Grund der geltend gemachten Tatsachen nicht geschieden werden oder liegt keiner der Anknüpfungspunkte des § 18 vor, so ist die Scheidung nach dem Personalstatut des klagenden Ehegatten im Zeitpunkt der Ehescheidung zu beurteilen."

iVm § 18 Abs 1 IPRG

"Die persönlichen Rechtswirkungen einer Ehe sind zu beurteilen
1. nach dem gemeinsamen, mangels eines solchen nach dem letzten gemeinsamen Personalstatut der Ehegatten, sofern es einer von ihnen beibehalten hat.
2. sonst nach dem Recht des Staates, in dem beide Ehegatten ihren gewöhnlichen Aufenthalt haben, mangels eines solchen nach dem Recht des Staates, in dem beide ihren letzten gewöhnlichen Aufenthalt gehabt haben, sofern ihn einer von ihnen beibehalten hat."

zu klären.

---

[260] *Beitzke*, IPRax 1993, 235.

Das Personalstatut einer natürlichen Person ist nach den Grundsätzen des § 9 IPRG zu ermitteln, wobei die Besonderheiten in Bezug auf Staatenlose und Flüchtlinge beachtet werden müssen. Folgende Fallkonstellationen sind denkbar:

⇨ Gehören beide Ehepartner ein und demselben Staat an, so gilt ihr Heimatrecht, gleichgültig wo sie leben;
⇨ besitzt ein Ehepartner eine Staatsangehörigkeit, während der andere staatenlos oder Flüchtling ist, so gilt das Recht jenes Staates, dem der eine Partner angehört, wenn der andere dort seinen gewöhnlichen Aufenthalt hat;
⇨ sind beide Ehegatten Staatenlose oder Flüchtlinge, so ist das Recht jenes Staates anzuwenden, in dem beide (nicht notwendig gemeinsam) ihren gewöhnlichen Aufenthalt haben.[261]

Bei ausländischen Mehrstaatern ist die effektive Staatsangehörigkeit ausschlaggebend, während österreichische Mehrstaater nur als Österreicher gelten. Soweit das Vorliegen der österreichischen Staatsbürgerschaft für die Anknüpfung entscheidend ist, ist sie von Amts wegen zu prüfen. "Dabei ist nach dem Recht des Staates vorzugehen, um dessen Staatsbürgerschaft es geht, und sind nur dessen konstitutive Staatsbürgerschaftsentscheidungen bindend. Die Eheschließung mit einem Ausländer ist keine primär auf den Erwerb einer fremden Staatsbürgerschaft gerichtete Erklärung; sie bewirkt daher nicht den Verlust der österreichischen Staatsbürgerschaft, auch wenn damit kraft ausländischen Gesetzes der Erwerb der ausländischen Staatsbürgerschaft verbunden ist."[262] Haben also die Ehegatten eine gemeinsame Staatsangehörigkeit, ist aber einer von ihnen auch Österreicher, so fehlt ihnen ein gemeinsames Personalstatut.

Daß oft erst die Anknüpfung über das Ersatzstatut des § 20 Abs 2 IPRG es ermöglicht, eine Ehe zwischen einer österreichischen Frau und einem muslimischen Mann nach österreichischem Recht zu scheiden, soll an Hand einiger Beispiele dargestellt werden:

Die erste Entscheidung stammt aus dem Jahre 1985.[263] Ihr lag folgender Sachverhalt zugrunde:

Bei den Streiteilen handelte es sich um eine österreichische Frau, die gegen ihren ägyptischen Ehemann die Scheidungsklage eingebracht hatte. Der Ehe entstammten zwei Kinder. Der letzte gemeinsame gewöhnliche Aufenthalt war in Oman, wo sich der Mann aus beruflichen Gründen noch immer aufhielt.
Das Erstgericht schied diese Ehe aus dem Alleinverschulden des Beklagten nach österreichischem Recht. Die Berufung wandte sich unter anderem gegen die Anwendung des österreichischen Scheidungsrechts. Der OGH wies die nachfolgende Revision der Berufungsentscheidung als unberechtigt ab und äußerte sich zu diesem Einwand folgendermaßen:
"Zutreffend seien im übrigen die Ausführungen des Berufungswerbers, wonach die Voraussetzungen der Ehescheidung gem § 20 Abs 1, § 18 Abs 1 Z 2 IPRG mangels eines gemeinsamen Personalstatus und eines gegenwärtigen gewöhnlichen Aufenthaltes beider Ehegatten im selben Staat nach dem Recht des Staates zu

---

261 *Schwimann* in *Rummel* 2 Rz 4 zu § 18 IPRG.
262 OGH 29.10.1987, 7 Ob 700/87 JBL 1988, 519 = IPRE 2/129,135.
263 OGH 28.2.1985, 8 Ob 631/84 IPRE 2/ 130 = ZfRV 1986,138 = ÖSTA 1987 51.

beurteilen sind, in dem beide Ehegatten ihren letzten gewöhnlichen Aufenthalt hatten, sofern ihn einer von ihnen beibehalten habe."
Dh auf Grund des Sachverhaltes hätte - ohne den § 20 Abs 2 S 1 - das Ehescheidungsrecht des Oman zur Anwendung kommen müssen. So konnte aber das österreichische Recht herangezogen werden, da wie der OGH zutreffend weiter ausführt:
"In Oman stehe ein Ehescheidungsrecht nur dem Mann zu. Da somit nach dem gem § 20 Abs 1 IPRG anzuwendende Recht die Ehe auf Grund der geltend gemachten Tatsachen (Isolieren von der Umwelt in Oman, Verletzung der Unterhalts- und Beistandspflicht) nicht geschieden werden kann und kein weiterer Anknüpungspunkt des § 18 IPRG zum Tragen kommt, sei gem § 20 Abs 2 IPRG die Scheidung nach dem Personalstatut des klagenden Ehegatten im Zeitpunkt der Ehescheidung, also österreichisches Recht, zu beurteilen."

Wie *Hoyer* in seiner kurzen Besprechung zu dieser Entscheidung ausführt, beschreibt der Sachverhalt deutlich die Risken, die Europäerinnen eingehen, wenn sie einen "Angehörigen eines Nahosttaates" heiraten. Gerade so eine Fallkonstellation zeigt aber auch, wie wichtig die Norm des § 20 Abs 2 IPRG ist, da sie jener Frau, die ihre österreichische Staatsangehörigkeit nicht aufgibt, die Möglichkeit offen hält, sich aus einer unglücklichen und zerrütteten Ehe zu lösen.
Zurecht kritisiert der Autor den OGH, nicht im Rahmen der amtswegigen Prüfung zu jener Frage Stellung genommen zu haben, ob § 20 Abs 2 IPRG den sofortigen Rückgriff auf das Personalstatut der klagenden Partei eröffnet oder ob vorher die anderen Anknüpfungspunkte des § 18 IPRG zum Zuge kommen.[264]

Vielleicht war es gerade diese Kritik, die dazu führte, daß ein Jahr nach der genannten Entscheidung das Höchstgericht sich ganz grundsätzlich zu dieser Frage äußerte. In jener aus dem Jahre 1986 stammenden Entscheidung hat der OGH die Frage nach der Auswahl des anwendbaren Rechts grundsätzlich und umfassend wie folgt beantwortet:
"Bei einem Sachverhalt mit Auslandsberührung ist die Rechtsanwendungsfrage amtswegig aufzuwerfen (§ 2 IPRG).
Das Scheidungsstatut (iSv § 20 iVm § 18 Abs 1 IPRG) ist primär jene Sachrechtsordnung, die (unter Beachtung eines allfälligen Renvoi: § 5 IPRG) im Scheidungszeit-punkt für die persönlichen Ehewirkungen maßgeblich wäre; einem nur für das Scheidungsrecht ausgesprochenen Renvoi ist daher nicht mehr nachzugehen.
Immer wenn die geltend gemachten Scheidungsgründe nach dem über das Ehewirkungsstatut ermittelten Sachrecht die Scheidung ausschließen, soll das Ersatzstatut des § 20 Abs 2 Fall 1 eintreten. Die hilfsweise Anknüpfung gemäß § 20 Abs 2 IPRG ist nicht davon abhängig, daß zuvor alle Möglichkeiten der Leiter des § 18 Abs 1 IPRG durchlaufen worden wären.
Ergeben sich bei Klage und Widerklage unterschiedliche Scheidungsstatuten und Scheidungsfolgen, gebietet das Erfordernis einheitlicher Scheidungsfolgen die Anwendung einer einzigen Sachrechtsordnung. Bei der Auswahl entscheidet nach dem Grundsatz des favor divortii das für die Scheidung günstigere Recht."[265]

---

264 *Hoyer*, ZfRV 1986,140.
265 OGH 28.1.1986, 5 Ob 536, 537/85 SZ 59/22 = EvBl 1987/64 = ZfRV 1987,195 =IPRE 2/13 279 = IPrax 1987, 35 = EFSlg XXIII/6.

Verschraegen, die diese Entscheidung zum Anlaß genommen hat, sich in einem Artikel ausführlich den Anknüpfungskriterien im internationalen Scheidungsrecht zu widmen, schreibt zum Verhältnis dieser beiden Normen:[266]
"Im Grunde genommen geht es hier um die Frage, wie sich der Grundsatz des favor divortii zum favor matrimonii-Prinzip verhält. Mit anderen Worten: »günstigeres Scheidungsrecht« kann nur das Recht sein, das die Scheidung ermöglicht, nicht aber ein solches, das die Scheidung erleichtert, weil hier die Grenzen des Sachrechts verlaufen." Richtigerweise hält sie fest, daß der § 20 Abs 2 IPRG im Verhältnis zu § 18 Abs 1 und 2 IPRG bloß subsidiär zur Anwendung kommen darf, und zwar erst dann, "wenn die Scheidung auf Grund der geltend gemachten Tatsachen oder mangels Vorliegen einer der in § 18 vorgesehene Anknüpfungspunkte (darunter auch der Grundsatz der stärksten Beziehung) nicht möglich ist."
Ausgeschlossen sollen somit jene Fälle sein, da bloß eine "leichtere" im Sinne einer "rascheren" Scheidung erreicht werden soll.

Ist diese Subsidiarität im "Oman-Fall" gewahrt worden?
Ohne weitere Ausführungen wird in der OGH-Entscheidung festgestellt, daß im Oman nur dem Mann das Scheidungsrecht zustehe. In Kenntnis der Rechtslage des islamischen Scheidungsrechts muß man dem entgegenhalten, daß auch einer Frau grundsätzlich rechtliche Möglichkeiten offenstehen, die Scheidung von ihrem Mann zu begehren.
Da allerdings die Ehe nach omanischem Recht nicht auf Grund der von der Klägerin geltend gemachten Tatsachen hätte geschieden werden können, ist zu Recht über § 20 Abs 2 IPRG - subsidiär! - österreichisches Recht zur Anwendung gelangt.

Die zwei anderen Fälle sind verglichen mit dem ersten weniger komplex. Sie werden an dieser Stelle angeführt, um beispielhaft zu illustrieren, welche Lebenssachverhalte bei gemischten Ehen möglich sind und welche zentrale Rolle der § 20 Abs 2 IPRG bei der Lösung spielt.
So wurde seitens des OGH auch bei folgendem Fall die Anwendung des österreichischen Rechts gem § 20 Abs 2 IPRG bejaht:[267]

Die Klägerin hatte mit einem Ägypter die Ehe geschlossen. Als es bereits nach kurzer Zeit zu schweren Mißhandlungen und schließlich sogar Morddrohungen durch den Mann gekommen war, verließ die Frau die eheliche Wohnung. Sie verlegte ihren Wohnsitz in die Schweiz und reichte gegen ihren Ehemann in Österreich die Scheidungsklage ein. Da ihr Mann unbekannten Aufenthaltes war, galt als der letzte gemeinsame gewöhnliche Aufenthalt Wien.
Ganz im Sinne der bereits dargestellten Judikatur kam der OGH daher in seiner Entscheidung zu folgendem Schluß:
"Für Ehegatten, die kein gemeinsames Heimatrecht haben und von denen keiner den ehemals gemeinsamen Aufenthalt beibehalten hat, wird das Scheidungsstatut gemäß § 20 Abs 2 IPRG vom Personalstatut des klagenden Gatten bestimmt."
Zu Recht kritisiert *Schwimann* in einer Anmerkung zur Entscheidung die unreflektierte Bevorzugung dieser Norm. Auch wenn das Ergebnis das gleiche ist,

---

266 *Verschraegen*, Das "utilior"- und "melius"- Kriterium im Österreichischen Internationalen Privatrecht, illustriert am Beispiel des favor divortii, ZfRV 1987, 188.
267 OGH 19.5.1987, 5 Ob 545/87 IPRE 2/133.

wäre es hier wohl richtiger gewesen, wenn man analog § 18 Abs 2 IPRG das Recht der engsten Beziehung - somit österreichisches Recht - herangezogen hätte.[268]

Im dritten Fall, der nur bis zur zweiten Instanz gelangt ist, ging es um eine Österreicherin, die mit einem Quataresen in Wien die Ehe geschlossen hatte. Nach der Geburt des gemeinsamen Sohnes reiste sie ihrem Mann nach. Da es ihr zu diesem Zeipunkt nicht möglich war, in die Heimat ihres Mannes zu übersiedeln, lebte sie mit ihm in Bahrain, einem Nachbarstaat von Quatar. Nach einem halben Jahr kehrte sie nach Österreich zurück und reichte hier die Scheidung aus Alleinverschulden des Ehegatten ein. Das Erstgericht folgte in seinem Urteil diesem Klagsbegehren, wobei es seiner Entscheidung österreichisches Recht zugrunde legte.
In der Berufungsentscheidung[269] bestätigte die zweite Instanz dem Erstgericht, daß es richtigerweise österreichisches Eherecht angewendet hatte. Begründend führte es dazu aus, daß - wie die Beteiligten übereinstimmend erklärt hatten - die gemeinsame Wohnung in Bahrain nur als "Übergangslösung" gedacht war und somit keinen ausreichenden territorialen Anknüpfungspunkt bilden konnte. Da demnach die Eheleute nie einen gemeinsamen gewöhnlichen Aufenthalt hatten, lag daher keiner der Anknüpfungspunkte des § 18 IPRG vor, "sodaß die Scheidung nach dem Personalstatut der Klägerin, also nach österreichischem Recht zu beurteilen ist".

Nach dem Kindschafts- und dem Eherecht, soll abschließend auf mögliche Probleme im Zusammenhang mit dem islamischen Erbrecht eingegangen werden.

VI. 3. E. Erbrecht

Zwar liegen in diesem Bereich keine höchstgerichtliche Judikate vor, dennoch kann es - wenn auch selten - Verlassenschaftsverfahren geben, bei denen aufgrund der Auslandsberührung auf islamisches Erbrecht verwiesen wird. § 28 Abs 1 IPRG normiert nämlich

> *"Die Rechtsnachfolge von Todes wegen ist, nach dem Personalstatut des Erblassers im Zeitpunkt seines Todes zu beurteilen."*

Somit ist das Erbstatut durch das letzte Personalstatut des Erblassers (§ 9 IPRG) bestimmt. Diesem unterliegen:

a) die Bestimmung des Umfanges des Nachlasses;
b) die Bestimmung des Erben (Berufungsgrund) einschließlich der Erbquote, damit auch die Substitution, Transmission und Repräsentation;
c) Bestimmung der Pflichtteilsberechtigten, der Art ihrer Befriedigung und ihrer Quote;
d) die Rechtsstellung und die Ansprüche der Vermächtnisnehmer;

---

268 *Schwimann*, Anm zu IPRE 2/133.
269 LGZ Wien 28.3.1990, 43 R 3006, 3007/90 IPRE 3/124.

e) die Bedeutung von Bedingungen, Befristungen und Aufträgen (Auflagen);
f) die Erbunwürdigkeitsgründe und
g) der Erbverzicht.[270]

Wie im vierten Kapitel dieser Arbeit bereits ausführlich dargestellt wurde, kennt das islamische Erbrecht vier Erbklassen, wobei die zunächst berufene, die nachfolgenden - je nach vorhandenen Erben in der jeweiligen Gruppe - ausschließt. Ganz grundsätzlich erben die Frauen jeweils die Hälfte jener Quote, die ihren männlichen "Pendants" auf der selben Stufe zusteht. Diese Benachteiligung der weiblichen Personen im Erbrecht, wird - nach muslimischerm Rechtsverständnis - durch die einseitig nur die Männer treffende lebenslange Pflicht, die Versorgung der Frauen ihrer Familie sicherstellen zu müssen, als ausgeglichen erachtet.
Hat nun das Gericht eine solche Quotenregelung anzuwenden, muß es sich mit der Frage beschäftigen, ob es dadurch zu einem ordre public widrigen Ergebnis kommt.
Lorenz hat sich, bezogen auf die Situation in Deutschland, in einem Artikel sehr ausführlich mit diesem Thema befaßt. Er schreibt einleitend über das islamische Erbrecht:
"Sämtliche islamisch geprägten Rechtsordnungen unterscheiden bei der gesetzlichen Erbfolge zwischen Quotenerben (sog Koranerben) und Resterben. Diese grundsätzliche Unterscheidung gilt für alle Rechtsschulen des islamischen Rechtskreises. Quotenerben sind, ähnlich wie beim Ehegattenerbrecht des deutschen Rechts, mit einer festen Quote am Nachlaß beteiligt. Nach Abzug dieser Quoten ist der übrige Nachlaß, soweit er durch die Quoten nicht ausgeschöpft ist, nach den einschlägigen Regeln auf die übrigen Resterben zu verteilen. Ob und in welcher Höhe eine Person Quoten- oder Resterbe ist bzw kombiniert als Quoten- und Resterbe erbt, hängt neben ihrer eigenen Stellung von dem Vorhandensein bestimmter anderer Verwandter des Erblassers ab. So sind Töchter des Erblassers Quotenerben, bei Zusammentreffen mit einem oder mehreren Söhnen aber Resterben. Der überlebende Ehegatte ist hingegen stets Quotenerbe. Der überlebende Ehemann beerbt die Ehefrau zu 1/2, bei Vorhandensein von Kindern zu 1/4, während die Ehefrau in derselben Konstellation zu 1/4 bzw 1/8, dh nur zur Hälfte der Quote des Ehemannes berufen ist. Diese Rechtslage ergibt sich direkt aus den Regeln des Korans (IV.Sure "Die Weiber" Vers 13,14). Soweit Rechtsordnungen des islamischen Rechtskreises über kodifiziertes Recht verfügen, ist diese Regel in das geschriebene Recht übernommen."
Er führt dann weiter aus:
"Das islamische Erbrecht verfügt über weitere geschlechts- oder religionsabhängige Regelungen, die Probleme des ordre public aufwerfen. Generell werden weibliche Erben gegenüber männlichen Erben desselben Verwandtschaftsgrades benachteiligt. Zu nennen ist beispielhaft die sich ebenfalls aus dem Koran ergebende Ungleichbehandlung von männlichen und weiblichen Abkömmlingen. Bei Zusammentreffen von männlichen und weiblichen Abkömmlingen beträgt der Erbteil jedes männlichen Erben jeweils das Doppelte des Anteils eines weiblichen Erben."[271]
Der Autor stellt in seinem Artikel fest, daß vor allem drei Aspekte der islamischen Erbrechtsregelung problematisch sind, nämlich

---

270 *Hoyer*, Das österreichische Erbstatut, in Beitzke-FS (1979) 521((535).
271 *Lorenz*, Islamisches Ehegattenerbrecht und deutscher ordre public: Vergleichsmaßstab für die Ergebniskontrolle, IPRax 1993, 148.

1. das Erbverbot der Religionsverschiedenheit,
2. die Ungleichbehandlung von Abkömmlingen und,
3. die Ungleichbehandlung der Ehegatten aufgrund ihres Geschlechts.

Wie bereits an verschiedenen Stellen dargelegt wurde, darf die Anwendung einer ausländischen Norm immer nur dann als ordre public-widrig ausgeschlossen werden, wenn "ihre Anwendung zu einem Ergebnis führen würde, das mit den Grundwertungen der österreichischen Rechtsordnung unvereinbar ist." Gerade aus dem eingangs erwähnten Umstand, daß diese Benachteiligung der Frauen im islamischen Erbrecht durch eine Zuerkennung einseitiger Ansprüche ausgeglichen wird, muß man im konkreten Einzelfall bei der Prüfung einer etwaigen ordre public-Widrigkeit sehr umsichtig vorgehen.
So weist auch *Lorenz* richtigerweise daraufhin, daß diese Problematik nur dann releviert werden soll, wenn ein hinreichender Inlandsbezug vorhanden ist. [272]

Da in Österreich derartige Fälle in der Literatur noch nicht behandelt wurden, muß bei der Aufzeigung möglicher Lösungsansätze zu den drei oben genannten Problemen die deutsche Gutachtenspraxis herangezogen werden! Unter Anwendung der einschlägigen Bestimmung der Vorbehaltsklausel in Art 6 EGBG kommt diese zu folgendem Ergebnis:

zu 1 : das Erbverbot der Religionsverschiedenheit ist nicht zu beachten;
zu 2 : den weiblichen und männlichen Abkömmlingen sind gleiche Erbquoten zuzuerkennen;
zu 3 : einer Ehefrau ist dieselbe Erbquote zuzusprechen, wie einem überlebenden Ehemann.[273]

Wie eine Anfrage in der zuständigen Abteilung für ausländisches Recht im Bundesministerium für Justiz ergeben hat, gibt es nur ganz selten Fragen, die die Anwendung des islamischen Erbrechts betreffen.
Handelt es sich, sowohl beim Erblasser als auch bei den Erben, um Angehörige eines islamischen Staates und ist der einzige Anknüpfungspunkt in Österreich der inländische Vermögenswert, so wird in der Anwendung des islamischen Erbrechts keine ordre public-Widrigkeit gesehen. Das - sicher zutreffende - Hauptargument für diese Lösung ist, daß die Nahebeziehung zu Österreich in diesem Fall nicht ausreichend ist.
Während die deutsche Lehre - wie oben dargestellt - empfiehlt, das Erbverbot der Religionsverschiedenheit asl ordre-public wiedrig nicht zu beachten, gibt es in Österreich, vor allem in der Praxis, einen anderen Lösungsansatz. Jene Richter, die bis dato - wenn auch selten - mit diesem Problem konfrontiert worden sind, behandelten den Pflichtteilsanspruch als eine schon zu Lebzeiten des Erblassers entstehende Forderung, die mit dem Tod fällig wird und noch vor der Bestimmung der Erbquoten zu begleichen ist.[274]

---

272 Während bei den Sunniten hier ein allseitiges Erbverbot besteht, kann nach ši^{c}ītischem Ritus zwar ein Nichtmoslem keinen Moslem beerben; umgekehrt ist dies aber sehr wohl möglich; vgl *Lorenz* FN 7.

273 Diese Aussagen beziehen sich auf Erbrechtsfälle gemischter Ehen.

274 Es bleibt allerdings die Grundfrage offen, ob gegenüber Apostaten überhaupt eine Unterhaltsverpflichtung besteht!

VII. Das islamische Konfliktlösungsmodell bei Ehestreitigkeiten

Ausgehend von einem Koranvers, hat die islamische Rechtswissenschaft ein differenziertes Stufenkonzept der Konfliktbereinigung entwickelt, das zwar nicht in jedem Punkt streng eingehalten werden muß, aber doch bestimmte Richtlinien vorgibt, wie im Falle einer ehelichen Auseinandersetzung vorzugehen ist.[275]
Rassoul geht bei seinen Ausführungen von der Behauptung aus, daß der Keim späterer Konflikte meist schon vor der Eheschließung gelegt wird, indem zu unüberlegt und zu emotional bei der Wahl des Ehepartners vorgegangen werde. Damit wendet er sich kritisch gegen die europäische Gepflogenheit, die Partnerwahl den jungen Leuten selbst zu überlassen, da sie dabei nicht die nötige Erfahrung hätten und daher unüberlegt und von falschen Gefühlen geleitet handeln würden. Die "Qualität von Mann und Frau" ergäbe sich - nach islamischen Prinzipien - aus der eigenen Lebensführung und deren Bestätigung durch die "aufrichtige Gemeinschaft" der übrigen Muslime. Somit sei die Vermittlung zweier passender Ehepartner "die beste Garantie für eine lebenslange funktionierende Ehe", wobei er den Umgang der Brautleute in Anwesenheit Dritter schon vor der Heirat als Möglichkeit "einander kennenzulernen und Gedanken auszutauschen" durchaus begrüßt.
Der Autor betont, daß Heirat und Aufbau der Familie unbedingt auf der "Grundlage göttlicher Normen" geschehen müsse und führt dazu weiter aus:
"Nicht nur die sexuelle Befriedigung soll das Fundament von Ehe und Familie sein, sondern die echte Partnerschaft, die Treue, auch in schweren Zeiten, die Sorge und die Fürsorge durch das ganze Leben hindurch, wie dies der Gesandte Allahs allumfassend formuliert hat."[276]
Mit dieser Sichtweise wendet er sich gegen alle Tendenzen, die die Freiheit des Einzelnen über die Rechte der Gemeinschaft stellen wollen und führt als negatives Beispiel dafür die hohen Scheidungsraten in den westlichen Industrieländern an. Ein Kritikpunkt, der von Muslimen in Gesprächen regelmäßig gebracht wird !
Ganz im Geiste des Islam als Pflichtenlehre sei von den Rechtsgelehrten eine Vielzahl von wechselseitigen Geboten ausgearbeitet worden, die das Funktionieren des ehelichen Zusammenlebens vom ersten Tag an garantieren sollten. Um zu

---

[275] Die Darstellung folgt in weiten Teilen den Ausführungen von *Rassoul*, Die Scheidung nach islamischem Recht (1983), da dieser Autor als Muslim ein sehr ausführliches und "ideales Bild" dieses Konzeptes darlegt. Auch wenn es nicht in allen Details befolgt wird, ist es in der Vorstellung vieler Muslime, wie im Konfliktfall vorzugehen sei, wenn auch oft sogar nur unbewußt , verankert.

[276] *Rassoul*, Die Scheidung 16.

zeigen wie umfassend hier der Alltag geregelt ist, hat der Autor die wichtigsten Verhaltens-maßregeln aufgezählt:

- Kameradschaftliches Verhalten auf der Basis von gegenseitigem Respekt;
- Volles Vertrauen und Vermeidung von schädlichen Einflüssen der Eifersucht;
- Klarstellung von Normen des Zusammenlebens;
- Eigenständigkeit der Ehefrau als Notwendigkeit für die Aufrechterhaltung des Eheglücks;
- Die Geduld, die von beiden Ehepartnern auf jeden Fall gewahrt werden muß;
- Handeln nach Billigkeit, dh man soll seinen Ehepartner so behandeln wie man es sich umgekehrt auch von ihm wünscht;
- Haß, Nichtmögen und/oder Nichtgefallen rechtfertigen grundsätzlich im Islam weder Scheidung noch schikanöse Behandlung des Ehepartners mit der Begründung, daß sich die Gefühle eines Menschen - sei es Liebe oder Haß - immer wieder ändern können;
- Körperliche Züchtigung und Mißhandlungen müssen vermieden werden, wenn man mit seinem Partner in dauerhaften Frieden und Eheglück leben will;
- Gehorsamspflicht der Frau verbunden mit der Pflicht des Mannes, die Familiengeschicke mit höchster Verantwortung zu führen.

Trotz dieser umfassenden Verhaltensmaßregeln gab und gibt es bei muslimischen Paaren im Ehealltag genau so viele Probleme wie bei nichtmuslimischen. Mit der Prämisse, die Ehe unter allen Umständen halten zu wollen, wurde im islamischen Recht ein in mehreren Phasen ablaufender Weg der Konfliktbereinigung erarbeitet, dessen "Durchlaufen" für den Einzelnen verpflichtend festgelegt wurde.

Stufenmodell bei der Konfliktlösung

1. Stufe: Maßnahmen, die das Ehepaar selbst durchführen muß

Je nachdem von wem die "Auflehnung" (nušūz), bzw das widerrechtliche Verhalten ausgeht, trifft den jeweils anderen Ehepartner die Pflicht, die drei rechtlich vorgesehenen Phasen zur Aufrechterhaltung der Ehe durchzuführen:

Aufgaben seitens des Mannes:

1. Phase der Besinnung und der gütigen Ermahnung der Ehefrau.
2. Phase des Verlassens im Ehebett (ḥağr), wobei die Dauer auf maximal vier Wochen beschränkt sein muß (dehnt der Mann diese Zeit darüber hinaus aus, steht seiner Frau das Scheidungsrecht zu).
3. Phase der Hoffnungslosigkeit.

Im Zusammenhang damit wird immer wieder auf das Züchtigungsrecht des Mannes, das sich bereits im Koran findet, hingewiesen. Der Autor verabsäumt nicht zu betonen, daß hier "nicht mehr als ein symbolischer körperlicher und seelischer Schmerz gemeint sei" und der Prophet ein "ausgesprochener Gegner jeglicher Gewalt gegenüber Frauen und Kindern" gewesen sei.

Dennoch bleiben nach dieser Systematik "sofort bereute Abreaktionen von Spannungen" ohne rechtliche Konsequenz.[277]

Aufgaben seitens der Frau:

1. Phase der Besinnung und der gütigen Ermahnung des Mannes.
2. Phase der letzten Warnung, dh sie muß ihn vor den Konsequenzen seines Verhaltens, sowohl im Diesseits als auch im Jenseits, warnen.
3. Phase der rechtlichen Maßnahmen.
   Die Frau soll zuletzt die Familienangehörigen des Mannes verständigen, und diese bitten, ihre Beschwerde gegen ihn anzuhören.

Damit gelangt das "Verfahren zur Konfliktbereinigung" auf die

2. Stufe: Maßnahmen, die von Schiedsrichtern ergriffen werden

Es werden für dieses Amt der Schiedsrichter zwei Personen ausgewählt, die bevorzugt aus jeweils einer der beiden Familien der Konfliktparteien stammen sollen. Ihre Autorität und Kompetenz zur Schlichtung von Streitigkeiten zwischen Ehepartnern, begründet sich auf dem Koranvers

Sure 4

> *Vers 35:*
> *" Und wenn ihr fürchtet, daß es zwischen einem Ehepaar zu einem (ernsthaften) Zerwürfnis kommt, dann bestellt einen Schiedrichter aus seiner und einen aus ihrer Familie (um zu vermitteln). Wenn die beiden sich (dann) aussöhnen wollen, wird Gott ihnen zu ihrem (weiteren) Zusammenleben (in der Ehe) Gelingen geben. ..."*

Die Darstellung von *Rassoul* geht hier nach einer kurzen Erwähnung dieser Institution zu den tatsächlichen Scheidungsformen über.

Es scheint aber doch interessant, sich mit Form und Verfahren der außergerichtlichen Streitbeilegung durch Schiedrichter eingehender zu befassen:[278]

Art und Weise der Bestellung:

Die Rechtsgelehrten der klassischen Jurisprudenz waren sich nicht einig, wem zunächst das Bestellungsrecht zukäme. Die herrschende Meinung ging dahin, daß mit "und wenn ihr fürchtet" die Gouverneure, Emire und deren Stellvertreter gemeint seien. Die Minderheit vertrat hingegen die Ansicht, daß damit die Heiratsvormünder des Ehepaares (die sog walī) gemeint seien.
Beide Bestellungsvarianten haben ihre Vor- und Nachteile. Während die Berufung durch öffentliche Würdenträger diesen Personen sicher eine größere Autorität

---

[277] Damit wird zumindest eine "leichte Form der Mißhandlung", was immer man darunter verstehen mag, sichtlich toleriert !

[278] *Gräf*, Einige koranische Grundlagen islamischer Eheordnung (II.Teil), Bustan (1969) 11.

verleiht, kennen die Vormünder die Familiensituation genauer und können daher eher die wirklich geeigneten Vermittler auswählen.

Auswahlkriterien:

Unabhängig davon, wer diese Bestellung tatsächlich vornimmt, muß er einen Schiedsrichter aus der Familie des Ehemannes und einen aus der Familie der Frau wählen. Jeder hat dabei die Anliegen seiner Seite zu vertreten. Die Männer sollen "rechtschaffen, scharfblickend, einsichtig und rechtskundig sein".[279] Unter Rechtskundigkeit versteht man nicht unbedingt eine juristische Vorbildung, sondern, daß sie mit den rechtlich-religiösen Vorschriften des Koran hinreichend vertraut sind. Finden sich in den beiden Familien keine geeigneten Personen, so müssen zwei rechtschaffene kundige Fremde bestellt werden.

Verfahren:

Je nach Stand der Streitigkeiten haben die beiden zunächst herauszufinden, ob nur von einem Teil des Ehepaares oder von beiden Teilen gleichermaßen das eheschädigende Verhalten ausgeht.
Im ersten Fall wird der sich im Unrecht befindliche Partner durch den Schiedsrichter der Gegenpartei aufgefordert unverzüglich dieses schädigende Verhalten einzustellen, wobei er sich - laut *Qurtubi* - "der Ermahnung, Abschreckung und dem Verbot" bedienen soll.
Finden die Schiedsrichter hingegen die beiden Eheleute zerstritten und unversöhnlich und spitzt sich deren Krise immer mehr zu, "dann bemühen sie sich mit aller Anstrengung um Harmonie und Versöhnung und erinnern sie an Gott und an die eheliche Gemeinschaft. Wenn dann die Ehegattten bereuen und umkehren, lassen sie sie in Ruhe."

Lösungsmöglichkeiten:

Das erklärte Ziel der beiden Schiedsrichter ist es, die streitenden Eheleute zu versöhnen und so den Fortbestand dieser Ehe zu sichern. Dabei wird den Betroffenen die Wichtigkeit ihres Zusammenlebens nicht nur für die eigenen Familien, sondern auch für die Gemeinschaft vor Augen geführt. In vielen Fällen wird es genügen, den beiden Partnern bei der Lösung ihrer Alltagsprobleme beizustehen, um sie zur Wiederaufnahme ihrer Ehe bewegen zu können.
Bleiben die beiden Partner hingegen, trotz zahlreicher Vermittlungsversuche, unversöhnlich, muß es zur Scheidung kommen.

Entscheidungskompetenz der Schiedsrichter

Hinsichtlich der Frage, wie weit diese reicht, gehen die Meinungen innerhalb der einzelnen Rechtsschulen stark auseinander. Grundsätzlich sind drei unterschiedliche Sichtweisen möglich, wobei vorausgeschickt werden muß, daß es immer um die Frage geht, wer den Mann zum Ausspruch des ṭalāq zu verpflichten hat.

[279] Siehe bei *Gräf*, Islam Eheordnung 13, der seinerseits den islamischen Rechtsgelehrten *Qurtubi* zitiert.

Die drei möglichen Ansätze sind:

⇨ *Schiedsrichter sind bloße Boten und Zeugen*

(Diese Meinung wird von einem Teil der Šāfiᶜiten vertreten)
In diesem Fall endet ihre Tätigkeit damit, daß sie dem zuständigen Richter über den Ausgang des Verfahrens Bericht erstatten und dieser dann - wenn er es für richtig befindet - die beiden Eheleute trennt, bzw die Schiedsrichter beauftragt, diese Trennung zu veranlassen.

⇨ *Schiedsrichter sind gesetzliche Vertreter*

(Diese Meinung wird in erster Linie von den Ḥanafiten vertreten)
In der Bestellung von Familienmitgliedern wird die Begründung dafür gesehen,daß sie als Vertreter des jeweiligen Ehepartners auftreten. Als solche dürfen sie nur mit Einwilligung der beiden Gatten trennen.
Gräf zitiert in diesem Zusammenhang *Ğassas*, einen weiteren Autor der klassischen islamischen Jurisprudenz, der dazu ausführt:
"... die Scheidung darf nicht einseitig von den beiden Schiedsrichtern verfügt werden ohne Zustimmung des Gatten und ohne seine Bevollmächtigung, und nicht darf das Brautgeld aus ihrem Eigentum entfernt werden ohne ihre Zustimmung. Daher sagen unsere (ḥanafitischen) Kollegen: die beiden Schiedsrichter dürfen nur mit Zustimmung der beiden Gatten trennen. ... Die beiden Schiedsrichter sind nur Vertreter der beiden Gatten, der eine Vertreter der Frau, der andere Vertreter des Mannes hinsichtlich der Scheidung gegen Entgelt oder der Trennung ohne Entgelt, wenn der Gatte ihnen das aufgetragen hat."[280]

⇨ *Schiedsrichter sind Richter*

(Diese Meinung wird hauptsächlich von den Mālikiten vertreten)
Bei der Begründung geht man von einer Wortinterpretation aus, und weist ihnen aufgrund ihrer Bezeichnung richterliche und damit personenstandsrechtliche Gestaltungsbefugnisse zu.
Qurtubi, der selbst Anhänger dieser Meinung ist, schreibt dazu:
"... Sind sie (das Ehepaar) aber unversöhnlich und halten die beiden Schiedsrichter die Trennung für richtig, trennen sie die beiden, und ihrer beider Trennung ist zulässig, auch gegen die Ehegatten, und es ist gleichgültig, ob die Trennung dem Urteil des Distriktsrichters/qāḍī al-balad entspricht oder widerspricht, ob die beiden Gatten sie damit beauftragt haben oder nicht. Die Trennung in einem solchen Falle ist eine unwiderrufliche Scheidung/talāq bā'in."[281]

Vorgangsweise bei Uneinigkeit der Schiedsrichter

Ganz im Sinne des Ausgleichsgedankens dieser Einrichtung wird im Falle von Divergenzen ihr Entscheid nicht ausgeführt, bzw wird nur das verbindlich, worauf sie sich geeinigt haben. Will einer von ihnen auf Trennung erkennen, während der

---

280 *Gräf*, Islam Eheordnung 15.
281 *Gräf*, Islam Eheordnung 13.

andere dagegen ist, so sind die beiden aufgerufen, eine Einigung herbeizuführen. Bis eine solche erreicht ist, sind die von ihnen gefällten Entscheidungen nicht verbindlich. Können sie dennoch keine völlige Einigung erzielen, plädieren manche Gelehrte dafür, daß "der kleinste gemeinsame Nenner" als entschieden gelten soll (zB spricht einer die unwiderrufliche der andere hingegen die widerrufliche Scheidung aus, so gilt nur diese), während andere eine divergierende Entscheidung immer als nichtig betrachten wollen.

3. Stufe: Maßnahmen, die der Richter setzt

Wie bereits dargestellt, war im klassischen islamischen Recht der Ausspruch der Scheidung als einseitige Verstoßung, das alleinige Recht des Mannes. Die Bedeutung des Richters als Entscheidungsinstanz war daher eher gering. Im wesentlichen war er nur mit jenen Fällen befaßt, die - wie oben ausgeführt - nicht durch Schiedsrichter entschieden werden konnten und daher an ihn herangetragen wurden und in jenen Fällen, in denen die Frau einen der anerkannt schweren Scheidungsgründe geltend machte. Auch er mußte einen weiteren Versöhnungsversuch zwischen den streitenden Parteien anstreben. Erst wenn er selbst nach eingehender Prüfung von der absoluten Unmöglichkeit des Fortbestandes einer Ehe ausging, durfte er die Trennung veranlassen.
Während in allen anderen Rechtsmaterien die politische Führung sehr bald dazu überging, staatlich organisierte Gerichte mit Instanzenzügen einzusetzen, blieb das Amt des Familienrichters lange Zeit in seiner ursprünglichen Form bestehen. Dh der qāḍī war die einzige Instanz in familienrechtlichen Belangen. Seine Entscheidungen fällte er auf der Grundlage der šarīʿa und seiner persönlichen Erfahrungen. Sehr häufig war er gleichzeitig auch der imām der Gemeinde, was seinen Aussprüchen besonderes Gewicht verlieh.
Erst im Laufe dieses Jahrhunderts wurden auch die Familienrichter in ein System der kontrollierten Gerichtsbarkeit eingebunden. Mit der rechtlichen Besserstellung der Frau und dem legistischem Ausbau ihrer Rechte veränderte sich auch die Bedeutung des Richters. Durch das Verbot der außergerichtlichen Ehescheidung und mit der Einführung der Registrierungspflicht kommt ihm heute eine weit wichtigere Rolle zu als in früheren Zeiten.

Durch die moderne Rechtsenwicklung ist es teilweise bereits zu einer Vermischung der beiden Systeme - Schiedsrichter auf der einen Seite und Richter auf der anderen Seite - gekommen. So hat zB Tunesien diese schiedsrichterliche Funktion den Gerichtshöfen übertragen. Zwar kann das Gericht keinem Mann die Scheidung verweigern, wenn er diese unbedingt will, aber es kann ihn dazu verurteilen, seiner Frau gegenüber die entsprechenden Ausgleichszahlungen für den durch die Auflösung der Ehe erlittenen Schaden zu leisten. Umgekehrt steht aber auch der Frau der Weg offen, bei Gericht die Scheidung gegen Kompensationszahlung zu begehren. Beiden muß dann gleichermaßen Gehör gewährt werden und beide müssen in der gleichen Art und Weise behandelt werden.
Pakistan, als zweites Beispiel, ist hier sogar noch einen Schritt weiter gegangen und hat in einem Gesetz aus dem Jahre 1961 eigene Schiedsgerichte, bestehend aus einem unabhängigen Vorsitzenden und jeweils einem Repräsentanten der beiden Streitparteien, eingeführt. Diese beschäftigen sich ausschließlich mit Genehmigungen im Zusammenhang mit der Polygynie und der Verstoßungsscheidung, wobei die diesbezüglichen Anträge einer besonders strengen Prüfung unterzogen werden. Gehen die Antragsteller ohne eine solche

schriftliche Erlaubnis eine Mehrehe ein oder sprechen sie die einseitige Scheidung aus, so müssen sie mit hohen Geld- und sogar mit Gefängnisstrafen rechnen.[282]

Auch wenn hier in einzelnen islamischen Ländern die Rechtsentwicklung hin zu einer Gleichbehandlung von Mann und Frau schon weiter gediehen ist, muß betont werden, daß - außer in der Türkei - die Scheidung grundsätzlich immer noch als Privatangelegenheit zwischen dem Ehepaar betrachtet wird, und dem Gericht nur eine nachkontrollierende Notariatsfunktion zukommt, während in unserem Rechtssystem von einem Scheidungsmonopol und einer ausschließlichen Entscheidungsbefugnis der Gerichte ausgegangen wird.

Wie sehr dieser Umstand Immigranten in ihrem Umgang mit dem österreichischen Rechtssystem beeinflußt, wird mit eine der Fragen sein, die es im nun folgenden Kapitel zu klären gilt.

---

[282] *Coulson*, History 211.

VIII. Immigrantenfamilien im Umgang mit familiären Konflikten

Wie bereits am Beginn der Arbeit angekündigt, werden in diesem Kapitel die Ergebnisse einer Feldstudie, die im Raum Wien zum Thema "Konfliktlösungsmodelle bei muslimischen Immigranten" durchgeführt wurde, dargestellt.
Vorweg müssen allerdings einige ergänzende Bemerkungen zur Methodik und Aussagekraft der Befragungen gemacht werden! Während nämlich anfänglich der Begriff "Muslime" von mir noch undifferenziert und umfassend gesehen wurde, mußte sehr bald eine grundsätzliche Differenzierung in zumindest vier verschiedene Gruppierungen vorgenommen werden:

1. Die Gruppe der türkischen Muslime
2. Die Gruppe der bosnischen Muslime
3. Die Gruppe der Muslime aus dem asiatischen Raum
4. Die Gruppe der "übrigen Muslime"[283]

Jede einzelne der vier Gruppen zeichnet sich durch eine starke innere Geschlossenheit aus, die nur durch die Tatsache, daß alle Muslime der islamischen Glaubensgemeinschaft angehören, etwas "aufgebrochen" wird.
Da die Bosnier auf Grund der politischen Gegebenheiten in ihrem Heimatland ein sehr eigenes "Islamverständnis" entwickelt haben, wurden sie ebenso aus der Untersuchung herausgenommen, wie die Gruppe der vorwiegend indischen und pakistanischen Muslime, die aufgrund der anglosächsisch geprägten Rechtstradition in ihren Ländern ebenfalls gesondert zu behandeln wären.
Damit beschränken sich die in der Folge gemachten Aussagen auf die erste und letzte der vier Gruppierungen. Die Gründe für die Unterscheidung zwischen diesen beiden Gruppen liegen - trotz gemeinsamer Religion - neben den sprachlichen vor allem in soziologischen Gegebenheiten. Während nämlich die türkische Gruppe zu ca 90% aus Arbeitsimmigranten aus vorwiegend ländlichen Gebieten besteht, ist die Gruppe der "übrigen Muslime" wesentlich breiter gefächert. Hier finden sich Angehörige verschiedenster islamischer Länder und aller Gesellschaftsschichten, die auf Grund unterschiedlichster Motivationen nach Österreich gekommen sind. Zu

[283] Dazu zähle ich alle Immigranten aus den islamischen Ländern des Nahen und Mittleren Ostens und Nordafrikas.

ihnen gehören Studenten, Geschäftsleute und Diplomaten ebenso, wie Arbeitssuchende, politisch Verfolgte und Kriegsflüchtlinge.

VIII. 1. Die familiären Lebensumstände muslimischer Immigranten in Österreich

Bis jetzt liegen keine soziologischen Studien vor, die sich dieses Themas auf einer breiteren Basis angenommen hätten. Einen ersten Versuch in diesem Zusammenhang stellt die Pilotstudie von *Pflegerl* dar, der allerdings bei der Auswahl der Fälle nicht auf die religiöse Zugehörigkeit abstellt, sondern sich allgemein mit den Zuwandererfamilien aus dem Balkanbereich und der Türkei befaßt und überdies seine Arbeit ausschließlich auf eine Gesprächsreihe mit österreichischen Familienrichtern und -richterinnen stützt.[284]

Ein breiter angelegtes Forschungsprojekt läuft derzeit am Institut für Völkerkunde unter dem Titel "Muslime in Wien. Eine sozio-kulturelle Untersuchung ihres religiösen Selbstverständnisses".[285]
Erste Ergebnisse dieser - mittels Fragebogen durchgeführten - Erhebungen, decken sich weitgehend mit den von mir gemachten Beobachtungen. So konnte auch in dieser Erhebung ein starker Zusammenhalt innerhalb der eigenen Nationalität verbunden mit einer Abgrenzung nach außen - auch zu den anderen Muslimen hin - festgestellt werden, wobei sprachliche Unterschiede eine große Rolle spielen. Bevorzugt sucht man Kontakt zu Angehörigen der eigenen Gruppe. Innerhalb der Muslime ist ein gewisses gleichbleibendes soziales Gefälle zu bemerken ist. So ist zB der Anteil der Iraner bei den Personen mit einem Einkommen über 20.000 ATS monatlich besonders hoch.
Die Gruppe der "anderen Muslime" stellen vorwiegend die Mittelschicht. Unter ihnen ist ein hoher Anteil selbständig erwerbstätig, während der türkische Teil der Muslime vorwiegend unselbständig erwerbstätig ist und dabei im mittleren und unteren Bereich der Einkommensskala (mit einer Obergrenze von 20.000 ATS) angesiedelt ist.

Zur Religiosität konnte bis dato festgestellt werden, daß unter den Muslimen Türken meist sehr streng religiös sind, während es vergleichsweise bei den befragten Iranern einen höheren Anteil an Personen gibt, die die Vorschriften des Koran nicht so streng beachten.[286]
Die religiösen Zentren werden von vielen daher eher als Ort der Begegnung mit Landsleuten und nicht so sehr als religiöse Einrichtung genützt.

---

284 *Pflegerl*, Familienverhältnisse und Familienkonflikte von Zuwanderern (1996).

285 Unter der Projektleitung von *Univ Prof Dr Dostal*.

286 Diese Aussage stützt sich auf das vorläufige Auswertungsergebnis des, von *Prof Dostal* benützten, Fragebogens, der unter Punkt V. "Religiöse Zugehörigkeit und Ausübungen" mittels 10 Fragen (mit jeweils drei oder mehr Antwortkategorien) sowohl dem religiösen Selbstverständnis der befragten Personen, als auch der Bedeutung der religiösen Handlungen in deren täglichen Leben nachgeht.

VIII. 2. Mögliche Lösungsansätze bei familienrechtlichen Problemen unter Muslimen

Auch wenn noch wenig Forschungsmaterial über die konkreten Auswirkungen der Migration und deren Folgen auf die Familiensituation von Zuwandererfamilien in Österreich vorliegt, kann wohl kein Zweifel darüber bestehen, daß es solche gibt. Gerade die Ehen und Familien von Immigranten sind ja über die "normalen Probleme des Alltags" hinaus mit zahllosen zusätzlichen Anforderungen konfrontiert. Geht man nun von diesem hohen Konfliktpotential aus, muß grundsätzlich festgestellt werden, daß solche Konflikte kaum an die Öffentlichkeit dringen und selbst im Gerichtsalltag höchst selten vorkommen.

An dieser Stelle wird nun der Frage nachgegangen, warum dem so ist und wie und wo die muslimischen Immigranten ihre familiären Konflikte lösen.
Einleitend soll nun nochmals an den am Beginn der Arbeit dargestellten Kreis von Personen erinnert werden, der den Immigranten in der Form eines - gedachten - Netzwerkes umgibt:

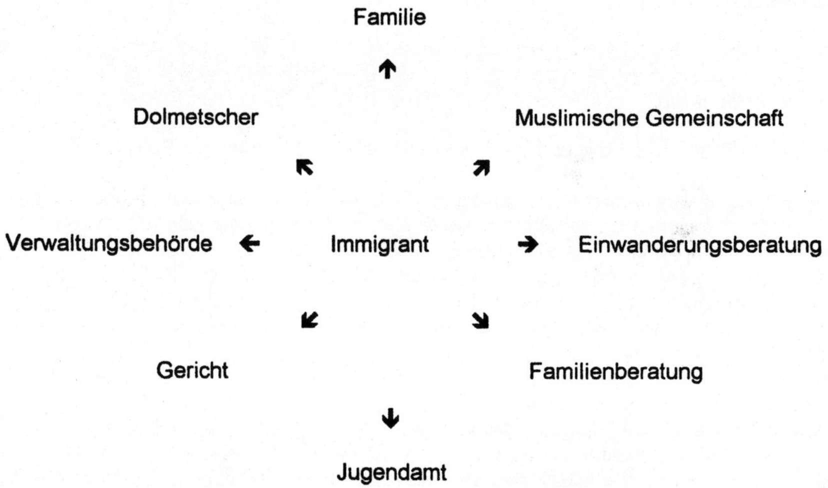

In der Folge werden nun die einzelnen - potentiellen - "Ansprechpartner" aus diesem Kreis und die Rolle die sie in diesem System der Streitlösung spielen können der Reihe nach einzeln beleuchtet, wobei mit der Familie begonnen wird. Dabei handelt es sich allerdings nicht um ein lineares System, das in jedem Fall durchlaufen wird, sondern um ein "Netz", das von den Betroffenen - je nach Lage des Einzelfalles - mehr oder weniger genützt werden kann und auch genützt wird.

In vielen der angeführten Fallbeispielen geht es dabei um türkische Immigranten. Der Grund dafür liegt nicht nur in ihrer großen zahlenmäßigen Präsenz, sondern auch in ihrer betont traditionellen Lebensweise.

VIII. 2. A. Die Familie

Aus allen mit Muslimen geführten Gesprächen ist deutlich hervorgegangen, welche zentrale Bedeutung die Familie in ihrem Leben spielt. Dabei geht es weit über rein emotionale Bindungen hinaus. Die Zugehörigkeit zunächst zur Familie und im weiteren Sinn zu einer bestimmten Gruppe wird als existenzielle Notwendigkeit betrachtet. Individualistische Tendenzen einzelner - vor allem junger - Personen werden abgelehnt und im schlimmsten Fall sogar mit dem Ausschluß aus der Familie und der Gemeinschaft "geahndet".
Unabhängig von nationalen, sozialen und intellektuellen Unterschieden der Befragten wurden von allen für das Funktionieren des familiären Zusammenlebens immer wieder zwei zentrale Begriffe genannt, nämlich erstens

⇨ *die Gehorsamspflicht*

in erster Linie gegenüber den Eltern, aber auch gegenüber älteren Personen der Gemeinschaft,

und zweitens

⇨ *die Familienehre*,

als dessen Träger die Frau und als dessen Bewahrer der Mann gesehen wird.

Aus der Sicht des - "westlich geprägten" - Beobachters erscheint einem dieses Modell der familiären Beziehung zunächst linear und einseitig, von Eltern benutzt, um - oftmals unter Heranziehung religiös-rechtlicher Vorschriften - ihre Nachkommen bevormunden und unter Druck setzen zu können. Erst bei näherer Betrachtung stellt man fest, daß es sich dabei um ein wechselseitiges System handelt, bei dem auf der Basis eines Austauschprinzipes beide Seiten "auf ihre Rechnung" kommen können.
Gerade am Beispiel der vermittelten Ehe läßt sich dieser theoretische Ansatz sehr gut darstellen.
Die Beobachtung hat nämlich gezeigt, daß trotz geänderter Lebensumstände, anderer Erziehungsmuster an den Schulen und starker westlicher Einflüsse nach wie vor fast alle Eheschließungen unter Muslimen über Vermittlung der Eltern, bzw beauftragter Verwandter, erfolgen. Bei der Auswahl der Braut wird vor allem auf ihre Ehrbarkeit geachtet, die sich einerseits in ihrer Jungfräulichkeit und andrerseits in ihrer respektvollen Haltung gegenüber Eltern und Älteren äußert. Umgekehrt wird auch seitens der Eltern der Braut darauf geachtet, daß der ausgewählte Bräutigam ein ehrbarer und wohlerzogener junger Mann ist. Gerade bei türkischen Familien wird nach wie vor die Eheschließung innerhalb der Verwandschaft, wenn möglich mit dem Cousin des Mädchens, bevorzugt. Es ist heute üblich, daß sich die Brautleute bereits vor der Hochzeit, in Anwesenheit von Familienangehörigen, sehen und unterhalten können. Sie haben auch ein "Vetorecht", wenn sie mit der Partnerwahl aus bestimmten Gründen nicht einverstanden sind.

Aus unserer Sicht erscheint diese Vorgangsweise antiquiert, da sie an patriarchalen Verhaltensmustern festhält und so die Freiheit des Einzelnen über Gebühr beschränkt. Vor allem Mädchen - so werden immer wieder Vermutungen laut - werden meist in Ehen "hineingezwungen", wo sie dann von ihrem ungeliebten Ehemann unterdrückt werden.

Dem widerspricht völlig die Tatsache, daß es häufig sogar die Mädchen selbst sind, die ihre Väter auffordern, einen geeigneten Ehemann für sie zu suchen und eine Heirat zu arrangieren. Dh mit dem Hinweis sich "gehorsam" verhalten zu wollen, delegieren sie einen Großteil der Eigenverantwortung für das Funktionieren der künftigen Ehe auf die Eltern, da es an diesen ist die oder den "Richtige/n" zu finden. Mit der Eheschließung ist im Idealfall die "Fusionierung" zweier Familien verbunden. Im Austausch für ihr Wohlverhalten und für das Bewahren und Weitertragen der Familienehre sichern die beiden jungen Eheleute sich den Schutz und die Hilfe der gesamten Familie.

Besonders deutlich tritt dieser Umstand im Konfliktfall zutage. Kommt es zwischen dem Ehepaar zu Streitigkeiten, so fühlt sich davon die gesamte Familie betroffen. Alle sind aufgerufen und idR auch dazu bereit, an einer akzeptablen Lösung, die den Bestand der Ehe sichert, mitzuarbeiten. So sehr man einerseits innerhalb der Familie bemüht ist, in vielen Gesprächen einen Kompromiß zu erzielen, so sehr ist man andrerseits bemüht, nichts von den Konflikten nach außen dringen zu lassen. Familiäre Streitigkeiten werden immer als etwas besonders Intimes und Unangenehmes betrachtet.

Problematisch werden Lösungsversuche überall dort, wo kein ausgewogenes Kräfteverhältnis mehr innerhalb der Familienstrukturen vorhanden ist. Meist ist das dann der Fall, wenn einer der beiden Eheleute, ohne den Rückhalt in einer eigenen Familie zu haben, in die Familie des anderen Partners "hineingeht". Gerade in solchen Konstellationen geraten vor allem junge Frauen unter Druck, da ihnen der Schutz des eigenen Vaters und der anderen männlichen Verwandten fehlt.

Das folgende Beispiel zeigt sehr deutlich, was passiert, wenn sich ein Teil "nicht an die Spielregeln hält" und nicht mehr bereit ist, gehorsam und ehrerbietig zu handeln. Dann gerät nämlich die natürliche Autorität nicht nur eines Vaters, sondern jeder Vermittlungsperson zwangsläufig an ihre Grenze.

1. Fallbeispiel

Die junge Frau - in erster Generation österreichische Staatsbürgerin türkischer Abstammung - wurde mit einem Türken in der Türkei verheiratet. Es handelte sich dabei um eine durch die Eltern der Brautleute vermittelte Ehe. Dh, sie kannte ihren zukünftigen Ehemann nur von einem Foto. Das erste Kennenlernen fand im Zuge der standesamtlichen Eheschließung statt. Die anschließenden fünfzehn Tage, die die Frau in der Türkei verbrachte, galten als Verlobungszeit. In dieser Zeit fand noch nicht der Vollzug der Ehe statt. Sie durften sich nur in Anwesenheit dritter Personen sehen. Sie fand ihren zukünftigen Ehemann durchaus sympathisch und freute sich auf die bevorstehende Verheiratung. Erst im Sommer darauf wurde die rituelle Hochzeit, als die "richtige Eheschließung" durchgeführt. Danach wurde die Ehe auch vollzogen und die Ehefrau kehrte zunächst alleine mit ihren Eltern nach Österreich zurück. Diese kauften für ihren Schwiegersohn ein Geschäft, wobei sie sich hoch verschuldeten. Im Herbst kam der Mann nach Österreich. Sehr bald begann er seine schwangere Frau zu mißhandeln, später schlug er auch das neugeborene Kind und verletzte beide immer wieder schwer. Die junge Frau verheimlichte diese Zustände aus Angst, aber auch aus Scham vor ihrem Unvermögen, eine "gute Ehe" führen zu können, sehr lange vor ihren Eltern. Erst als die Attacken immer heftiger wurden, wandte sie sich an ihren Vater. Dieser versuchte nun seinerseits auf den Schwiegersohn einzuwirken, mußte aber sehr bald sein Scheitern erkennen, da dieser Mann nicht bereit war, sich einer bloß moralischen Auorität zu beugen. Trotz dieser Vorkommnisse wollte er, daß seine Tochter diese Ehe weiterführe. Da er sich selbst außerstande sah, hier konfliktlösend eingreifen zu können, wandte er sich an den Vorbeter aus seiner Moschee mit der Bitte, zwischen den beiden zu vermitteln.

An dieser Stelle trat der eheliche Konflikt aus der Privatsphäre der Familie hinaus in die - wenn auch nur sehr beschränkte - Öffentlichkeit der Glaubensgemeinschaft, die meist der erste Ansprechpartner außerhalb der Familie ist.

VIII. 2. B. Die Muslimische Gemeinschaft

Stellvertretend für viele andere, kommen an dieser Stelle drei Personen zu Wort, die zugleich auch drei unterschiedliche Positionen innerhalb der muslimischen Gemeinde bekleiden:

a) Der Vorbeter einer türkischen Moschee;
b) Der Vorstand eines Vereins arabischsprechender Muslime in Wien
und
c) Der Vorsitzende der Islamischen Glaubensgemeinschaft in Österreich

ad a) *Der Vorbeter einer türkischen Moschee*

Bei dem vom Vater dieser jungen Frau hinzugerufenen Mann handelte es sich um den Vorbeter (Hoča) einer kleineren türkischen Moschee.
Nach eigenen Angaben gehört es zu seinem Alltag, in dieser Funktion bei Konflikten und familienrechtlichen Problemen zu vermitteln und akzeptable Lösungen zu finden.
Wie er mir gegenüber darstellte, versuchte er auch in diesem Fall zunächst - ganz nach dem Wunsch der Familie der Frau - in Gesprächen auf die beiden Ehepartner einzuwirken, um eine Trennung zu verhindern. Dem Mann erklärte er immer wieder, daß es laut Koran verboten sei, seine Frau und sein Kind zu mißhandeln und worin seine ehelichen Pflichten bestünden. Die Frau versuchte er von ihren Scheidungswünschen abzubringen, denn wie er mir gegenüber betonte: "Für uns steht das Gericht[287] ganz am Ende. Vorher steht der Versuch, den Konflikt zu lösen!"
Im vorliegenden Fall mußte aber auch er sehr bald erkennen, daß hier eine gütliche Einigung nicht zu erzielen und daher eine Scheidung die einzige mögliche Konsequenz war. Das Hauptproblem bei der Lösung dieses Konfliktes war der Umstand, daß dieser Mann unbedingt die österreichische Staatsbürgerschaft wollte und daher nicht bereit war sich von seiner österreichischen Frau scheiden zu lassen. Zu diesem Zeitpunkt hatte er auch bereits mehrmals massiv die ganze Familie bedroht, wobei er bezeichnenderweise in erster Linie den Bruder der Frau als den einzigen männlichen Nachkommen dieser Familie töten lassen wollte.
Nach Ansicht des Hočas waren diese Drohungen sehr ernst zu nehmen. Daher drängte er die junge Frau zu einer Anzeige bei der Polizei, wohl wissend, daß dies nicht die "Lösung" des Problems sein konnte. Er riet daher - wie er zu einem

287 Damit meint er die Beendigung einer Ehe durch Scheidung.

späteren Zeitpunkt erzählte - dem Vater zu einer "List": Dieser sollte mit dem Schwiegersohn eine Geschäftsreise in die Türkei antreten und ihm im Zuge dessen den Paß abnehmen. Anschließend sollte er beim zuständigen türkischen Gericht die Scheidung einreichen, beim Notar eine Scheidungs- und eine Verzichtserklärung hinsichtlich der gemeinsamen Tochter unterschriftsreif ausarbeiten lassen und diese dann dem Mann im Austausch für seinen Paß anbieten. Der Vater befolgte seinen Rat und kehrte mit dem Paß des Schwiegersohnes nach Österreich zurück. Der zwangsläufig in der Türkei verbliebene Ehemann bedrohte zwar die Familie noch einige Zeit, erkannte dann aber, daß sein Einverständnis der einzige Weg war, wieder an seinen Paß zu kommen. Er willigte daher vor Gericht sowohl in die Scheidung, als auch in den Verzicht aller ihm zustehender Rechte seine Tochter betreffend ein.

An diesem Beispiel zeigen sich bereits bestimmte Grundhaltungen der muslimischen Familienstruktur, die über den Einzelfall hinaus allgemeine Bedeutung haben und sich grundlegend von der Vorgangsweise bei Nichtmuslimen unterscheiden:

⇨ An erster Stelle steht das unbedingte Festhalten an einer einmal geschlossenen Ehe!

Selbst in einem so krassen Fall, wie dem oben dargestellten, versucht zunächst die Tochter alleine und später ihre gesamte Familie, die Ehe zu erhalten. Es werden viele Gespräche geführt, ja sogar finanzielle Zuwendungen geleistet und Demütigungen hingenommen. Dennoch wird der Gedanke an eine Scheidung erst als die ultima ratio und letztlich als ein Scheitern und sogar als persönliche "Schande" für die gesamte Familie angesehen, die es zu verhindern gilt.

⇨ Die gesamte Familie fühlt sich für den Bestand der Ehe verantwortlich und ist daher bereit, aktiv etwas zur Konfliktlösung beizutragen!

Die Gehorsamspflicht der jungen Frau gegenüber ihrem Vater, die - wie sie selbst betont - nicht auf einem Gefühl der Angst, sondern auf einem Gefühl der Liebe und des Respekts beruht, läßt sie lange schweigen, da sie weiß, welche Katastrophe ihre eheliche Situation für die gesamte Familie bedeutet. Die ehelichen Probleme eines Paares werden nämlich immer als Angelegenheit der gesamten Familiengruppe und nicht nur als individueller Konflikt zweier Personen gesehen. Sehr deutlich zeigt sich dies hier in dem Umstand, daß der wütende Ehemann seine Morddrohungen gegen den Bruder richtet, da er weiß, daß dessen Tod die Familie am schlimmsten treffen würde.
Ab dem Zeitpunkt, da der Vater die Ausweglosigkeit jeglicher Konfliktlösungsversuche erkennt, ist er es, der die Beendigung dieser Ehe in die Hand nimmt, dh er, der sie initiiert hat, führt auch ihre Auflösung herbei. Bei beiden Handlungen ist die eigentlich betroffene Ehefrau bloße "Randfigur".

⇨ Das gesamte Konliktlösungskonzept beruht auf der Anerkennung einer "natürlichen Autorität" älterer Familien- und Gruppenmitglieder.

Speziell an diesem Beispiel sieht man auch die Problematik der vermittelten Ehe, wenn sie nicht in ihrem traditionellen Kontext geschlossen wird. Gerade türkische

Immigranten sind bestrebt, ihre Kinder streng nach Herkunftsort[288], innerhalb einer Religionsgemeinschaft und getrennt nach Bevölkerungsgruppen zu verheiraten. Dabei sind in den letzten Jahren bevorzugt Ehen zwischen Kindern, die schon in der zweiten oder dritten Generation Österreicher sind, und Türken arrangiert worden. Auf Grund verschiedenster Auffassungs- und Erziehungsunterschiede kommt es gerade bei solchen Ehen vermehrt zu Schwierigkeiten. Lösungsversuche scheitern dabei sehr häufig an dem fehlenden ausgewogenen Zweifamiliensystem, dh der Umstand, daß eine Person - meist alleine - in die Familie des Ehepartners gekommen ist, führt zu einem Ungleichgewicht. Wie die Beobachtung zeigt, sind vor allem Frauen ohne Schutz ihrer männlichen Verwandten nicht in der Lage, ihre Probleme zu lösen. Umgekehrt kommt es immer häufiger - wie auch in dem oben gezeigten Fall - vor, daß junge Männer, die ihre heimatlichen Familienstrukturen verlassen haben, nicht bereit sind, sich in der neuen Umgebung wieder dem, auf Autorität basierenden System der Älteren, zu unterwerfen. In so einem Fall haben dann Väter keine Handhabe gegen ihre Schwiegersöhne.

Auch die Autorität des Vermittlers, sei es ein Vorbeter oder eine andere Person aus dem Kreis der muslimischen Gemeinschaft, beruht in erster Linie auf der eigenen Persönlichkeit und der Fähigkeit, bei den Betroffenen Einsicht und Kompromißbereitschaft zu wecken. Wie auch die nächsten Beispiele zeigen werden, bleibt man bei allen Lösungsansätzen zwar streng innerhalb der Grenzen des religiösen Rechts, dennoch beinhalten die einzelnen Fälle - je nach Persönlichkeit des Vermittlers - sehr viel Flexibilität und den Wunsch, innerhalb der Gemeinschaft den sozialen Frieden zu wahren.

Zunächst noch zwei weitere Beispiele aus der "Praxis" des obengenannten Hoča, die seiner Ansicht nach beispielhaft zeigen wodurch es, speziell bei türkischen Muslimen, am häufigsten zu familiären Konflikten kommt:

2. Fallbeispiel

Dabei ging es um ein österreichisches Ehepaar türkischer Abstammung mit zwei halbwüchsigen Kindern. Der Sohn war zu diesem Zeitpunkt 12 Jahre alt, die Tochter 15 Jahre. Im letzten Schuljahr wurde das Mädchen von den Eltern in die Türkei gebracht und in eine Koranschule geschickt, um ihr eine entsprechende religiöse Erziehung angedeihen zu lassen. Nach ihrer Rückkehr weigerte sie sich, das Kopftuch zu tragen und nach den Regeln des Korans zu leben. Sie weigerte sich auch, weiterhin Arabisch zu lernen.
Da die Eltern sich keinen Rat wußten, wurde von ihnen der Hoća geholt und man bat ihn, mit dem Mädchen zu sprechen, um dieses familiäre Problem zu lösen. Ihm gegenüber betonte sie immer wieder, daß sie nicht mit den Eltern in einer Wohnung leben möchte, da sie vor allem vor dem Vater Angst habe. Es stellte sich heraus, daß dieser seine Tochter damit bedroht hatte, ihr "böse Geister zu schicken", was bei dem jungen Mädchen zu Panikanfällen und Alpträumen geführt hatte.
Er konnte als ersten Schritt in Richtung einer Konfliktlösung mittels Lesung der entsprechenden Koranstellen und einer Waschung mit reinigendem Rosenwasser diese "bösen Geister vertreiben" und dadurch das Vertrauen des verängstigten

---

[288] Wenn möglich sollen beide aus einem Dorf, bzw zumindest aus benachbarten Dörfern stammen.

Mädchens gewinnen. In dem anschließendem Gespräch trat das wahre Kernproblem zutage:
Der Vater wollte seine Tochter so rasch wie möglich verheiraten. Das Mädchen war mit den Heiratsplänen des Vaters nicht einverstanden. Nach eigenen Angaben versuchte der Hoća in vielen Gesprächen und Telefonaten auf sie einzuwirken, um vor allem ein Weglaufen des Mädchens zu verhindern. Ebenso bemühte er sich, den Vater dazu zu bringen in der Vermittlung einer Ehe einen Akt zu sehen, der nicht allein auf der väterlichen Autorität beruhe, sondern auch auf die Wünsche der Braut bedacht zu nehmen habe.

Dazu ein Originalzitat meines Gesprächspartners:
"Bei einer Eheschließung ist das Wollen der Tochter erwünscht, da eine Ehe ohne Liebe nicht bestehen kann und von vornherein schlecht ist. Viele Eltern, vor allem die Väter, benehmen sich aber wie die Diktatoren"

Ausgehend von diesem Beispiel folgte von seiner Seite eine kurze Darstellung, wie heute eine Eheschließung unter zwei türkischen Muslimen üblicherweise abläuft, wobei er mit einigen theoretischen Ausführungen begann:
Ursprünglich war die Eheschließung ein ausschließlich mündlicher Vertrag vor zwei männlichen Zeugen, bzw vor einem männlichen und zwei weiblichen Zeugen.
Heute findet sich das Brautpaar gemeinsam mit dem Vater oder Onkel (= Mutterbruder, der diese Rolle in 90% der Fälle übernimmt, da die Tochter aus Schamgefühl vor ihrem Vater die vom Vorbeter gestellten Fragen, wie zB ob sie den anwesenden Bräutigam liebe und heiraten möchte, nicht gerne beantwortet) vor dem Hoća ein. IdR wird ein schriftlicher Ehevertrag aufgesetzt, in dem die Höhe der Morgengabe (mahr) festgelegt und weiters vereinbart wird, ob eine etwaige Zweitehe ein automatischer Scheidungsgrund für die Frau wäre und bei wem man wohnen werde.
Diese Form der Eheschließung heißt "imām nikāḥ" . Das Durchschnittsalter der Braut sei dabei 14 Jahre, das des Bräutigams 15 Jahre.
Über Befragung gibt er an, daß 95% der hier ansässigen türkischen Familien ihre Kinder in diesem Alter verheiraten und bei Eintritt der gesetzlichen Ehemündigkeit nachträglich die offizielle standesamtliche Ehe, die sog "rasmī nikāḥ" nachholen.[289]
Seiner Kenntnis nach werden diese Ehen auch vollzogen.
Meist lebt das junge Ehepaar nach der Trauung bei den Eltern des Mannes, bzw bei den Eltern der Frau. Zweiteres vor allem dann, wenn der Brautvater selbst keinen Sohn hat und nun den Schwiegersohn "an Sohnes statt" in die Familie aufnimmt.
Befragt, warum diesen vielen Ehen so wenige offizielle Scheidungen in Österreich gegenüberstehen, gibt er drei Erklärungen:

1. Zunächst wird, wie an Hand der Beispiele dargestellt, versucht jede Ehe zu retten, indem gemeinsam nach Konfliktlösungen gesucht wird.

[289] Diese Zahlenangabe gründet sich ausschließlich auf die subjektiven Erfahrungen meines Gesprächspartners in seiner Funktion als Vorbeter einer türkischen Gemeinde.
Eine Verifizierung dieser Angaben im Laufe meiner weiteren Erhebungen konnte nicht erfolgen. Zwar wurde immer wieder bestätigt, daß gerade bei Angehörigen der türkischen Muslimen die Tendenz besteht sich jung zu verheiraten, doch soll es dabei nur in Ausnahmefällen zu Eheschließungen vor Erreichung der Volljährigkeit beider Brautleute, bzw eines der beiden, kommen.

2. Kommt es dennoch zu einer Scheidung, so werden, da sehr viele dieser Ehen vermittelte Ehen mit Partnern aus der Türkei sind und daher dort geschlossen wurden, auch wieder dort geschieden.
3. Abschließend betont er, daß für ihn die staatliche Eheschließung ohnehin keine besondere Bedeutung hätte, da eine imām nikāḥ eine richtige Ehe sei, aus der in der Folge auch bei einer Trennung durch ihn sämtliche Ansprüche geregelt werden könnten. So würden im Scheidungsfall schriftliche Unterhaltsverträge abgeschlossen, in dem sich der Vater vor einem Zeugen und ihm zu einer monatlichen Zahlung von Alimenten verpflichtet.

Der Hoća sieht grundsätzlich kein Problem darin, daß zwei Menschen so jung verheiratet werden, denn das Wichtigste dabei ist auch in seinen Augen die Verhinderung eines vorehelichen Geschlechtsverkehrs und somit die Wahrung der Familienehre.
Grundsätzlich ist für ihn jeder vollzogene außereheliche Geschlechtsverkehr unter Muslimen eine "Katastrophe" und er verabsäumt nicht darauf hinzuweisen, daß Unzucht einer unverheirateten Frau mit 30 Stockschlägen auf den Rücken und Unzucht einer verheirateten Frau laut Koran mit dem Tod zu ahnden sei. Daß er in der Praxis auch in so einem Fall bereit ist, helfend einzugreifen, dokumentiert er mit dem nächsten Beispiel:

3. Fallbeispiel

Eine 19jährige Türkin hatte mit einem geschiedenen 31jährigem Türken vorehelichen Geschlechtsverkehr, wobei sie damit gerechnet hatte, daß er sie heiraten werde. Als er sie betrogen und verlassen hatte, wandte sie sich an den Hoča. Kein Mitglied ihrer Familie weiß von den Vorfällen.
Nach einigen Gesprächen mit der jungen Frau nannte er drei Lösungsmöglichkeiten, die ihr - nach seiner Auffassung - alternativ zur Wahl stünden:

1. Sie geht zu dem Mann und sagt zu ihm : "Du hat mich getötet - du mußt mich heiraten". Wenn er sich damit einverstanden erklärt, würde der Hoča sie heimlich trauen und nach einer Woche wieder scheiden. Dies alles könnte ohne Wissen der Eltern geschehen. Bei einer (neuerlichen) Verheiratung wäre sie eben eine geschiedene Frau. Damit wäre der voreheliche Geschlechtsverkehr "vertuscht".
2. Falls sich dieser damit nicht einverstanden erklärt (denn ein Mensch, der etwas so schlechtes wie einen Betrug begeht sei - seiner Meinung nach - ein "böser Mensch" , denn ein Betrug ist unmenschlich und daher verboten - "ḥarām), riet er ihr, zum Vater zu gehen und diesem folgendes zu erzählen:
   Der Mann habe sie unwissentlich betrunken gemacht und im ohnmächtigen Zustand entjungfert.
   Da dies beim Vater - erfahrungsgemäß - zu großer Aufregung führen wird, wird es sinnvoll sein anschließend mit dem Onkel (Mutterbruder) zu sprechen, was er als Vorbeter dann tun würde. Dabei würde er versuchen sowohl auf die Familie als auch auf den Mann einzuwirken, um (vielleicht durch einen gewissen Druck seitens der Familie des Mädchens) diesen dazu zu bringen, die Ehe mit ihr einzugehen. In diesem Fall müßte der Betroffene sich allerdings auf einen Ehevertrag mit einer hohen mahr einlassen.

Damit würde indirekt im Falle der Scheidung eine Art "Entschädigung" für den Betrug seitens des Mannes geleistet werden müssen (ca 150.000 bis 200.000 ATS).

3. Die dritte Alternative wäre abzuwarten, bis sich ein Mann so sehr in sie verliebt und sie sich in ihn, daß sie genug Vertrauen haben könnte, um ihm die ganze Sache zu gestehen.
   Über Befragung gibt der Hoća an, daß dies möglich ist, aber die Jungfernschaft doch für jeden Mann ein sehr hohes Gut darstelle.
   Überdies besteht hier immer die Gefahr, daß die Familie der Frau vorher von der ganzen Sache Kenntnis erlange.

Wie sich im weiteren Gesprächsverlauf zeigte, hat er dieses Beispiel ganz bewußt gewählt, um zu dokumentieren, daß türkische und arabische Familien sich - trotz gemeinsamer Religion - vor allem bei der Verehelichung ihrer Kinder geradezu konträr verhalten.
So erklärte er etwa den Umstand, daß die Türken ihre Töchter so früh wie möglich verheiraten wollen damit, daß gerade das osmanische Reich sich sehr früh den europäischen Einflüssen geöffnet und die "Vermischung der Sitten" dazu geführt habe, daß diese ihre Töchter nicht mehr so "im Griff" hätten. Hingegen seien die hier lebenden Araber stärker in ihrer islamischen Tradition verhaftet. Sie seien daher vielmehr darauf bedacht, ihre Töchter spät zu verheiraten, um ihnen vorher eine fundierte Ausbildung angedeihen zu lassen. (Als Beispiel nannte er seine eigene Schwester!)
Auch wenn dies den Tatsachen entspricht, ist die Schlußfolgerung wohl sehr vereinfachend, da sie alle soziologischen, intellektuellen und ökonomischen Unterschiede völlig außer Acht läßt !
Dennoch ist diese Schilderung von Interesse, da sie zeigt, wie groß die Distanz zwischen den türkisch und den arabisch sprechenden Muslimen ist. Eine Beobachtung, die ich immer wieder machen konnte.

Um zu sehen, inwieweit die von dieser Auskunftsperson gebrachten Beispiele tatsächlich auf ein allgemein angewandtes Konfliktlösungsmodell im Sinne des Koran hinweisen, wurde von mir in der Folge mit einem Vertreter der arabisch sprechenden Bevölkerungsgruppe ein Gespräch geführt.

ad b) *Der Vorstand eines Vereins arabischsprechender Muslime in Wien*

Bei meinem Gesprächspartner handelte es sich um den Vorsitzenden des Vereins "Islamische Vereinigung in Österreich". Dieser Verein hat ca 1.000 Mitglieder, wovon die Hälfte Familien sind, die bereits die österreichische Staatsbürgerschaft besitzen. Bei den Mitgliedern handelt es sich vorwiegend um Muslime aus dem vorderasiatischen und maghrebinischen Raum.
Er selbst ist nicht Vorbeter, sondern in diesem Verein administrativ tätig, dennoch - wie er mir gegenüber bestätigt - ist er ständig mit derartigen Konflikten und Problemen konfrontiert und somit, fast "zwangsläufig" in die Rolle eines Vermittlers und Konfliktlösers hineingewachsen.
Auch er verabsäumt nicht, an den Beginn seiner Ausführungen die Bemerkung zu stellen, welche bedeutende Rolle der Familienzusammenhalt in der islamischen Gesellschaft spielt. Gerade durch die Immigration seien viele der traditionell bestehenden Strukturen auseinandergebrochen. Vor allem fehle hier in sehr vielen

Fällen die Eltern- und damit die Ältestengeneration. Die einzelnen islamischen Zentren würden daher zum Teil auch als "Familienersatz" fungieren.

Über Befragen führt er zum Thema Konfliktlösung im ehe- und familienrechtlichen Bereich folgendes aus:
Die beiden Brautleute gehen mit der Eheschließung eine Verpflichtungserklärung ein, sich im Konfliktfall an die Regeln des Koran und der Tradition zu halten. Dies wird nicht explizit in einem Vertrag festgehalten.
Allerdings haben beide Brautleute sehr wohl die Möglichkeit, andere Vereinbarungen vertraglich festzuhalten. So kann auch für die Frau die Möglichkeit festgelegt werden, die Scheidung (eventuell auf einzelne Gründe beschränkt) aussprechen zu können .

Wie ist nun - seinen Ausführungen nach - im Konfliktfall vorzugehen?

1. Schritt:

Aus beiden Familien ist - soweit vorhanden - je eine Person (als sog "Schiedsrichter") zu bestimmen, die versucht, mit den Konfliktparteien zu sprechen und vermittelnd einzugreifen. Falls dies nicht zu einer Lösung führt, muß als

2. Schritt:

Eine Person gewählt werden, die als Vermittler (über Befragung: als eine Art "Mediator") auftritt. Sehr häufig übernimmt diese Rolle der Imām, der nicht nur die Lehren des Koran und die Traditionen sehr gut kennt, sondern auf Grund seiner Stellung auch eine gewisse Autorität besitzt.
Erst wenn auch hier die Gespräche und die Vermittlung nicht fruchten, soll man als

3. Schritt:

Sich an einen staatlichen Richter (qāḍī) wenden. Dieser hat nun neuerlich zunächst die Pflicht, die Ehe zu "retten". Erst wenn auch er keine Möglichkeit mehr sieht, diese Ehe zu erhalten und wirkliche schwere Scheidungsgründe vorliegen, dann soll er die Scheidung aussprechen.

Leben die Familien der Konfliktpartner nicht in Österreich, muß der Verein oft beide Rollen übernehmen, nämlich die der Familie und die des außenstehenden Vermittlers. So kommt es zu einer Konzentration, die den Konfliktlösungsprozeß erschweren kann, da einerseits nicht die Familie bereits im Vorfeld agiert hat und da andrerseits - vor allem von älteren Personen - die Lösungsvorschläge nicht angenommen werden.

Nach diesen theoretischen Ausführungen wurde er mit der Frage konfrontiert, warum im Koran die Scheidung dem Mann so "leicht" gemacht würde. Er muß ja nur die ṭalāq - Formel aussprechen und kann seine Frau verstoßen?
Das von seiner Seite gebrachte Argument "nur dem Mann werde die nötige Ernsthaftigkeit zugesprochen, von dieser Möglichkeit nur ganz selten Gebrauch zu machen", zeigt, wie sehr er Ehe als religiös-rechtliche Pflicht und Verantwortung verstanden wissen will. Während der Mann als der - auch in den religiösen Vorschriften - gefestigtere Teil des Ehepaares angesehen wird, wird der Frau

unterstellt, daß sie auf Grund ihrer größeren Emotionalität dies zu leichtfertig und zu häufig aussprechen würde, ohne die Konsequenzen abschätzen zu können.
Er verabsäumt daher auch nicht zu betonen, daß, auch wenn die Scheidung erlaubt (ḥalāl) ist, sie doch nur ultima ratio sein darf, eine Art "Notausgang", wenn eine Beziehung absolut nicht mehr zu retten ist, wobei hier als oberstes Gebot der Erhalt der Familie, vor allem zum Wohle der Kinder gesehen werden muß.
Unter dieser Prämisse ist der Weg zu einem (österreichischen) Gericht die absolut letzte Möglichkeit, um die Klärung eines schwierigen Problems zu erreichen. In solchen Fällen wird seitens des Vereins eine Unterstützung etwa durch die Bestellung eines Anwaltes angeboten.

Die Tätigkeit der Konfliktlösung wird nicht als eine richterliche, die zu einer Entscheidung führen muß, betrachtet. Man versucht daher, den Betroffenen die Eigenverantwortlichkeit für ihr Leben und den Umstand, daß die Lösung ihrer Probleme bei ihnen selbst läge, vor Augen zu führen. Natürlich wird von den Konfliktparteien erwartet, daß seitens der Schiedsrichter eine Kompromißlösung angeboten wird.

Die Frage, wie es nun mit der Durchsetzbarkeit und somit mit der "Erfolgsquote" aussieht, beantwortete er so:
Bei der Suche nach einer Problemlösung wird auch ausgelotet, was den Konfliktparteien noch "heilig" ist. Von den noch vorhandenen Werten wird nun ausgegangen und dem Betreffenden aufgezeigt, was seine Pflichten sind und wie weit er sich durch sein falsches Handeln bereits davon entfernt habe. Er wird sozusagen an die göttliche Instanz erinnert. Gerade dieser Aspekt verstärke - laut seinen Erfahrungen - die Vernunft für das zukünftige Handeln in diesem Bereich.
Fruchtet diese Vorgangsweise nicht, wird sozusagen "Gleiches mit Gleichem" vergolten und - hier weitaus häufiger auf den Mann als auf die Frau - Druck ausgeübt, etwa indem gedroht wird, man würde bei einer eventuellen Gerichtsverhandlung gegen ihn aussagen. Allerdings - wie mein Gesprächspartner betont - immer unter dem Anspruch der absoluten Wahrheit, nicht Druck aus Prinzip, um die Durchsetzung der eigenen Entscheidung zu gewährleisten!

Befragt zu den am häufigsten auftretenden Konflikten, führte er folgende Problembereiche an:[290]
Neben den alltäglichen Problemen, die sich im Zusammenleben von zwei Personen unweigerlich ergeben können, sind es ganz spezifische Probleme, die immer wieder auftreten:

⇨ Ehen zwischen Arabern verschiedener Länder.
Hier kommt es oft zu Mißverständnissen auf Grund von sprachlichen Unterschieden, anderen kulturellen Landestraditionen, die sich zB in unterschiedlichen Essens- und Lebensgewohnheiten manifestieren können.

⇨ Finanzielle Schwierigkeiten, wenn der Mann keine Arbeit hat.
Hier kann es zu Problemen kommen, wenn er seine Frau zwingt, bzw zwingen will, daß sie arbeiten geht, diese aber aus ihrem traditionellem

---

[290] Bewußt wurde auf die Schilderung von Einzelfällen verzichtet, um hier auf der Grundlage der Erfahrungen des Befragten eine allgemeinere Zusammenfassung bringen zu können!

Eheverständnis heraus sich weigert. Oft ist es aber gerade umgekehrt, daß nämlich die Frau arbeiten will, und der Mann dies nicht zuläßt.

⇨ Sehr häufig entzündet sich ein Konflikt an den unterschiedlichen Auffassungen in der Kindererziehung, vor allem dann, wenn ein Ehepartner eine religiöse Erziehung will und das dem anderen Ehepartner kein Anliegen ist.

⇨ Männer, die meist früher nach Österreich gekommen sind, beherrschen die Sprache besser, sind mit dem europäischen Leben bereits vertraut und durch ihren Arbeitsplatz sozial integriert. Frauen hingegen haben häufig große Sprachprobleme und eher wenig Möglichkeiten, einen Freundeskreis aufzubauen. Da hier aber ihre Familien fehlen, haben sie kein sie umgebendes soziales Netz. Dieses Gefühl der Entwurzelung führt häufig zu Eheproblemen.

Wie mein Gesprächspartner ganz allgemein ausführt, sind es in der überwiegenden Anzahl der Fälle die Männer, die ihre - idR auch wirtschaftlich - dominierende Stellung mißbrauchen und ihre Ehefrauen unterdrücken. Oft rechtfertigen sie diese Handlungen mit dem Koran, was aus seiner Sicht falsch und daher abzulehnen ist. Wie er weiter ausführt, stelle sich im Gespräch bei sehr vielen heraus, daß sie den Inhalt des Korans nicht sehr genau studiert haben und daher, von ihrer traditionellen Sichtweise überlagerte, oftmals "falsche Einzelbilder im Kopf haben", die sie dann auf ihre persönliche Situation anwenden.

Aus seinen Ausführungen geht deutlich hervor, daß die ständigen Auseinandersetzungen mit fremden familiären Konflikten sehr anstrengend und zeitraubend sind, und auch nicht immer zum Erfolg führen. Erklärtes Ziel der Vermittler ist es ja in jedem Einzelfall eine "lebbare" Lösung zu finden, die beiden Ehepartnern die Möglichkeit eröffnet, in der Ehe zu bleiben.

ad c) *Der Vorsitzende der Islamischen Glaubensgemeinschaft in Österreich*

Die beiden bisher aufgezeigten Beispiele zeigen bereits, was mir auch seitens des Vorsitzenden der Islamischen Glaubensgemeinschaft in einem Gespräch bestätigt wurde:
Derartige Konfliktlösungsversuche finden dort statt, wo auch die unmittelbare religiöse Betreuung erfolgt, nämlich in den einzelnen islamischen Vereinen. Der Imām als die lokale religiöse Autorität wird versuchen, im Falle familiärer Streitigkeiten zu schlichten. Der Erfolg seiner Bemühungen hängt dabei stark von seinem persönlichen Engagement, seinem Wissen um die Probleme seiner Glaubensgenossen und -genossinnen und seiner Erfahrung im Umgang damit ab. Erscheinen den Konfliktparteien seine Vorschläge nicht annehmbar, so müssen sie den Weg zu Gericht gehen. Auch er betont, daß nach Möglichkeit versucht werden muß, diesen "letzten Schritt" unter allen Umständen zu vermeiden.
Als Vorsitzender der Islamischen Glaubensgemeinschaft in Österreich sieht er gerade in dieser Individualität der Entscheidungsperson zugleich auch eine große Schwäche des an sich positiven Systems. Da sehr viele Einzelvereine und Moscheen in Wien bestehen, gibt es auch sehr viele Vorbeter, die je nach persönlicher Einstellung mit ähnlichen familiären Problemen ganz unterschiedlich umgehen. Seiner Meinung nach wäre hier eine "Supervision", bzw eine

Institutionalisierung wünschenswert. Er führt dazu weiter aus, daß es von der Seite seiner Organisation her bereits Überlegungen gibt, hier eine - neben Familie und Imām - eigene Instanz einzurichten. Dabei sollte es sich um ein religiöses Schiedsgericht handeln, das im Konfliktfall angerufen werden kann. Über Befragen gibt er an, daß es sich dabei bis dato bloß um eine Idee handle und daher Überlegungen hinsichtlich Einrichtung, Organisation und Durchsetzbarkeit getroffener Entscheidungen noch nie im Detail erfolgt sind.
Aus dem Gespräch geht deutlich hervor, daß man bestrebt ist, gerade familiäre Konflikte mit den traditionell zur Verfügung stehenden Einrichtungen und Mitteln innerhalb der Gemeinschaft zu lösen. Dahinter steckt vor allem der Wunsch, das islamische Selbstbild von Familie und Ehe als "die Bereitschaft zum Kompromiß"[291] zu bewahren. Wie mein Gesprächspartner, der selbst als Religionslehrer an einer Mittelschule unterrichtet, mir gegenüber ausführt, kann so am besten den jungen Leuten gezeigt werden, daß es richtig ist, in den traditionellen islamischen Familienstrukturen zu leben. Die Geborgenheit und der Schutz durch die Familie und darüberhinaus durch die Glaubensgemeinschaft muß als höchstes Gut angesehen werden. Ein Umstand, der sich seiner Ansicht nach vor allem im Konfliktfall zeigt.

Nach den bisherigen Ausführungen und der Wahl der Gesprächspartner, können bereits zwei Grundaussagen zu diesem islamischen Konfliktlösungsmodell getroffen werden. Es wird

⇨ erstens ausschließlich von den Männern der Gemeinschaft getragen. So ist es in fast allen Fällen der Ehemann, der Vater der Frau oder einer ihrer übrigen männlichen Verwandten , der sich an den Vorbeter oder an einen anderen Vermittler wendet. Frauen selbst spielen idR eine bloß passive Rolle und werden nur in ganz seltenen Ausnahmen initiativ.[292]

und es wird

⇨ zweitens nur von jenen Personen in Anspruch genommen, bei denen die Religion eine gewisse - wenn auch untergeordnete Rolle - spielt.[293]

In der Folge wird nun der Frage nachgegangen, welche Möglichkeiten speziell den Frauen und den "nichtreligiösen" Muslimen im Falle eines familiären Konfliktes offenstehen.

VIII. 2. C. Die Einwanderungsberatung

Recherchen beim Wiener Integrationsfonds und dem Fonds zur Betreuung und Beratung von Zuwanderern ergaben, daß diese zwei Institutionen nicht direkt mit familiären Konflikten befaßt sind. Wenn überhaupt, treten solche nur im

---

291 Originalzitat.

292 Siehe das 2. Fallbeispiel oben!

293 Gerade hier kann es vorkommen, daß die positive Lösung eines Ehekonfliktes durch den Vorbeter ein verstärktes Hinwenden zur Religion zur Folge haben kann.

Zusammenhang mit Problemen der Aufenthalts- und Arbeitsgenehmigung zu Tage. In diesen Fällen werden - nach Angaben der Auskunftspersonen - familiäre Schwierigkeiten eher verheimlicht, da man oft um den Arbeitsplatz und/oder die Wohnmöglichkeit fürchtet und sich lieber "angepaßt und unauffällig" präsentieren will.
Es besteht aber eine sehr enge Zusammenarbeit dieser Einrichtungen mit den verschiedenen Familienberatungsstellen, die zum Teil sogar aus diesen Institutionen hervorgegangen sind. Hilfesuchende werden an solche Stellen weiterverwiesen.

VIII. 2. D. Die Familienberatung

Um der Frage nachzugehen, wohin sich vor allem ausländische und bereits eingebürgerte Frauen mit ihren ehelichen Problemen wenden können, wurde von mir als Informantin eine Beraterin aus einem feministischen Frauenverein ausgewählt.[294]

Dieser Verein bietet neben der Rechts- auch eine Sozial-, Gesundheits- und Erziehungsberatung in Deutsch, Englisch oder Türkisch an, ebenso für alle anderssprachigen Immigranten, sofern sie einen Dolmetscher mitbringen. Neben den Türken, die das Gros der Ratsuchenden stellen, kommen - nach eigenen Angaben der Vereinsleitung - hin und wieder auch andere Migranten, wie zB Iraner, Iraker, Inder, Syrer und Menschen aus dem ehemaligen Jugoslawien. Auch wenn sie mit den unterschiedlichsten Problemen, die ihre spezielle Situation als Ausländer, bzw Einwanderer betreffen, hier Rat finden können, liegt der Schwerpunkt der Beratungstätigkeit eindeutig im familienrechtlichen Bereich.
Dabei steht den Ratsuchenden einmal in der Woche eine Rechtsanwältin und - wenn nötig - eine Dolmetscherin zur Verfügung. Über Befragen wird mir gegenüber betont, daß ausschließlich eine Beratung im Verein angeboten wird. Nach eigenen Angaben wird "nur im äußersten Notfall" eine hilfesuchende Frau bei ihren Behördenwegen begleitet, was im alleinigen Ermessen der jeweiligen Beraterin liegt. IdR werden seitens des Vereines nur die rechtlich möglichen Wege aufgezeigt. Es bleibt dann der Betroffenen selbst überlassen, ob sie diese Schritte auch tatsächlich setzt. Betont wird, daß dabei keine finanzielle Unterstützung durch den Verein erfolgt. Es wird allerdings zB auf die Möglichkeit, um Verfahrenshilfe ansuchen zu können, hingewiesen.

Im Gespräch wird zunächst der Frage nachgegangen, ob sie aus eigenen Beobachtungen und Erfahrungen glaubt oder weiß, daß die ratsuchenden Personen vorher versucht haben, in der Familie, bzw Gemeinschaft ihre Probleme zu lösen. Die Antwort meiner Gesprächspartnerin fällt sehr eindeutig aus:
Ja, in den meisten Fällen haben die Betroffenen versucht, zunächst den Konflikt innerfamiliär zu lösen. Für jene, die religiös sind, spielt hier der Imām als Ansprechpartner sicher eine Rolle. Es gibt auch noch innerhalb der Gemeinschaft ältere Respektspersonen, die bei Konflikten "angerufen" werden. Allerdings hat sie

---

[294] Der Verein nimmt sich vor allem der Probleme der Migrantinnen an.
Aufgrund des Familienberatungsförderungsgesetzes wird dieses Projekt vom Familienministerium gefördert. 1983 begann man mit einem Nähkurs mit Kinderbetreuung. Aus den dabei geführten Gesprächen mit den Migrantinnen sah man den Bedarf an Beratung und Betreuung. So entstand 1985 dieser Verein. 1991 entstand eine Familienberatungsstelle und 1992 wurde mit dem Aufbau eines Psychotherapieprogrammes für Frauen, Kinder und Familien begonnen.

hier die Beobachtung gemacht, daß dies als erster Schritt einer "Öffentlichmachung" des Problems gesehen wird. Es muß daher schon "sehr viel passiert" sein, daß man sich zu diesem Schritt entschließt. Ihrer Meinung nach kommen Frauen vorher eher noch in die Beratung, da hier ihre Anonymität gewahrt bleibt. Vor allem dann, wenn es ihnen um eine prinzipielle Vorinformation geht und sie nicht wollen, daß jemand davon erfährt, daß sie sich mit Scheidungsabsichten befassen.

Die wichtigsten Fragen, die Frauen im Zusammenhang mit der Scheidung immer wieder stellen sind:

~ Welche Formen der Scheidung gibt es?
~ Besteht Anspruch auf Unterhalt?
~ Wie ist es mit der Obsorge nach der Scheidung?

Nach eigenen Angaben der Beraterin kommen überwiegend Frauen alleine zu ihr, während hingegen fast nie Paare gemeinsam erscheinen, außer wenn durch den Familienrichter ein außergerichtliches Mediationsgespräch "angeordnet" wurde. Aus eigenen Beobachtungen konnte sie in keinem einzigen Fall feststellen, daß auf diese Frauen seitens der Familie Druck ausgeübt wurde, familiäre Probleme nicht "nach außen" zu tragen. In einem Nachsatz gesteht sie aber zu, daß Frauen doch ängstlich darauf bedacht sind, im Beratungszentrum niemanden aus dem eigenen Bekanntenkreis zu begegnen, der womöglich dem Ehemann davon erzählen könnte(!).
Auf die Frage wo die Hauptursachen der ehelichen Konflikte unter Einwanderern liegen, antwortet meine Gesprächspartnerin, daß in sehr vielen Fällen Gewalt und Mißhandlungen seitens der Männer das auslösende Moment wären. Daneben gäbe es aber auch ganz spezielle Probleme, die sich aus der Migration und den daraus resultierenden Lebensveränderungen ergeben. Zwischen den verschiedenen Generationen innerhalb der Familien treten weltanschauliche Schwierigkeiten ebenso häufig auf, wie unterschiedliche Vorstellungen über die Art der Anpassung und Lebensführung. Auch die ökonomischen, sozialen und bildungsmäßigen Veränderungen zeigen Auswirkungen.
Familienverbände fallen dadurch häufiger auseinander. Da immer noch zumindest 90% der Ehen vermittelte sind, können diese - ihrer Meinung nach - in den veränderten Lebenssituationen nicht bestehen. Sowohl Männer als auch Frauen versuchen neue Wege bei der Familiengründung zu gehen und stoßen dabei sehr oft auf Ablehnung durch die ethnische Gruppe.
Vor allem bei Männern sind es häufig ganz konkrete wirtschaftliche Überlegungen, die sie eine Scheidung einreichen lassen. Oft geht es ihnen darum, eine Hausfrau, die "nichts dazuverdient" einfach "loszuwerden".

Speziell befragt zur Familien- und Wohnsituation der muslimischen Frau in Wien, betont sie den Umstand, daß durch die Migration traditionelle Familenstrukturen zwangsläufig zum Großteil zerstört wurden. Heute leben Frauen meist in Kleinfamilien. In den letzten zehn Jahren - mit Anstieg der Scheidungsrate - hat zumindest unter den türkischen Immigrantinnen die Zahl der Alleinerzieherinnen, die mit ihren Kindern leben, stark zugenommen.[295] Hier ist ein Tabu gebrochen worden, wobei die Erfahrungen der ersten Frauen den anderen sicher hilfreich gewesen sind.

[295] Meine Informantin sprach von einem zahlenmäßigen Anstieg zwischen 300 und 500 %!

Noch vor zehn Jahren war es für eine türkische Frau kaum denkbar, sich scheiden zu lassen. Heute habe hier ein starker Wertewandel stattgefunden. Es ist - aus ihrer Sicht der Dinge - kein Problem mehr, als Frau und Mutter alleine zu leben und dennoch in die soziale Gemeinschaft integriert zu sein. Früher bestand meist eine große und durchaus berechtigte Angst vor Diskriminierung und sozialem Ausschluß.[296]
Dennoch scheuen auch heute noch viele Frauen aus den verschiedensten Gründen vor einer Scheidung zurück, versuchen aber über Unterhaltsklagen ihre Position innerhalb der Ehe zu klären und zu stärken, indem sie dafür die öffentliche Autorität des Gerichtes anrufen. Dies bedeute für die Frauen aus den verschiedensten Gründen eine echte "Überwindung", da Amt und Behörde grundsätzlich immer - wie meine Gesprächspartnerin sich ausdrückt - "angstbesetzt" seien. Sehr häufig überschätzen Frauen auch die "Macht der Gerichte" und sind dann enttäuscht, wenn das Verfahren nicht so abläuft, wie sie sich das wünschen. Überfordert sind Frauen vor allem mit dem Umstand, daß ihre geschiedenen Männer dieses Gerichtsurteil nicht akzeptieren wollen und sich daraus neuerliche Verfahren vor der Behörde ergeben. Meist geht es dabei um die Obsorgeregelungen bezüglich der Kinder. So kommt es häufig vor, daß Kinder versteckt werden, bzw ihre "Entführung" in das Heimatland angedroht wird. Sie betont in diesem Zusammenhang, wie schwer es sei, hier zwischen dem geschiedenen Paar zu vermitteln, da die Männer idR nicht bereit wären, ein gemeinsames Gespräch mit einer Beraterin zu führen.

Auf die in diesem Zusammenhang gestellte Frage, ob sie auch mit Islamrechts-spezialisten und/oder Vorbetern bei der Lösung derartiger Konflikte zusammenarbeite, antwortet meine Gesprächspartnerin klar mit "nein", wobei sie betont, daß ohnehin nur Personen in die Beratungsstelle kämen, die nicht mehr "so religiös" seien.[297]

Zu dem weiteren Lebensweg jener Frauen befragt, die ein solches Gerichtsverfahren angestrebt und durchgezogen haben, antwortet die Familienberaterin, daß es durchaus positive Beispiele gibt, die sich nach einer Scheidung "befreit fühlten" und ihr Leben alleine mit ihren Kindern meistern. Diesen stehen aber sehr viele negative Beispiele von Frauen gegenüber, die sich sofort wieder in eine nächste Ehe flüchten.

Im weiteren Gesprächsverlauf wurde noch speziell auf die Thematik rund um die "vermittelte Ehe" und die häufig damit im Zusammenhang stehenden Eltern-Kind Konflikte eingegangen. Auch hier fanden die bisher gemachten Aussagen Bestätigung, daß nämlich 90% aller (türkischen) Ehen vermittelt sind. Ihrer Beobachtung nach herrschen hier noch sehr traditionelle Verhaltensmuster vor. So wird auch bei jenen Türken, die bereits in der zweiten oder dritten Generation

---

296 Diese - subjektive - Beobachtung meiner Gesprächspartnerin, fand durch eine türkische Familienberaterin, die bereits seit zehn Jahren in diesem Bereich tätig ist, keine Zustimmung. Ganz im Gegensatz dazu betonte diese Informantin, daß immer noch wenige Frauen die Scheidung anstreben, da sie sich ein Leben ohne Familie nicht vorstellen können. Besonders groß ist die Angst davor die Kinder an die Familie des Mannes zu verlieren. Aber auch die Einwanderungspolitik der letzten Jahre mit der strengen Quotenregelung im Bereich der Familienzusammenführung ist - ihrer Ansicht nach - mit ein Grund dafür, daß Frauen diesen Schritt nicht wagen.

297 Siehe dazu oben S 182 die ersten Untersuchungsergebnisse von *Prof Dostal.*

österreichische Staatsbürger sind, nach wie vor die Zahlung einer Morgengabe geleistet.[298]
Konkret befragt, ob auch Eheschließungen unter Minderjährigen vorkommen, betont die Familienberaterin, daß ihr "solche Ehen noch nie untergekommen sind"[299]. Ihre Meinung nach gäbe es so etwas kaum, und wenn doch, dann sei das Mädchen meist schwanger. Wie sie mehrmals betont, gehe in den überwiegenden Fällen der Wunsch, sehr jung eine Ehe eingehen zu wollen, von den Mädchen selbst aus. Da für diese jungen Frauen nach wie vor der voreheliche Geschlechtsverkehr undenkbar ist, wollen sie spätestens mit 17 oder 18 Jahren verheiratet sein.
Die Entjungferung durch vorehelichen Geschlechtsverkehr wird immer noch als eine Katastrophe für die gesamte Sippe gesehen, da die Mädchen und Frauen in so einem Fall die "Ehre" aller beflecken. Mädchen sehen oft den einzigen Ausweg darin, vor ihren Vätern und/oder Brüdern und deren Sanktionen in Heime zu flüchten, die wiederum seitens der Familie als "Sündenpfuhl" angesehen werden. Häufig werden sie von ihrer Familie verstoßen und sind dann völlig auf sich alleine gestellt. Wenn sie in ihre Familie zurückkehren, werden sie idR in die Türkei gebracht und - wenn möglich - sofort verheiratet.

Ihrer Aussage nach ist das Familienleben auch heute noch sehr stark von traditionellen Vorstellungen geprägt. Es wird ein sehr strenger Erziehungsstil gehandhabt. Treten im Laufe von Beratungsgesprächen besonders schwerwiegende Fälle vor allem von sexuellem Mißbrauch und Gewalttätigkeiten zutage, so erfolgt seitens der Familienberatungsstelle ein Hinweis an das Jugendamt.
Oftmals haben die betroffenen Muslime große Schwierigkeiten, die Autorität des Jugendamtes, bzw des Gerichtes anzuerkennen. Nach wie vor wird die Erziehung der Kinder und überhaupt das gesamte Familienleben als Privatsache angesehen. Die Tatsache, daß in diesem Bereich eine Behörde ohne ihr Einverständnis Maßnahmen anordnen kann, führt zu einer starken Ablehnung dieser Behörde !

Welche Rolle nun das Jugendamt bei familiären Konflikten unter Muslimen spielen kann, zeigt ein Fallbeispiel aus dem Alltag einer Mitarbeiterin dieser Einrichtung.

VIII. 2. E. Das Jugendamt

4. Fallbeispiel

Eine 17jährige Türkin, die einen serbischen Freund hatte, wurde von ihrer Familie stark unter Druck gesetzt, diese Beziehung zu beenden. Vor allem ihre Stiefmutter beschimpfte sie ständig und störte sie besonders immer dann, wenn sie für die

---

[298] Sie gilt - laut Aussage meiner Informantin - nach wie vor als fixer Bestandteil des Ehevertrages. Es gibt daher auch so gut wie nie Diskussionen darüber, daß diese im Falle einer Scheidung der Frau zusteht.
Da es über die Morgengabe und ihre rechtliche Qualifikation keine österreichische höchstgerichtliche Judikatur gibt, sei hier auf die deutsche verwiesen. So zB:
U 19.12.1980 - 261 F 84/80 IPRax 1983 Bd 3/4 Nr 19 b,
U 17.12.1981- 15 UF 24/81 IPRax 1983 Bd 4/4 Nr 19 c,
U 14.12.1984 - 36 III 146/84 IPRax 1985 Bd 5/6 Nr 56,
U 28.01.1987 - IV b ZR 10/86 IPRax 1988 Bd 3/4 Nr 14 mit einer Besprechung von *Heßler*, Islamisch-rechtliche Morgengabe: vereinbarter Vermögensausgleich im deutschen Scheidungsfolgenrecht, 95.

[299] Originalzitat.

Schule lernen mußte. Nach Meinung ihrer Eltern sei sie, da sie nun keine Jungfrau mehr sei, "eine Hure und daher eine große Schande für die Familie", da sie die Familienehre beschmutzt hätte. Dieses Mädchen ließ sich aber - zum Unterschied von vielen anderen - nicht einschüchtern, verließ ihre Eltern und ging mit Unterstützung des Jugendamtes in ein Jugendwohnheim.
In mehreren Gesprächen beim Jugendamt versuchte man zwischen den beiden Konfliktparteien zu vermitteln und - auch mit Hilfe eines Psychologen - auf die Eltern dahingehend einzuwirken, ihrer Tochter die Wahl des Freundes selbst zu überlassen. Vor allem der Vater blieb aber völlig uneinsichtig und drohte sogar mit Selbstmord, dennoch konnte er bei seiner Tochter keinen Gesinnungswandel herbeiführen. Wie mir die Beamtin des Jugendamtes erzählte, stellte sich im Laufe der Gespräche immer mehr heraus, daß er nicht nur den "Verlust" einer billigen Hilfskraft bei seiner Hausmeistertätigkeit fürchtete, sondern - und das wohl mehr als er zugeben wollte - er vor allem aus Angst vor dem "Tratsch der anderen Männer im Kaffehaus" so stur blieb.

Da keine Einigung herbeigeführt werden konnte, wurde der Vater zu regelmäßigen Unterhaltszahlungen an seine Tochter verpflichtet, die seit diesem Zeitpunkt in einem Lehrlingsheim lebt.

Wie mir seitens des Jugendamtes bestätigt wurde, kommt es in den letzten Jahren immer häufiger zu derartigen Auseinandersetzungen innerhalb muslimischer Familien, wobei es sich in fast allen Fällen um ähnlich gelagerte Schwierigkeiten zwischen Eltern und Töchtern handelt. Da die Loslösung von der Familie idR einen nie wieder gutzumachenden Bruch bedeutet, scheuen sehr viele der Mädchen vor diesem "letzten Schritt" zurück. Jene, die sich für diesen Weg entscheiden, leben oft Jahre später noch in der Angst vor Repressalien durch ihre Familie. Hier kann seitens der Behörde nur bedingt Hilfestellung geleistet werden, indem eine Wohnmöglichkeit, zumindest für die erste Zeit, zur Verfügung gestellt wird.
Der Bruch mit der Familie und somit mit dem gesamten sozialen und oft auch religiösem Umfeld kann seitens des Jugendamtes kaum verhindert werden.
Auch hier gibt es, wie mir auf meine Frage hin bestätigt wird, keine Zusammenarbeit mit Personen aus dem bisherigen Umfeld des Mädchens, wie es etwa der Vorbeter einer Moschee sein könnte.

Auch eine Beamtin aus dem Jugendamt Favoriten hat ganz ähnliche Erfahrungen gemacht. In einem Bezirk mit einem sehr hohen Anteil an türkischsprechender Bevölkerung, hat sie in 95% aller Fälle mit türkischen Familien zu tun. Auch über private Kontakte mit Türken bestätigte sie die Beobachtung, daß auch bei Familien, die schon sehr lange in Österreich leben, noch starke traditionelle Strukturen vorherrschen. Besonders deutlich zeige sich das - ihrer Meinung nach - in dem Umstand, daß immer noch üblicherweise Ehen durch die Eltern vermittelt werden. Dabei konnte sie feststellen, daß vor allem die Mädchen sehr jung, wenn möglich mit einem Cousin, verheiratet werden. Auch sie bestätigt wieder, daß es in vielen Fällen die jungen Frauen selbst sind, die so früh wie nur möglich verheiratet werden wollen.

Befragt zu den familiären und vor allem ehelichen Konflikten, bestätigt sie das bereits bekannte Szenario, nämlich daß Frauen sehr lange den Versuch unternehmen, die Probleme innerhalb der Familie zu behalten. Wie sie wörtlich sagt, kommen die Frauen, wenn überhaupt, "sehr spät" in die Beratung. Dabei

spielen häufig auch existentielle Überlegungen eine Rolle, da viele von ihnen befürchten, als geschiedene Frau das Land verlassen zu müssen.
Problematisch ist im Zusammenhang damit immer wieder, daß in den meisten Fällen die Frauen sich in einer starken wirtschaftlichen Abhängigkeit vom Mann "gefangen" fühlen. Sehr viele von ihnen bleiben daher - laut Auskunft der Beamtin - lieber in der Ehe, als eine Trennung "zu riskieren". Ein Leben ohne Familienverband scheint den meisten Frauen absolut unmöglich.
Es wird daher seitens des Jugendamtes der Frau eher geholfen, gegenüber dem Mann Unterhaltsforderungen durchzusetzen und so ihre Position zu stärken, als sie zu einer Scheidung zu drängen, mit deren Folgen sie nicht wirklich leben könnte.

Aus dem in diesem Kapitel bisher Gesagtem muß man schließen, daß Muslime, verglichen mit der inländischen Bevölkerung, wesentlich seltener mit ihren familienrechtlichen Konflikten vor Gericht erscheinen als Inländer. Um zu klären, ob dieser Schluß durch die Praxis Bestätigung findet, habe ich einige Gespräche mit Familienrichtern geführt.

VIII. 2. F. Das Gericht

1. Instanz

Begonnen wurde von mir dabei auf der bezirksgerichtlichen Ebene, wobei ich mit Favoriten einen Bezirk mit einem relativ hohen Anteil an Immigranten ausgewählt habe.
Auf die einleitende Frage, mit welchen muslimischen Immigranten aus welchen Ländern mein Gesprächspartner in seiner bisherigen Laufbahn als Familienrichter bereits zu tun hatte, antwortete er ganz grundsätzlich, daß derartige Fälle - gemessen an der Gesamtzahl - in seiner Praxis höchst selten seien. Selbst die Türken treten - trotz eines relativ hohen Anteiles an der Gesamtbevölkerung in diesem Bezirk - eher selten auf. Bis zum Zeitpunkt des Gespräches hatte er zweimal mit Iranern zu tun gehabt, wobei es seiner Erinnerung nach in beiden Fällen um eine Scheidung ging, weiters mit Ägyptern und Bosniern.
Speziell zum Unterschied zwischen Türken und Bosniern befragt, gab er an, er habe den Eindruck gewonnen, daß im Regelfall der Zusammenhalt der türkischen Familien weit größer sei als der der bosnischen, und daß die Religion bei den Türken sicher noch wesentlich stärker das tägliche Leben bestimme als bei den bosnischen Muslimen.
Zur Illustration schilderte er vier Fälle mit Auslandsberührung aus der jüngsten Vergangenheit, die seiner Ansicht nach alle etwas "außergewöhnlicher" waren:

5. Fallbeispiel

Es handelte sich dabei um die Scheidung eines rein türkischen Ehepaares. Die Frau forderte im Zuge der Verhandlung vom Mann ihr Heiratsgut zurück. Dabei handelte es sich um Goldschmuck von beträchtlichem Wert. In der ersten Verhandlung wehrte sich der Ehemann sehr vehement dagegen. Beim nächsten Verhandlungstermin war er plötzlich bereit, diesen Schmuck herauszugeben und sich zu vergleichen. Die Frau verzichtete im Gegenzug auf Unterhalt.

Wie der Richter selbst dazu anmerkte, war es für ihn offensichtlich, daß zwischen den zwei Verhandlungen außergerichtlich "etwas gelaufen" sein mußte, das diesen Mann dazu gebracht hatte, den Schmuck herauszugeben.[300]

6. Fallbeispiel

In diesem Fall war es um die Scheidung einer rein ägyptischen Ehe gegangen.
Die Frau hatte die Scheidungsklage eingereicht, da ihr Mann sie geschlagen hatte. Der Mann war sichtlich "irritiert", daß er sich vor einem Gericht für sein Verhalten rechtfertigen mußte. Er nannte seinen Bruder als Zeugen dafür, was für ein "guter Ehemann" er sei. Dieser Bruder wollte eine solche - offensichtlich nicht der Wahrheit entsprechende - Aussage aber vor Gericht nicht treffen und "wand" sich so lange, bis der Richter den Beklagten dazu brachte, auf die Aussage dieses einzigen Zeugen zu verzichten. Daraufhin stürzte sein "Verteidigungskonzept" zusammen und er war mit einer einvernehmlichen Scheidung einverstanden. Es gab zwar noch Schwierigkeiten das gemeinsame Kind betreffend, das aber schlußendlich der Mutter zugesprochen wurde.

Kommentar des Richters:
Der Mann wurde sichtlich von der Frau finanziell ausgenützt und hatte sich, nach seinem eigenen Empfinden durch die Tätlichkeiten bloß "Respekt verschaffen" wollen. Der Umstand, daß ein Gericht seiner Frau die Möglichkeit gibt, ihr Recht auf Scheidung zu suchen, habe ihn in seinem Selbstverständnis stark irritiert.

7. Fallbeispiel[301]

Es handelte sich dabei um Scheidung einer Ehe zwischen einem Ägypter und einer Österreicherin. Der Ehe entstammten 2 minderjährige Kinder, die nach anfänglichen Schwierigkeiten der Mutter zugesprochen wurden. Der Mann bezog eine Invalidenrente. Nach der Scheidung wollte die Frau mit den beiden Kindern nach Kairo gehen, wo sie sie in eine teure Privatschule schicken wollte.
Der Richter stand nun vor dem Problem, wie er in diesem Fall den Unterhalt festlegen sollte. Er sprach der Frau die Hälfte des österreichischen Prozentsatzes zu mit der Begründung, daß sie ihren "europäischen Lebensstandard" auch in Kairo beibehalten solle.
Im Rekurs wurde dieser Unterhaltsanspruch nochmals um die Hälfte gekürzt mit der Begründung:
"Der zugesprochene Unterhalt sei mehr als ein ägyptischer Richter verdiene."
In der Zwischenzeit sind die Kinder nach Österreich zurückgekehrt und leben bei Verwandten des Vaters. Die Mutter ist in Kairo geblieben, während der Mann nach wie vor in Österreich lebt und hier seine Invalidenrente bezieht.

Mit dieser Regelung waren sichtlich alle Beteiligten zufrieden, zumindest gab es kein weiteres gerichtliches Vorgehen durch eine der betroffenen Personen.

---

[300] Er konnte zwar nicht feststellen, ob auf diesen Mann Druck ausgeübt worden war oder ob es bloß zu einer außergerichtlichen Absprache zwischen den Streitparteien gekommen war, daß es aber außergerichtliche Kontakte gegeben haben muß stand für ihn - nach Lage des Falles - außer Zweifel.

[301] Bei diesem Beispiel ging es zwar um die Scheidung einer "gemischten Ehe". Es ist aber dennoch interessant, da sich hier die Gerichte mit den Lebensumständen in einem islamischen Land auseinandersetzen mußten.

Trotz der Unterschiedlichkeit der einzelnen Fälle, haben sie - nach Meinung des befragten Richters - eine Gemeinsamkeit: Bei jedem einzelnen wurde das Gericht bereits mit der "fertigen Lösung" konfrontiert. Seiner Erfahrung nach sehen besonders Immigranten aus islamischen Ländern in dem österreichischen Gericht kein geeignetes Forum, ihre Konflikte zu lösen. IdR kommen sie bereits mit "ausgefeilten" Lösungen, die sie vom Gericht nur mehr "amtlich bestätigt" haben wollen. Kommt es doch einmal im Zuge einer Gerichtsverhandlung zu Auseinandersetzungen und Fragestellungen, mit denen sie nicht gerechnet hatten, so lösen sie diese Schwierigkeiten außerhalb des Gerichtes bis zur nächsten Verhandlung. So hat er im Laufe seiner zehnjährigen Tätigkeit kein einziges Urteil nach ausländischem Recht fällen müssen. Seiner Meinung nach scheint eine der Hauptmotivationen, vor Gericht zu erscheinen, die zu sein, daß Scheidungspapiere zur Vorlage vor einer anderen Behörde benötigt werden (zB Finanzamt, Wohnungsamt, Staatsbürgerschafts- behörde,...)
Diese Vermutung begründet er mit seiner Beobachtung, daß nach Abschluß des Verfahrens häufig - familienintern - ganz andere Regelungen getroffen werden, als sie vor Gericht vereinbart wurden.

Nach diesen allgemeinen Betrachtungen ging ich im zweiten Teil des Gespräches konkret auf einzelne familienrechtlichen Probleme ein.[302]

1. Fragen zum Unterhalt:

⇨ *Wie hoch liegt die Häufigkeit der Unterhaltsklagen bei Ausländern ?*

Auf die Frage, wie oft er bereits mit einer Unterhaltsklage in aufrechter Ehe befaßt war, betont er, daß er in seiner zehnjährigen Tätigkeit, trotz einschlägiger "Buchstaben-verteilung", nur einen einzigen Fall hatte, der aber im Zuge der etwas später eingereichten Scheidung im Vergleichsweg erledigt wurde. In seiner Tätigkeit sei das die absolute Ausnahme gewesen.

⇨ *Unterhaltsregelungen bei einvernehmlichen Scheidungen?*

Nach seinen Beobachtungen gäbe es hier keine auffälligen Unterschiede zwischen "muslimischen" und "österreichischen" Vereinbarungen. Sehr häufig wird hier wechselweise ein Unterhaltsverzicht abgegeben. Meist würden wesentlich "bessere", dh praktikablere Lösungen angeboten werden, als vergleichsweise von Österreichern.

2. Fragen zur Scheidung:

⇨ *Was ist im Vergleich bei ausländischen Paaren häufiger, die einvernehmliche oder die strittige Scheidung?*

---

302 Die dabei gemachten Antworten spiegeln ausschließlich die zehnjährige Erfahrung eines Familienrichters wieder und sind daher auch als Einzelaussagen zu werten. Sie sollen illustrieren wie die - überwiegend türkische - muslimische Bevölkerung im Gerichtsalltag von einem Vertreter dieser Behörde gesehen wird. Bewußt wurde hier nicht nur das Befragungsergebnis zusammengefaßt, sondern auch die Fragen in die Arbeit hineingenommen, um als Modell für etwaige Reihenuntersuchungen mittels Fragebogen dienen zu können.

In seiner Praxis überwog bis zum Zeitpunkt des Gespräches eindeutig die Zahl der einvernehmlichen Scheidungen. Selbst wenn zunächst eine Scheidungsklage eingereicht wurde, endete das Verfahren idR mit einem Vergleich.

⇨ *Was sind die häufigsten Scheidungsgründe?*

Da bei einvernehmlichen Scheidungen nur auf das Zerrüttungsprinzip abgestellt wird, konnte er keinerlei Hinweis auf die "wahren" Gründe, die zu einer Scheidung geführt haben, machen. Nach seinem persönlichen Eindruck sind es aber ähnliche Probleme, wie sie auch bei österreichischen Ehepaare auftreten.

⇨ *Weichen die Vergleiche im Bereich der Vermögens- und Obsorgeregelung von jenen ab, die österreichische Scheidungspaare treffen?*

Ihm persönlich sind keine "außergewöhnlichen" Unterschiede aufgefallen. Er konnte nur die Beobachtung machen, daß oftmals - vor allem im Obsorgebereich - nach Beendigung des Verfahrens andere Betreuungsvarianten für die Kinder vereinbart werden. Dies erfolgt allerdings idR ohne Zutun des Gerichtes.

⇨ *Hat man bei den Vereinbarungen den Eindruck, daß sie mit Dritten ausverhandelt wurden? (Frage nach Konfliktlösungsversuchen im Vorfeld des Gerichtes)*

Wie bereits mehrmals von seiner Seite dargestellt wurde, kommen die Streitparteien fast immer mit annehmbaren Lösungen. Nach seiner Ansicht müssen sie diese wohl vorher in irgendeiner Art und Weise ausverhandelt haben. Seinem Gefühl nach spürt man, daß es hier funktionierende Strukturen geben muß, die - vielleicht sogar mit Druck - in der Lage sind, die Konfliktparteien zu einer gemeinsamen Lösung zu bewegen.

⇨ *Wie treten die Streitteile bei Gericht auf ? Haben sie Familienmitglieder mit oder erscheinen sie eher alleine ?*

Vor allem am Amtstag kommen häufig ganze Familien mit allen möglichen Beteiligten und Betroffen. Oft dolmetschen die Kinder für ihre Eltern und Verwandten. Auch bei (einvernehmlichen) Scheidungsterminen kommt immer ein Teil der Familie mit.

⇨ *Gibt es hier in irgendeinem Bereich besondere Schwierigkeiten, zB beim Besuchsrecht ?*

Nach seinen bisherigen Erfahrungen gibt es solche kaum und wenn, dann kurz nach der Scheidung, worin sie sich aber in nichts von den Österreichern unterscheiden würden. Im Vergleich mit Inländern kommen sie aber eher seltener, da die ganze Familie bei der Betreuung der Kinder mitwirkt.

3. Fragen zum Obsorgerecht:

⇨ *Ist bei Obsorgeregelungen im Zuge einer Scheidung eine Dominanz des Mannes und seiner Familie zu bemerken?*

Nach seinen persönlichen Erfahrungen nicht, wobei er nicht sagen kann, inwieweit die Antragsteller vor Gericht vorgelegte Vereinbarungen überhaupt beibehalten wollen.

⇨ *Haben muslimische Frauen den Wunsch, daß die Kinder bei ihnen aufwachsen, oder ist dies für sie - verglichen mit einer österreichischen Frau - vielleicht nicht ein so "zentraler" Punkt?*

Auf Grund seiner Beobachtungen besteht in diesem Bereich kein Unterschied zwischen Musliminnen und Österreicherinnen. Wie er betont, hat ohnehin das Gericht darauf zu achten, daß die Regelung zum Wohle des Kindes ist. Eine sehr ähnliche Formulierung finde sich auch im türkischem Gesetzbuch.
Aus der Sicht des österreichischen Familienrichters ist das idR der Verbleib - vor allem der kleineren Kinder - bei der Mutter.

⇨ *Gibt es - tatsächliche bzw denkbare - Fälle, die eine Obsorgeentziehung seitens des Gerichtes rechtfertigen (würden) ?*[303]

Mein Gesprächspartner bestätigt, daß Kollegen bereits hin und wieder mit dieser Problematik konfrontiert wurden, er persönlich hatte einen solchen Fall noch nie zu entscheiden.

4. Fragen zum Erbrecht:

⇨ *Sind ihnen persönlich schon Fälle untergekommen, bei denen islamisches Erbrecht anzuwenden war?*
Wenn ja, wie sind sie vorgegangen?

Laut eigenen Angaben ist ihm noch nie ein Erbrechtsfall untergekommen.

Am Ende dieses Gespräches faßte der befragte Familienrichter noch seine ganz persönlichen Eindrücke zusammen, die sich durchwegs mit jenen anderer Richterkollegen in weiten Bereichen decken. So hat sich in seiner langjährigen Erfahrung gezeigt, daß, trotz des sehr hohen Ausländeranteiles im Bezirk, nur selten Fälle mit Auslandsberührung vorkommen. Selbst die türkischstämmigen Österreicher erscheinen - zumindest in Familienrechtssachen - seltener vor Gericht als die übrigen Österreicher seines Sprengels. Wenn sie kommen, dann sind sie - seiner Beobachtung nach - besonders gut vorbereitet. Sie haben idR alle Unterlagen und - wenn nötig - eine Person, die Deutsch spricht, mit und "wissen genau, was sie wollen". Wie er weiter ausführt, käme ohnehin nur jener Teil der Immigranten zu Gericht, der bereits gut in unsere Gesellschaft integriert sei, was man seiner Ansicht nach daran erkennen könne, daß sie dem Anlaß entsprechend gut angezogen sind und vor allem die Frauen durchwegs selbstbewußt auftreten.
Hingegen kämen die strengreligiösen Muslime überhaupt nicht, obwohl er aus persönlicher Beobachtung im Bezirk weiß, daß es "davon genug" gibt.[304] Seiner Meinung nach sind bei den strenggläubigen Muslimen die internen Strukturen so

---

303 Konkret geht es um die Problematik, daß auf ein Mädchen Druck ausgeübt wird, in eine ungewollte Verheiratung einzuwilligen.
304 Hinter dem Gericht befindet sich nämlich eine Moschee .

stark, daß alle Konflikte innerhalb der Gemeinde geregelt werden. Über Befragen gibt er an, daß es für ihn - als "Vertreter der österreichischen Rechtsordnung" - nicht möglich ist, diesen Umstand positiv oder negativ zu werten.
Es liegt aber die Vermutung nahe, daß es konfliktlösende Mechanismen geben muß, da man auf Grund der sozialen Umstände in denen diese Personen leben davon ausgehen kann, daß sie zumindest genau so viele, wenn nicht sogar mehr, Probleme als Inländer haben.

Abschließend wird noch auf die Frage eingegangen, inwieweit islamisches Recht über Verweis durch das IPR in Form von ausländischen Kodifikationen im Gerichtsalltag zur Anwendung kommt. Seitens meines Gesprächspartners wird betont, daß man bei dem Bemühen eine "Lösung nach österreichischen Wertvorstellungen für die hierlebenen Beteiligten" zu finden, so weit als möglich versuche, die Anwendbarkeit des österreichischen Rechtes zu bejahen.

Ganz allgemein muß dazu bemerkt werden, daß die Schwierigkeiten, die bei der Anwendung ausländischen Rechtes auftreten, immer wieder zu diesem sog "Heimwärtsstreben" der Gerichte führen. Man umschreibt mit diesem Begriff das Bestreben, in IPR-Fällen mit allen (auch unzulässigen) Mitteln die Maßgeblichkeit inländischen Rechtes zu erreichen. Denn, obwohl dem entscheidungsbegfugten Organ bei der Ermittlung des ausländischen Rechtes verschiedene technische Erleichterungen, wie etwa Auskünfte und Sachverständigengutachten, zur Verfügung stehen, bleibt die Anwendung ausländischer Normen - wie *Raape* es ausdrückte - ein "Sprung ins Dunkle"[305], den Richter und Richterinnen zu selten "wagen".

Ausgenommen den Bereich der Unterhaltsklagen in aufrechter Ehe, die in den letzten Jahren tatsächlich an Häufigkeit zugenommen haben, finden die von ihm gemachten Betrachtungen auch durch andere Familienrichter ihre Zustimmung. Vor allem die Recherche bei der zweiten Instanz hat diesen Eindruck noch verdeutlicht.

2. Instanz

Hier wird mir die Auskunft erteilt, daß Muslime kaum in Rekurse betreffend Familienrechtsfälle involviert sind. Wenn doch einmal ein Staatsbürger eines islamischen Landes als Partei auftritt, dann handelt es sich dabei idR um Konflikte zwischen Streitparteien von denen einer Ausländer (meist der Mann) und der andere Inländer (meist die Frau) ist.

3. Instanz

In der dritten Instanz fand dieser Eindruck endgültig Bestätigung durch die Aussagen eines Richters des Obersten Gerichtshofes, der auf Grund seiner sehr

[305] *Schwimann*, Grundriß 44, der darin einen der Hauptgründe sieht, warum in IPR-Fällen die Gerichtsflucht in der Praxis zunimmt und - soweit zulässig - in außergerichtliche Einigung oder Schiedsgerichtsbarkeit ausgewichen wird, obwohl damit - seiner Ansicht nach - häufig gravierende Gerechtigkeitsverluste verbunden sein können

genauen Kenntnis der Entscheidungen[306] in diesem Bereich ebenfalls betonte, daß kaum Fälle über den bezirksgerichtlichen Rahmen hinauskommen und selbst dort in überwiegender Zahl in Vergleichen enden.

VIII. 2. G. Die Verwaltungsbehörde

Neben den Jugendwohlfahrts- und Sozialfürsorgebehörden, gibt es im Bereich des Ehe- und Familienrechts noch eine weitere Verwaltungsbehörde, die - in für diese Arbeit relevanter Weise - damit befaßt ist. Es ist das die Abteilung für ausländisches Recht im Bundesministerium für Justiz. Ihre Aufgabe ist es, einerseits Anfragen der Gerichte bezüglich des anzuwenden Rechts bei Fällen mit Auslandsberührung zu beantworten, und andrerseits, bei Anträgen gem § 24 Abs 1 der 4. DVOEheG über die Anerkennung ausländischer Scheidungen zu entscheiden.[307]

Befragt zum ersten Aufgabenbereich, wurden mir seitens des zuständigen Beamten folgende Auskünfte gegeben:
In diesem Bereich gibt es keinen direkten Kontakt zwischen dem ausländischen Staatsbürger und der Behörde. Sie ist nur indirekt im Vorfeld der gerichtlichen Entscheidung dahingehend eingebunden, indem sie allen österreichischen Gerichten und Verwaltungsbehörden zu (kostenloser) Auskunft über fremdes Recht verpflichtet ist.[308] Es gibt daher eine Sammlung aller Anfragen zu diesem Themenbereich aus ganz Österreich, ebenso besteht der Auftrag an die Gerichte, die Entscheidungen der Fälle mit Auslandsbezug an das Ministerium weiterzuleiten. Leider wird diese Aufforderung nicht sehr konsequent befolgt. Die Sammlung ist nach dem Land, dessen Recht anzuwenden war, geordnet.
Der von mir befragte zuständige Beamte gibt an, daß im Durchschnitt zwei Fälle pro Jahr zu ihm gelangen, bei denen islamisches Recht anzuwenden ist. Am häufigsten handelt es sich dabei um iranisches oder ägyptisches Recht.
Die Ermittlung des ausländischen Rechts erfolgt in erster Linie durch einschlägige Gesetzessammlungen[309], die auch in vielen Familiengerichten bereits aufliegen. Sollte der Fall eintreten, daß ein Problem nicht an Hand der vorhandenen Unterlagen beantwortet werden kann, so wird die diesbezügliche Anfrage - über das Außenministerium - an die österreichische Botschaft im betreffenden Land weitergeleitet. Dort gibt es den sog "Vertrauensanwalt" der Botschaft (ein einheimischer Jurist), der dann mit der Abfassung einer schriftlichen Stellungnahme beauftragt wird.
Die erteilten Auskünfte, von welcher Stelle sie auch kommen, sind nicht bindend, sondern unterliegen der freien Überprüfung des Richters oder der Richterin.
Über Befragen und unter Hinweis, daß auch Türken - trotz "westlichen" Rechtssystems - in muslimisch geprägten Strukturen leben, gibt er an, daß ihn etwa zehn Anfragen pro Jahr speziell zum türkischen Familienrecht erreichen. Seiner Erfahrung nach sind - hochgerechnet - bei den Gerichten ungefähr doppelt so viele

---

306 Als Mitherausgeber der Ehe- und Familienrechtlichen Entscheidungssammlung.
307 Dieser zweite Aufgabenbereich wurde bereits im VI. Kapiel dargestellt.
308 Wie *Schwimann* dazu ausführt, haben sich sowohl die eigenen Auskünfte des BMfJustiz als auch die Vermittlung ausländischer Auskünfte auf der Grundlage staatsvertraglicher Beziehungen in der Praxis als zeitraubend erwiesen. Sachverständigenauskünfte privater Personen verursachen zwar Kosten, sind idR aber rascher fertig. Siehe Handbuch 53.
309 Die bedeutendste ist die, schon mehrmals zitierte, von *Bergmann/Ferid*.

Fälle anhängig. Da die "neue Generation der Familienrichter" ein stärkeres Interesse an diesem Bereich hat, würden aber sehr viele Fälle von ihnen selbst gelöst werden.
Auf die Frage, worin die häufigsten Probleme der damit befaßten Familienrichter bestehen, gibt er an, daß bei etwa fünf Fällen pro Jahr, die Frage welches Recht zur Anwendung kommen soll, an erster Stelle steht. Eng verknüpft damit wird meist nach dem "richtigen" Anknüpfungspunkt, dh nach dem Personalstatut der jeweiligen Person gefragt. In den übrigen Fällen steht, seiner Erfahrung nach, das Problem, wie ein fremdes Recht auszulegen ist, bzw wie und wann völlige Unvereinbarkeit mit der österreichischen Rechtsordnung vorliegt.[310] Trotz der starken Zunahme der muslimischen Bevölkerung in den letzten Jahren, konnte seitens der Behörde kein zahlenmäßiges Ansteigen einschlägiger Anfragen festgestellt werden.
Aus der Sicht der Behörde scheinen die muslimischen Immigranten nur selten den Weg zu den österreichischen Gerichten anzutreten. Nach Ansicht meines Gesprächspartners gibt es hier offensichtlich ein funktionierendes System, Konflikte innerhalb der Gemeinschaft - ohne die Involvierung eines Gerichts - lösen zu können. In einem Nachsatz merkt er allerdings an, daß jene wenigen Fälle, die im Laufe der Zeit an ihn herangetragen worden sind, besonders interessant waren und es aus der Sicht des österreichischen Rechts meist sehr kompliziert war, eine adäquate Lösung zu finden.

Mit Hinweis auf die Aussagen eines imām, er würde Rechtsakte wie Eheschließungen, Scheidungsvergleiche und Obsorgeregelungen setzen, die durch die Beglaubigung der (in dem Fall türkischen) Botschaft Gültigkeit erlangen, wurde von mir die Frage gestellt, ob es umgekehrt auch Rechtsakte solcher Personen gäbe, die in Österreich anerkannt werden. Der zuständige Beamte des Justizministeriums führte dazu aus, daß - für den Bereich des Eherechts - diese in Österreich auch dann nicht anerkannt werden, wenn die Ehe an der Botschaft des betreffenden Landes in Österreich geschlossen wird. Akte, die imāme außerhalb der Botschaft setzen, haben für Österreich keinerlei rechtliche Relevanz und sind in keiner Weise anerkennungsfähig. Dies ergibt sich zwingend aus den gesetzlichen Bestimmungen der §§ 16 Abs 1 IPRG und 76 JN iVm §§ 27, 34 und 46 EheG.

Es gibt allerdings die Möglichkeit ein Schriftstück in Österreich behördlich beglaubigen zu lassen. Dabei wird rein formal die Richtigkeit und Echtheit einer vorgelegten Unterschrift bestätigt. Der Inhalt der vorgelegten Urkunde bekommt durch diesen Akt im Inland keine rechtlliche Gültigkeit !
Da auf Grund fehlender zwischenstaatlicher Abkommen mit den islamischen Ländern eine sog "Apostilienerledigung" nicht erfolgen kann, ist das diesbezügliche Verfahren äußerst langwierig und kompliziert und soll hier der Vollständigkeit halber kurz dargestellt werden.
Ganz grundsätzlich hat eine Beglaubigung in einer sog "Beglaubigungskette" in mehreren Stufen zu erfolgen.

---

310 Diese Aussage bestätigt den bereits gewonnenen Eindruck, daß das Rechtsinstitut des ordre public gerade in der Praxis von Familienrichtern nur ungern herangezogen wird!

1. Stufe:

Ein Notar bestätigt die Echtheit der Unterschriften, die sich auf einem Dokument befinden und leitet das Schriftstück an das Landesgericht für Zivilrechtssachen weiter.

2. Stufe:

Der zuständige Beamte im Landesgericht für Zivilrechtssachen bestätigt, daß ihm der Notar als "in die Liste der Notare eingetragen" bekannt ist und leitet das Dokument und seine Bestätigung an das Außenministerium weiter.

3. Stufe:

Der zuständige Beamte des Außenministeriums bestätigt, daß ihm der Beglaubigungsbeamte bekannt ist und übersendet das Schriftstück an die österreichische Botschaft im betreffenden Land.

4. Stufe:

die Botschaft des betreffenden Landes bestätigt, daß das Dokument mit allen Beglaubigungen vom Außenministerium überreicht wurde und leitet es dann an die zuständigen Heimatbehörden des Antragstellers weiter.

Speziell für Akte seitens der Muslimischen Gemeinschaft wird ein modifiziertes und kürzeres Verfahren durchgeführt:

1.Stufe:

Der jeweilige imām nimmt in seiner Moschee eine Trauung, bzw Scheidung vor und stellt eine Urkunde darüber aus.

2. Stufe:

Der Vorsitzende der Muslimischen Gemeinschaft bestätigt mit seiner Unterschrift die Echtheit aller auf der Urkunde befindlichen Unterschriften und daß es sich bei dem "ausführenden Organ" um einen imām der Muslimischen Gemeinschaft handelt.

3. Stufe

Das Kultusamt bestätigt die Unterschrift von des Vorsitzenden, die als amtsbekannt gilt. Das Schriftstück wird nach Erledigung den Antragstellern ausgehändigt. Eine Weiterleitung an das Außenministerium seitens des Kultusamtes ist nicht vorgesehen.

IdR ist das Verfahren damit abgeschlossen. Sollte der betreffende Heimatstaat der Antragsteller überdies noch eine Beglaubigung durch das Ausßenministerium verlangen, muß diese von den Betroffenen selbst beantragt werden.[311]

---

[311] Über Befragen gab der zuständige Beamte der Abt IV/3 des Außenministeriums an, daß seines Wissens in den letzten Jahren kein derartige Beglaubigung beantragt worden ist.

Laut Auskunft des zuständigen Beamten des Kultusamtes wird ein solches Verfahren äußerst selten durchgeführt.[312]

VIII. 2. H. Die Dolmetscher

Ganz bewußt wurde die Gruppe der türkisch und arabischsprechenden Dolmetscher in diesem, den Immigranten umgebenden, imaginären Kreis an den Übergang zwischen Behörden und Familie gesetzt. Da, bis auf ganz wenige Ausnahmen, die überwiegende Mehrheit dieser Berufsgruppe selbst der jeweiligen ethnischen Gruppe entstammt, bzw zumindest zweisprachig aufgewachsen ist, nimmt sie eine "Zwischenstellung" ein. Gerade weil sie von den Betroffenen jener Behörde "zugerechnet" werden, für die sie dolmetschen, werden sie oft von ihren Landsleuten als der eigentliche Ansprechpartner angesehen und daher häufig über ihre Aufgabe hinaus in den Fall involviert. Es ist unbestritten, daß für ausländische Personen es sehr beruhigend ist, mit dem Dolmetscher auch einen Menschen zu haben, der nicht nur mit den diversen Behördenvorgängen bestens vertraut ist, sondern einen - im doppelten Sinn des Wortes - "versteht". Dies birgt aber die Gefahr in sich, daß die Dolmetscher im förmlichen Verfahren die ihnen zugedachte Rolle überschreiten und die eines Vermittlers einnehmen, dh daß sie nicht bloß das Gesagte übersetzen, sondern die Aussagen bereits filtern und gegenüber dem entscheidungsbefugten Organ interpretieren, mögliche Motivationen und deren kulturelle und/oder konfessionelle Besonderheiten erklären. Selbst wenn das in bester Absicht geschieht, kommt es zu einer Verfälschung des Ergebnisses. Das befaßte Organ muß sich dessen bewußt sein und daher versuchen, durch kontrollierende Zwischenfragen dieser "Eigendynamik" entgegenzuwirken, um sich nicht die Verhandlungsleitung aus der Hand nehmen zu lassen.
Das in vielen Fällen sehr persönliche Engagement von Dolmetscherinnen und Dolmetschern für ihre Landsleute ist sicher positiv zu sehen, darf aber nicht in ein förmliches Verfahren hineinreichen. Im Gerichtssaal sollte sich die Aufgabe rein auf die Übersetzung des Vorgebrachten beschränken. Jegliche Form der Würdigung hat sich das zur Entscheidung berufene Organ selbst vorzubehalten!

Abgesehen von dieser ganz grundsätzlichen Problematik waren gerade die Gespräche mit Dolmetscherinnen sehr aufschlußreich, da sie mir Einblick in die Situation der muslimischen Frauen in Österreich gewährten.

Zunächst zu den häufigsten Problemen der hier ansässigen Türkinnen:
In den Gesprächen ist immer wieder betont worden, daß die Türken eine nach außen hin sehr geschlossene Gemeinschaft bilden. Daher sind Mischehen und Integrationsversuche eher verpönt. Sie haben ihre traditionellen Lebensweisen - vor allem bei jenen, die aus den ländlichen Gegenden der Türkei stammen - mitgebracht und versuchen, diese Strukturen aufrecht zu erhalten.
Sehr häufig ist festzustellen, daß Probleme in der Ehe dadurch entstehen, daß die Männer schon wesentlich länger in Österreich leben, durch ihre Arbeit eher sozial integriert sind und über bessere Sprachkenntnisse verfügen als ihre Ehefrauen. Diese fühlen sich oftmals durch die fremde Umgebung und - da vermittelte Ehen immer noch die Regel sind - auch durch den fremden Ehemann und dessen Familie überfordert.

---

312 In den letzten Jahren waren es nicht mehr als drei Fälle.

Eine weiteres Problem entsteht aus den unterschiedlichen Auffassungen im Zusammenhang mit der Religion erstens bei der Erziehung der gemeinsamen Kinder und zweitens bei der Befolgung bestimmter religiöser Verpflichtungen. Sehr häufig sind die Männer nicht tief religiös, benützen aber dennoch die Religion als einen Vorwand, ihre Frauen zu unterdrücken. Umgekehrt kommt es aber auch vor, daß sie versuchen, gemeinsam mit ihren Ehefrauen einen, den hiesigen Lebensumständen angepaßten, liberaleren Weg einzuschlagen und dann von der religiösen Gemeinschaft und/oder den anderen Männern unter Druck gesetzt werden, sich "streng islamisch" zu verhalten. Wie weit hier im Einzelfall gegangen wird, soll das folgende Beispiel illustrieren:

8. Fallbeispiel

Der Vorbeter in einer kleinen Moschee forderte einen jungen Türken auf, seine Frau zum Tragen des Kopftuches anzuhalten. Im Falle seines Scheiterns, drohte er damit, ihn bei seinem österreichischen Arbeitgeber "anzuschwärzen", was womöglich den Verlust des Arbeitsplatzes hätte bedeuten können. Der junge Mann sah sich außerstande, seiner Frau gegenüber eine derartige "Anordnung" auszusprechen.
Über Vermittlung jener Türkischdolmetscherin, die mir diesen Fall erzählte, konnte der Vorbeter dazu gebracht werden, von derartigen Forderungen in weiterer Folge Abstand zu nehmen.

Dieses Beispiel zeigt ein prinzipielles Dilemma der Immigranten. Oftmals haben sich Ehepaare aus der veränderten Lebenssituation heraus - etwa weil beide berufstätig sind und sie permanent mit westlichen Vorbildern, was die Mann - Frau Beziehung betrifft, konfrontiert sind - angepaßt und einen gemeinsamen Modus gefunden. Dennoch ist in ihren Köpfen latent das traditionelle Bild von Ehe und Familie da. Durch Begegnungen und Gespräche in Gebetsräumen und Versammlungsstätten wird nun dieses Bild als das "Richtige und Erstrebenswerte" propagiert. Gerade die hier lebenden Muslime, die meist aus ihren Familienstrukturen herausgerissen wurden, sehen in solchen Gemeinschaften sehr oft einen "Familienersatz". Die Anerkennung und der Respekt innerhalb der Gruppe erscheint ihnen daher besonders erstrebenswert. Auch wenn diese wichtige und positive Funktion des Zusammenhaltes und Gedankenaustausches innerhalb dieser islamischen Vereine hier keineswegs abgewertet werden soll, muß man doch feststellen, daß die Betonung der Bedeutung der religiösen Identität und das Leben nach den Regeln des Koran die Leute im Alltag manchmal überfordern kann. Oftmals ohne ein fundiertes Vorwissen und ohne die Möglichkeit, auf Grund mangelnder Sprachkenntnisse selbst Koranstudien betreiben zu können, kommt es häufig zu Mißverständnissen und einem falsch verstandenen religiösen Übereifer.
Dies wiederum kann sich sehr negativ auf eine Ehe ebenso wie auch auf die Eltern - Kinderbeziehung auswirken.

Auf meine Frage, warum so wenige türkische Frauen mit ihren Eheproblemen vor Gericht erscheinen, wurde von einer Dolmetscherin wie folgt geantwortet:
Prinzipiell muß man sagen, daß der Weg zum Gericht, abgesehen von den Kosten, etwas ist, was man sich für den äußersten Notfall vorbehält. Zusätzlich werden Frauen aber auch durch falsche Drohungen von diesem Schritt abgehalten. So wird ihnen einerseits gesagt, daß sie damit die wirtschaftliche Existenz des Mannes und somit der ganzen Familie gefährden würden, andrerseits wird gesagt, daß jemand, der zu Gericht geht, "kein anständiger Mensch" sei.

Die Möglichkeiten, auf die Frau Druck auszuüben sind vielfältig. Es ist sicher nicht leicht für sie, da sich Frauen oft schämen, daß sie nicht in der Lage sind, eine "gute Ehe" zu führen. Interessant ist, daß auch bei jenen jungen Frauen, die bereits in Österreich geboren und aufgewachsen sind, ähnliche Verhaltensweisen vorzufinden sind. Gerade sie sind in einer besonders zwiespältigen Position. Auf der einen Seite sind sie durch Sprache und Schulbildung bereits sehr westlich geprägt, andrerseits gibt ihnen die Familie den Halt, in einer immer ausländerfeindlicher werdenden Umwelt überleben zu können. Gerade für diese Personengruppe ist der Wunsch, den Eltern "keine Schande zu bereiten", und der Zusammenhalt innerhalb der Familie häufig das Wichtigste.
Die befragte Dolmetscherin ist der Meinung, daß nur etwa 1% der türkischen Frauen "emanzipiert" sind, dh daß sie sich von traditionellen Verhaltensweisen - oft gegen den massiven Widerstand ihrer Familie - gelöst haben.
Interessant ist, daß die Informantin, die selbst bekennende Muslima ist, in diesem Zusammenhang betont, daß diese männlichen Verhaltensweisen nicht alle durch die Zugehörigkeit zur islamischen Religion begründet werden dürfen. Ihrer Ansicht nach müsse man hier sehr genau zwischen religiös-rechtlichen Vorschriften und traditionelle Erziehungsmustern trennen .
Im Koran ist zwar die prinzipielle Ungleichheit von Mann und Frau als zwei einander komplementär gegenüberstehende Prinzipien festgehalten, doch kommen hier überdies noch ganz traditionelle patriarchalische Erziehungsmuster als Verstärker zum Tragen. Das führe dazu, daß Männer dieses religiöse Konzept mißbräuchlich verwenden, um ihre Frauen "zu schikanieren".

Ganz grundsätzlich stellt sie fest, daß es innerhalb der türkischen Bevölkerungsgruppe selten zu Scheidungen kommt, und davon wiederum nur wenige vor einem inländischem Gericht verhandelt werden. Viel eher geht man - aus ihrer Beobachtung heraus - eine Trennung ein und greift dann auf die Möglichkeit einer rituellen Trauung, falls man eine neuerliche Partnerschaft eingehen will, zurück.
Wesentlich häufiger bringen Frauen Unterhaltsklagen in aufrechter Ehe ein. Aber auch hier wird dieser Schritt nur sehr selten aus eigener Initiative gesetzt. In den meisten Fällen erfolgt er auf Anraten des Jugendamtes und/oder einer Familienberatungsstelle.[313]

Sehr ähnlich stellt sich die Situation auch bei den Frauen aus der Gruppe der "übrigen Muslime" dar. Vielleicht noch später als ihre türkischen Geschlechtsgenossinnen wagen sie es, mit ihren familiären Problemen vor Gericht zu erscheinen. Dabei spielt sicher auch die prinzipielle Angst vor staatlichen Behörden, die diese Frauen - genau so wie ihre Männer - aus ihren Heimatländern mitgebracht haben, eine nicht unwesentliche Rolle.

Was sind nun die häufigsten Probleme, mit denen sich diese Frauen in ihren Ehen konfrontiert sehen?
In sehr vielen Fällen ist es die "verwestlichte Lebensweise" entweder von Mann oder Frau, manchmal auch von beiden, bzw die plötzliche Rückbesinnung eines von beiden auf eine besonders strenge religiöse Lebensweise als Ausdruck einer gewissen Gruppenidentität in der fremden Umgebung. Aus diesen vor allem

[313] Diese Aussage deckt sich mit jenen, die seitens der Familienberaterinnen gemacht wurden. Siehe oben!

migrationsbedingten Umbrüchen entstehen zahlreiche eheliche Schwierigkeiten. Die Beobachtung zeigt, daß solche Auseinandersetzungen sehr häufig zu Mißhandlungen der Frau durch den Mann führen. Während die Frau in ihrer Heimat auf funktionierende Familienstrukturen und die Frauengruppe innerhalb der Gemeinschaft zurückgreifen könnte, lebt sie hier meist alleine ohne einen solchen Rückhalt. Dennoch scheuen die meisten Frauen davor zurück, sich scheiden zu lassen. Die Gründe liegen nicht nur in der schwierigen finanziellen Lage, die so ein Schritt mit sich bringen würde, sondern auch in der gesellschaftlichen "Stigmatisierung" im Heimatland, wo geschiedene Frauen, immer noch "bloß geduldet" bei der Familie des Vaters oder des Bruders leben müssen.
Aus dem Gespräch mit einer Arabischdolmetscherin ging hervor, daß durch die Form der arrangierten Ehe der Vermittlungsperson in einem besonders hohen Maß die Verantwortlichkeit für das "Funktionieren der Ehe" übertragen wird. Wurde nun die Ehe im Heimatland geschlossen und lebt diese Person daher nicht in Österreich, so fehlt im Krisenfall eine wichtige "Anlaufstelle" für das Ehepaar. Während Männer sich in den Moscheen und Kaffeehäusern treffen und miteinander sprechen können, leben Frauen häufig isoliert in ihren Wohnungen. Organisierte Zusammentreffen von Frauen sind fast immer mit Bildungsangeboten wie Sprach-, Handarbeits- oder anderen Kursen verbunden, wo wiederum nur wenig Raum für persönliche Gespräche bleibt.
Es dauert daher sehr lange, bis innerhalb der Gruppe bekannt wird, daß ein Paar gravierende Eheprobleme hat. In diesem Zusammenhang werden von meiner Gesprächspartnerin sehr kritische Worte im Hinblick auf die Frage, inwieweit die internen Konfliktlösungsversuche erfolgreich sind, gebracht. Ihrer Meinung nach sei es äußerst schwierig, diese theoretischen Konzepte in die Praxis umzusetzen, da die traditionellen Strukturen, vor allem die der Familie, fehlen. Vor allem Frauen, die nicht unter dem "Schutz" eines männlichen Familienmitglieds stehen, hätten es schwer innerhalb der islamischen Gemeinde Unterstützung zu finden.
Auf die Frage, was Muslime an den österreichischen Gerichten am meisten störe, bekam ich immer wieder die Antwort, daß die Betroffenen vor allem darüber befremdet sind, daß im Laufe des ganzen Verfahrens kein Versuch durch die zuständige Richterin, bzw durch den zuständigen Richter unternommen wird, die Ehe "zu retten", indem die Streitparteien aufgefordert werden ihren Konflikt gemeinsam zu lösen.

IX. Zusammenfassung

Am Ende dieser Arbeit steht der Versuch - beschränkt auf den Raum Wien - Antworten auf jene Fragen zu geben, die nach Ansicht von *Foblets* bei der Befassung mit dem gestellten Thema jedenfalls geklärt werden müßten.

Vorausschickend kann festgehalten werden, daß die Befragungen sehr deutlich gezeigt haben, daß jenes traditionelle Konfliktlösungsmodell, deren Vorhandensein die Autorin für den Raum Belgien und Frankreich aufgezeigt hat, auch bei den österreichischen Muslimen besteht und im Alltag bei Ehe- und Familienproblemen zur Anwendung gelangt.

Zurück zu den einzelnen - im I. Kapitel aufgeworfenen[314] - Fragen:

ad 1. Bis wie weit funktionieren die internen Streitlösungsmechanismen ohne Beeinträchtigung durch das Rechtssystem des Gastlandes?

Sie funktionieren am ehesten dort, wo es durch die Intervention von einer oder mehreren Vermittlungspersonen zur friedlichen Beilegung des Konfliktes kommt, dh die Ehe wieder aufgenommen wird oder Töchter wieder zu ihren Familien zurückkehren. Zu einer "Beeinträchtigung" [315] kommt es regelmäßig dann, wenn österreichische Behörden Kraft ihrer Autorität zugunsten einer der Konfliktparteien (meist der Frauen und/oder Kinder) in das Familiengeschehen eingreifen. Da in diesen Fällen idR seitens der Behörden keine Rücksicht auf bereits bestehende Konfliktlösungen genommen wird und auch keine Zusammenarbeit mit etwaigen muslimischen Vermittlungspersonen gesucht wird, kommt es hier meist zu einem Abbruch der internen Konfliktlösungsversuche.

ad 2. Haben diese internen Streitlösungsmechanismen ein positives Konfliktlösungspotential?

Aus meiner Sicht, vor allem auch durch die Betrachtung der Einzelbeispiele, kann diese Frage durchaus bejaht werden. Gerade die sehr individuelle und oft auch langwierige Befassung mit den Problemen der Betroffenen, ermöglicht es den Vermittlern, in Gesprächen auf die Streitparteien einzuwirken und mit ihnen "lebbare

---

314 Siehe I.1. S 9.

315 Zumindest aus der Sicht der muslimischen Vermittler.

Lösungen" zu finden. Dabei spielt die Kontrolle durch die Gruppe sicher eine große Rolle.
Unbestritten hängt der Erfolg solcher Streitbeilegungen stark von der jeweiligen Einzelpersönlichkeit und dem Engagement des oder der "Schiedsrichter" ab. Ansätze in Richtung einer internen "Supervision" durch besonders dafür ausgebildete Kenner des islamischen Rechts scheinen mir in diesem Zusammenhang durchaus überlegenswert, da hier eine gewisse Institutionalisierung durch die muslimische Gemeinschaft selbst, der möglichen "Willkür" einzelner - oft auch besonders religiöser - Eiferer sicher entgegengewirkt werden könnte.

ad 3. Bieten solche Foren bessere Techniken bei der Bewältigung sozialer Probleme an, und wären sie geeignet, etwaige Schwächen des Rechtssystems des Gastlandes auszugleichen?

Die besondere Situation der muslimischen Immigranten in Österreich, vor allem der rasche Zuzug von Arbeitsmigranten, verhinderte sichtlich eine echte Integration in die österreichische Gesellschaft. Wohl auch der Umstand, daß Muslime sich nur sehr schwer in die Rolle einer Minderheit hineinfinden[316], läßt sie ständig darauf bedacht sein, ihre Gruppenidentität zu wahren. Auch der Umstand, daß alle Muslime Österreichs unter einem Dachverband vereint gemeinsam agieren und auftreten müssen, hat nichts daran ändern können, daß innerhalb dieser Gemeinschaft die einzelnen nationalen Gruppen idR unter sich bleiben wollen. Deshalb muß in diesen Foren auch eine gewisse Form der "internen Selbstkontrolle" gesehen werden, die bei der Bewältigung sozialer Probleme von Immigranten nützlich sein kann.
Meiner Ansicht nach wäre eine stärkere Zusammenarbeit zwischen islamischen Vermittlern und österreichischen Familienberatungsstellen durchaus wünschenswert und dem gegenseitigen besseren Verständnis förderlich. Der Umstand, daß der Islam weit mehr ist als eine reine "Glaubenssache", läßt viele verkennen, wie sehr sich auch jene Personen, die bereits die österreichische Staatsbürgerschaft besitzen, nach wie vor in ihrem Alltag von diesen rechtlich-religiösen Vorschriften leiten lassen.

ad 4. Warum ziehen Immigranten diesen Weg den staatlichen Gerichten vor?

Nicht nur auf Grund ihres religiösen Verständnisses, sondern auch aus ihrer traditionellen Lebensweise heraus erscheint es den meisten Immigranten ganz normal, familiäre Probleme privat zu lösen. Dabei dominiert ihre Vorgangsweise die als Pflicht verstandene Lebensaufgabe, eine Ehe zu führen. Sie sehen daher Interventionen von Verwaltungs- und Gerichtsbehörden als unzulässigen "Eingriff" in ihre Privatsphäre an. Vor allem vermissen sie bei allen behördlichen Verfahren das Bemühen, den Konflikt lösen zu wollen.
Es darf aber nicht übersehen werden, daß dieses System der privaten Konfliktlösung ausschließlich von den Männern der Gemeinschaft getragen wird. Dh wenn überhaupt spricht der Mann in der Moschee oder bei Freunden über seine familiären Probleme. Sein Ansprechpartner ist der Vorbeter, somit wieder ein Mann. Dieser

---

316 Im Gegensatz zu der jüdischen Bevölkerung begreifen sich Muslime im jeweiligen Gastland nicht als "Minderheit". Die Überbetonung der nationalen Herkunft macht es ihnen schwer, sich als eine Gesamtgruppe zu fühlen und daher - auch politisch - geschlossen aufzutreten.

wendet sich idR an einen männlichen Verwandten der Frau, und nur wenn ein solcher nicht vorhanden ist, an sie selbst.
Frauen hingegen suchen, wenn sie keinen familiären Rückhalt haben, eher Familienberatungsstellen, Jugendämter und Gerichte auf. Von diesen Institutionen erwarten sie sich dann jenen "Schutz" durch eine amtliche Autorität, den sie im privaten Bereich vermissen.

ad 5. Ist es das Mißtrauen gegenüber der Justiz des Gastlandes, das sie nicht den Weg zu Gericht finden läßt?

Aus den Beobachtungen ging hervor, daß es mehrere Gründe sind, die Immigranten davor zurückscheuen lassen, ein österreichisches Gericht aufzusuchen:
Ganz allgemein kann bei Personen aus muslimischen Ländern ein großes Mißtrauen gegenüber allem, was "Behörde" ist, festgestellt werden. Vor allem bei dem türkischen Teil der Bevölkerung, der vorwiegend aus ländlichen Bereichen stammt, wird es als absolut unüblich angesehen, familiäre Konflikte vor Gericht auszutragen. Obwohl das türkische Recht eine Rezeption des Schweizerischen Zivilgesetzbuches ist, konnte es sich im Familienrecht - vor allem bei der Landbevölkerung - nicht gegen das islamisch dominierte Gewohnheitsrecht durchsetzen. Viele Immigranten haben daher eine traditionell-religiös geprägte Lebensweise nach Österreich mitgebracht und versuchen diese hier weiterzuführen.
Ein weiterer Kritikpunkt an der österreichischen Justiz, der von Muslimen immer wieder gebracht wird, ist daß sie sich durch eine besonder "Frauenlastigkeit" auszeichne. Dieser Vorwurf geht in zwei Richtungen. Erstens kritisiert man den Umstand, daß gerade im Bereich der Familiengerichte sehr viele Frauen als Richterinnen tätig sind und damit im Zusammenhang wiederum die Frauen bei den Entscheidungen bevorzugt würden. Männer fühlen sich von den österreichischen Gerichten nicht wirklich "gerecht" behandelt, vor allem was Obsorge- und Unterhaltsregelungen betrifft. Sie kritisieren, daß bei Gerichtsverhandlungen ausschließlich die Trennung einer Ehe als einzige Lösung eines Konfliktes gesehen wird und dabei auf die Aussagen der Frauen ein überproportional großes Gewicht gelegt würde.

ad 6. Unter welchen Voraussetzungen gestehen muslimische Migranten den staatlichen Gerichten überhaupt das Recht zu, ihre "internen Angelegenheiten" zu regeln?

Im wesentlichen nur dann, wenn sie sich selbst nicht mehr in der Lage sehen, durch interne Konfliktlösungsversuche den Fall zu lösen. Dazu kommt es vor allem, wenn Betroffene nicht bereit sind, die Autorität der Schiedsrichter und Vermittler anzuerkennen und diese daher keine Möglichkeit mehr sehen, eine außergerichtliche Streitbeilegung herbeizuführen.

X. Schlußbemerkungen

Aus allen - von mir geführten - Gesprächen ist deutlich hervorgegangen, daß sowohl bei den Vertretern des islamischen als auch des österreichischen Rechts wechselseitig beträchtliche Wissensmängel in Bezug auf das jeweilig "fremde" Rechtssystem bestehen. Beide Seiten neigen - wohl in erster Linie aus diesem Grund - dazu, bei dem anderen Rechtssystem eher die negativen Aspekte in den Mittelpunkt ihrer Betrachtungen zu rücken, um so begründen zu können, warum man das eigene Recht für das "bessere" hält. Vor allem der Umstand, daß im Islam Religion und Recht als Einheit gesehen werden und es daher keiner - mit unserem Rechtssystem vergleichbaren - Kodifikation bedarf, läßt das islamische Recht aus westlicher Sicht - oft fälschlicherweise - als "rückständig und unflexibel" erscheinen. Umgekehrt wird von islamischer Seite vor allem der Werteverlust, der nach ihrer Ansicht in verschiedenen Gesetzen seinen Ausdruck findet[317], kritisiert.
Hier würde es verstärkter Aufklärungsarbeit bedürfen, um Berührungspunkte und womöglich sogar Gemeinsamkeiten herausarbeiten zu können. Zumindest bei meinen Gesprächspartnern und -partnerinnen war ein solches wechselseitiges Informationsinteresse durchaus spürbar.

Aber auch in einem ganz konkretem Punkt scheint mir die nähere Befassung mit dem islamischen Rechtssystem sinnvoll:

Denkt man allein in Österreich an die steigende Zahl jener "einvernehmlichen Scheidungen", bei denen meist nur darin Einigkeit besteht, kein aufwendiges und teures Gerichtsverfahren unter Hinzuziehung von Rechtsanwälten durchführen zu wollen, so verdient das in der vorliegenden Arbeit dargestellte muslimische außergerichtliche Konfliktlösungsmodell durchaus unsere Aufmerksamkeit. Meist scheitern die Versuche inländischer scheidungswilliger Ehpaare selbst einen lebbaren Vergleich für die Zeit nach ihrer Trennung auszurbeiten an dem Wunsch, möglichst rasch die Ehe beenden zu wollen. Die Beobachtung zeigt, daß Gerichte immer häufiger nach der erfolgten "einvernehmlichen" Scheidung mit weiteren Verfahren in jenen Bereichen befaßt werden, die die Scheidungswilligen sich selbst zu regeln vorbehalten hatten.[318]

---

317 zB in den besonders liberalen Scheidungsgesetzen.
318 Hier ist vor allem das Besuchsrecht zu nennen.

Das in jüngster Zeit verstärkte Auftreten von sog "Mediatorinnen und Mediatoren", die Scheidungswillige bereits im Vorfeld der Justiz betreuen, zeigt, daß auch bei uns ein ähnliches Bedürfnis an einer gesprächsweisen Aufarbeitung von ehelichen Konflikten besteht.
Ebenso wie das Schließen einer Ehe, knüpfen sich auch an die Auflösung derselben zahlreiche juristische Folgen, die es zu regeln gilt. Es ist durchaus vorstellbar, daß - ähnlich dem muslimischen Schiedsrichter - eine, bzw zwei jusristisch geschulte Person/en als "Mittler" zwischen den beiden Scheidungswilligen fungiern könnten. Oftmals genügt es, wenn dem (uneinsichtigen) Ehepartner bestimmte Vorschläge in einer ruhigen und sachlichen Form vorgetragen werden, um zu einer annehmbaren Lösung gelangen zu können. Meist sind die Ehepaare allein auf sich gestellt, weder bereit eine solche Gesprächsatmosphäre zu schaffen, noch in der Lage einen rechtlich ausgewogenen haltbaren Vergleich auszuarbeiten.

Vielleicht wäre in diesem Zusammenhang der eine oder andere Aspekt des islamischen Konfliktlösungsmodells geeignet, "adaptiert" übernommen zu werden!

Abkürzungen

aF	alte Fassung
ABGB	Allgemeines Bürgerliches Gesetzbuch
Anm	Anmerkung
BGBl	Bundesgesetzblatt
bzw	beziehungsweise
DVEheG	Durchführungsverordnung zum Ehegesetz
dRGBl	Deutsches Reichsgesetzblatt
EO	Exekutionsordnung
hL	herrschende Lehre
idF	in der Fassung
idR	in der Regel
iSd	im Sinne des
iSv	im Sinne von
IPR	Internationales Privatrecht
IPRE	Österreichische Entscheidungen zum Internationalen Privatrecht bis 1983
IPRax	Praxis des internationalen Privat- und Verfahrensrechts
IPRG	Internationales Privatrechtsgesetz
iVm	in Verbindung mit
J	Jahre
JBL	Juristische Blätter
JN	Jurisdiktionsnorm (G 1.8.1895 über die Ausübung der Gerichtsbarkeit und die Zuständigkeit der ordentlichen Gerichte in bürgerlichen Rechtssachen, RGBl 111)
mE	meines Erachtens
mj	minderjährig
MSA	Minderjährigenschutzabkommen (BGBl 1975/446)
MRK	Konvention zum Schutze der Menschenrechte und Grundfreiheiten (BGBl 1958/210)
ÖStZ	Österreichisches Statistisches Zentralamt
OGH	Oberster Gerichtshof
RGBl	Reichsgesetzblatt
RZ	Österreichische Richterzeitung
VfGH	Verfassungsgerichtshof
vgl	vergleiche
VwGH	Verwaltungsgerichtshof
ua	unter anderem
um	und mehr
ZfRV	Zeitschrift für Rechtsvergleichung

Zur Transkription

Die Umschrift der arabischen Wörter erfolgt nach dem von der Deutschen Morgenländischen Gesellschaft festgelegten System. Es sei hier darauf hingewiesen, daß "Muḥammad" als Name von Personen allgemein mit diakritischem Punkt, nur als Name des Proheten vereinfacht "Muhammad" geschrieben wird.

Bibliographie

I. Kapitel

FOBLETS Marie-Claire — Community Justice among immigrant family members in France and Belgium
Law & Anthropology, Vol 7, Hg *KUPPE/POTZ,* Dordrecht 1994

II. Kapitel

ANDERSON Norman — Law Reform in the Muslim World, London 1976

BERGSTRÄSSER G. — Grundzüge des islamischen Rechts
Hg *SCHACHT*, Berlin und Leipzig 1935

BIHL Wolfdieter — Zur Stellung des Islam in Österreich
Österreichische Osthefte, 33. Jg, Heft 3, Wien 1991

CHAMBERLAYNE John — The Family in Islam
NUMEN (International Review for the History of Religions) Leiden 1968

COULSON J. — A History of Islamic Law
Edinburgh 1964

DHAGESTANI Kazem — The Evolution of the Moselm Family in the Middle Eastern Countries
International Social Science Bulletin, Vol V, 1953

FASSMANN Heinz/ MÜNZ Rainer — Einwanderungsland Österreich
Hg Bundesministerium für Unterricht und Kunst, Wien 1992

GOTTSCHALK Hans — Die Kultur der Araber
Handbuch der Kulturgeschichte, Hg THURNHER
Frankfurt am Main 1971

ḤAMMŪDAH — The Family Structure in Islam
Princeton 1970

HAUPTMANN — Die Mohammedaner in Bosnien-Herzegovina
Die Habsburgermonarchie 1848 - 1948, Bd IV
Hg WANDRUSKA/URBANITSCH, Wien 1985

HITTI Philip — History of the Arabs[10]
London 1982

JOHN Michael/ LICHTBLAU Albert — Schmelztiegel Wien - Einst und Jetzt, Wien 1990

KARMI H. — The Family as a developing group
Asia Affairs, N.S.6, 1976

LAMMENS H. — L' Islam
Beirut 1944

NASIR Jamal	The Islamic Law of Personal Status, London 1986
	Forms and problems of legal recognition for muslims in
NIELSEN J. S.	europe
	Birmingham 1979
PARET Rudi	Mohammed und der Koran, 1976
	Die Anerkennung der islamischen
POTZ Richard	Glaubensgemeinschaft in Österreich
	Freiheit der Religion, Hg SCHWARTLÄNDER
PROTHRO Edwin/	Mainz 1993
DIAB Lutfy	Changing Family Patterns in the Arab East, Beirut 1974
SCHIMMEL Annemarie	
WESEL Uwe	Der Islam - eine Einführung, Stuttgart 1990
	Der Mythos vom Matriarchat, Frankfurt am Main, 1980

III. Kapitel

FASSMANN Heinz/	Einwabderungsland Österreich ß
Münz Rainer	Hg Bundesministerium für Unterricht und Kunst, Wien 1995
FINDL Peter/	Ausländer in Österreich
FRAJ Adelheid	
Publikationen des	Ergebnisse der Volkszählung 1991
Statistischen	Statistische Nachrichten Heft 11, Wien 1993
Zentralamtes:	Demographisches Jahrbuch 1990, Wien 1991
	Demographisches Jahrbuch 1991, Wien 1992
	Demographisches Jahrbuch 1992, Wien 1993
	Demographisches Jahrbuch 1993/94/95, Wien 1996
	Ergebnisse der Volkszählung 1971, Wien 1974
	Ergebnisse der Volkszählung 1981, Wien 1984
	Ergebnisse der Volkszählung 1991, Wien 1993
	Republik Österreich 1945 - 1995, Wien 1995
	Statistisches Jahrbuch für die Republik Österreich
	XLVI. Jahrgang, Neue Folge, Wien 1995
MITTERAUER Michael/	Vom Patriarchat zur Partnerschaft4
SIEDER Reinhard	München 1991
HAMMER Gerald	Lebensbedingungen ausländischer Staatsbürger in Österreich
	Statistische Nachrichten 11, Wien 1995

IV. Kapitel

BERGMANN/FERID	Das islamische Eherecht
	Internationales Ehe- und Kindschaftsrecht Bd I
	Hg HENRICH, Frankfurt am Main 1995
GRÄF Erwin	Einige koranische Grundlagen islamischer Eheordnung
	Bustan 3 und 4, Wien 1969
PARET Rudi	Der Koran, Stuttgart 1966
QADRI Anwar A.	Islamic Jurisprudence in the Modern World, Lahore 1973
RAHIM Abdur	The principles of Muhammadan Jurisprudence
	Lahore 1911

RAUSCHER Thomas — Šarīʿa - Islamisches Familienrecht der sunna und šīʿa
Frankfurt am Main 1987

SAKSENA K Prasad — Muslim Law, Delhi 1963

SCHACHT Joseph — An Introduction to Islamic Law, Oxford 1979

TORNAUW Nikolaus — Das Moslemische Recht
Leipzig 1855 (Wiederauflage Amsterdam 1970)

WALTHER Wiebke — Die Frau im Islam
Der Islam, Religion - Ethik - Politik
Hg ANTES ua, Stuttgart 1991

ZEMEN Herbert — Zur Anerkennung der Vaterschaft im Islam und ihre Qualifikation im österreichischen Kollisions- und Personenstandsrecht, ZfRV 18. Jg,
Wien 1977

V. Kapitel

SCHACHT Josef — Problems of Modern Legislation, Studia Islamica, Paris 1960

TIBI Bassam — Der Islam und das Problem der kulturellen
Bewältigung sozialen Wandels, Frankfurt am Main 1991

VI. Kapitel

BAJONS Ena-Marlies — Ein österreichisches System der internationalen
Zuständigkeit, ZfRV 13. Jg, Wien 1972

BEITZKE Günther — Scheidung sunnitischer Libanesen
IPRax 13. Jg, 1993

COESTER Michael — Sorgerecht und Ehewohnung bei getrenntlebender iranischer Familie
IPRax 11. Jg, 1991

DÖLLE Hans — Internationales Privatrecht - Eine Einführung in
seine Grundlagen
Karlsruhe 1968

GAMPL Inge — Österreichisches Staatskirchenrecht
Wien - New York 1971

FIRSCHING Karl — Einführung in das internationele Privatrecht einschließlich der Grundzüge des internationelen Verfahrensrechts[3]
München 1987

HENRICH Dieter — Elterliche Sorge in den islamischen Rechten und ordre public
IPRax 13. Jg, 1993

HOYER Hans — Glosse zu OLG Linz 12.10.1966, 2 R 180/66
ZfRV 8. Jg, Wien 1967
Neue Wege des Arbeitskollisionsrecht,
Zeitschrift für Arbeits- und Sozialrecht,
Wien 1977
Glosse zu OGH 12.3.1987, 8 Ob 665/86
ZfRV 28. Jg, Wien 1987

Das österreichische Erbstatut
Festschrift für Gunther Beitzke zum 70. Geburtstag
Berlin 1979
Wandlungen des ordre public im internationalen
Kindschaftsrecht, Das Standesamt 33. Jg
Frankfurt am Main 1980

JAYME Erik — "Talaq" nach iranischem Recht und deutschem
ordre public
IPRax 9. Jg, 1989

KLINKHARDT Horst — Ein Kind in Jordanien
IPRax 11. Jg 1991

KÖSTLER Rudolf — Österreichisches Eherecht[4]
Wien 1948

LORENZ Stephan — Islamisches Ehegattenerbrecht und deutscher ordre
public: Vergleichsmaßstab für die Ergebniskontrolle
IPRax 13. Jg, 1993

MÄHR J — Zuständigkeiten im internationalen Kindschaftsrecht
RZ 55. Jg, Wien 1977

MENHOFER Bruno — Das grenzüberschreitende Besuchsrecht in
europäisch-islamischen Kindschaftsfällen - Der
algerisch-französische Staatsvertrag als Modell,
IPRax 11. Jg, 1991

PICHLER H — Einige Probleme des neuen Eherechts, JBL103. Jg, 1981

RAAPE Leo — Internationales Privatrecht[6] Bd I, Hg STURM, München 1977

REICHELT Gerte — "Europäischer" ordre public im autonomen
Kollisionsrecht?, ZfRV 16. Jg, Wien 1975

SCHEUCHER Leo — Der ordre public im österreichischen Recht
ZfRV 1. Jg, Wien 1960

SCHWIMANN Michael — Grundriß des internationalen Privatrechts, Wien 1982
Glosse zu OGH 4.12.1974, 5 Ob 296/74
ZfRV 17. Jg, Wien1976

VERSCHRAEGEN Beate — Das "utilior"- und "melius"-Kriterium im
österreichischen internationalen Privatrecht,
illustriert am Beispiel des favor divortii
ZfRV 28. Jg, Wien 1987

ZEMEN Herbert — Die Anerkennung der Vaterschaft im Islam und das
österreichische IPR-Gesetz, ZfRV 20. Jg, Wien 1979
Die Einheit der internationalen Zuständigkeit von Verwaltungsvehörde und Gericht bei "zusammengesetzten" Verfahren, ZfRV 14. Jg, Wien 1973

VII. Kapitel

RASSOUL Muhammad — Die Scheidung nach islamischem Recht
Köln 1983

Die (höchst)gerichtlichen Entscheidungen*

Verfassungsgerichtshof

VfGH 10. 12. 1987	G 146/87, G 147/87
VfGH 29. 02. 1988	V 11/87

Verwaltungsgerichtshof

VwGH 14. 05. 1984	84/12/0024
VwGH 30. 03. 1993	89/01/0934

Oberster Gerichtshof

OGH 07. 11. 1974	7 Ob 218/74
OGH 04. 12. 1974	5 Ob 296/74
OGH 15. 06. 1976	3 Ob 224/75
OGH 14. 07. 1978	5 Ob 664/78
OGH 26. 07. 1979	6 Ob 689/79
OGH 17. 10. 1979	6 Ob 704/79
OGH 12. 04. 1984	8 Ob 541/84
OGH 28. 02. 1985	8 Ob 631/84
OGH 28. 01. 1986	5 Ob 536, 537/85
OGH 10. 07. 1986	7 Ob 600/86
OGH 12. 03. 1987	8 Ob 665/86
OGH 19. 05. 1987	5 Ob 545/87
OGH 29. 10. 1987	7 Ob 700/87
OGH 22. 09. 1988	7 Ob 655, 656/88
OGH 06. 06. 1989	2 Ob 536/89
OGH 11. 10. 1989	1 Ob 634/89
OGH 29. 04. 1992	2 Ob 537/92

Landesgericht für Zivilrechtssachen

LGZ Wien 04. 06. 1981	43 R 360/81
LGZ Wien 18. 11. 1981	43 R 1154/82
LGZ Wien 14. 10. 1985	14 R 227/85
LGZ Wien 28. 03. 1990	43 R 3006/90

* Die Angaben der Fundstellen finden sich bei den jeweiligen Zitaten im Text.